中国可再生能源决策支持系统中的数据、方法与模型研究

Research on the Data, Method and Model of
The Renewable Energy Descion – making System

代春艳 著

图书在版编目（CIP）数据

中国可再生能源决策支持系统中的数据、方法与模型研究/代春艳著. —北京：经济管理出版社，2014.10

ISBN 978-7-5096-3326-7

Ⅰ. ①中… Ⅱ. ①代… Ⅲ. ①再生资源—决策支持系统—研究—中国 Ⅳ. ①F426.2

中国版本图书馆 CIP 数据核字（2014）第 201328 号

组稿编辑：宋 娜
责任编辑：宋 娜 胡 茜
责任印制：黄章平
责任校对：陈 颖

出版发行：经济管理出版社
（北京市海淀区北蜂窝 8 号中雅大厦 A 座 11 层 100038）
网 址：www. E-mp. com. cn
电 话：（010）51915602
印 刷：北京晨旭印刷厂
经 销：新华书店
开 本：720mm×1000mm/16
印 张：16.5
字 数：263 千字
版 次：2014 年 10 月第 1 版 2014 年 10 月第 1 次印刷
书 号：ISBN 978-7-5096-3326-7
定 价：88.00 元

编委会及编辑部成员名单

本书获教育部人文社科研究西部和边疆地区项目（编号：13XJC630003）资助。

序　一

博士后制度是19世纪下半叶首先在若干发达国家逐渐形成的一种培养高级优秀专业人才的制度，至今已有一百多年历史。

20世纪80年代初，由著名物理学家李政道先生积极倡导，在邓小平同志大力支持下，中国开始酝酿实施博士后制度。1985年，首批博士后研究人员进站。

中国的博士后制度最初仅覆盖了自然科学诸领域。经过若干年实践，为了适应国家加快改革开放和建设社会主义市场经济制度的需要，全国博士后管理委员会决定，将设站领域拓展至社会科学。1992年，首批社会科学博士后人员进站，至今已整整20年。

20世纪90年代初期，正是中国经济社会发展和改革开放突飞猛进之时。理论突破和实践跨越的双重需求，使中国的社会科学工作者们获得了前所未有的发展空间。毋庸讳言，与发达国家相比，中国的社会科学在理论体系、研究方法乃至研究手段上均存在较大的差距。正是这种差距，激励中国的社会科学界正视国外，大量引进，兼收并蓄，同时，不忘植根本土，深究国情，开拓创新，从而开创了中国社会科学发展历史上最为繁荣的时期。在短短20余年内，随着学术交流渠道的拓宽、交流方式的创新和交流频率的提高，中国的社会科学不仅基本完成了理论上从传统体制向社会主义市场经济体制的转换，而且在中国丰富实践的基础上展开了自己的伟大创造。中国的社会科学和社会科学工作者们在改革开放和现代化建设事业中发挥了不可替代的重要作用。在这个波澜壮阔的历史进程中，中国社会科学博士后制度功不可没。

值此中国实施社会科学博士后制度20周年之际，为了充分展示中国社会科学博士后的研究成果，推动中国社会科学博士后制度进一步发展，全国博士后管理委员会和中国社会科学院经反复磋商，并征求了多家设站单位的意见，决定推出《中国社会科学博士后文库》(以下简称《文库》)。作为一个集中、系统、全面展示社会科学领域博士后优秀成果的学术平台，《文库》将成为展示中国社会科学博士后学术风采、扩大博士后群体的学术影响力和社会影响力的园地，成为调动广大博士后科研人员的积极性和创造力的加速器，成为培养中国社会科学领域各学科领军人才的孵化器。

创新、影响和规范，是《文库》的基本追求。

我们提倡创新，首先就是要求，入选的著作应能提供经过严密论证的新结论，或者提供有助于对所述论题进一步深入研究的新材料、新方法和新思路。与当前社会上一些机构对学术成果的要求不同，我们不提倡在一部著作中提出多少观点，一般地，我们甚至也不追求观点之“新”。我们需要的是有翔实的资料支撑，经过科学论证，而且能够被证实或证伪的论点。对于那些缺少严格的前提设定，没有充分的资料支撑，缺乏合乎逻辑的推理过程，仅仅凭借少数来路模糊的资料和数据，便一下子导出几个很“强”的结论的论著，我们概不收录。因为，在我们看来，提出一种观点和论证一种观点相比较，后者可能更为重要：观点未经论证，至多只是天才的猜测；经过论证的观点，才能成为科学。

我们提倡创新，还表现在研究方法之新上。这里所说的方法，显然不是指那种在时下的课题论证书中常见的老调重弹，诸如“历史与逻辑并重”、“演绎与归纳统一”之类；也不是我们在很多论文中见到的那种敷衍塞责的表述，诸如“理论研究与实证分析的统一”等等。我们所说的方法，就理论研究而论，指的是在某一研究领域中确定或建立基本事实以及这些事实之间关系的假设、模型、推论及其检验；就应用研究而言，则指的是根据某一理论假设，为了完成一个既定目标，所使用的具体模型、技术、工具或程序。众所周知，在方法上求新如同在理论上创新一样，殊非易事。因此，我们亦不强求提出全新的理论方法，我们的最低要求，是要按照现代社会科学的研究规范来展开研究并构造论著。

我们支持那些有影响力的著述入选。这里说的影响力，既包括学术影响力，也包括社会影响力和国际影响力。就学术影响力而言，入选的成果应达到公认的学科高水平，要在本学科领域得到学术界的普遍认可，还要经得起历史和时间的检验，若干年后仍然能够为学者引用或参考。就社会影响力而言，入选的成果应能向正在进行着的社会经济进程转化。哲学社会科学与自然科学一样，也有一个转化问题。其研究成果要向现实生产力转化，要向现实政策转化，要向和谐社会建设转化，要向文化产业转化，要向人才培养转化。就国际影响力而言，中国哲学社会科学要想发挥巨大影响，就要瞄准国际一流水平，站在学术高峰，为世界文明的发展作出贡献。

我们尊奉严谨治学、实事求是的学风。我们强调恪守学术规范，尊重知识产权，坚决抵制各种学术不端之风，自觉维护哲学社会科学工作者的良好形象。当此学术界世风日下之时，我们希望本《文库》能通过自己良好的学术形象，为整肃不良学风贡献力量。

李扬

中国社会科学院副院长

中国社会科学院博士后管理委员会主任

2012年9月

序　二

在21世纪的全球化时代，人才已成为国家的核心竞争力之一。从人才培养和学科发展的历史来看，哲学社会科学的发展水平体现着一个国家或民族的思维能力、精神状况和文明素质。

培养优秀的哲学社会科学人才，是我国可持续发展战略的重要内容之一。哲学社会科学的人才队伍、科研能力和研究成果作为国家的“软实力”，在综合国力体系中占据越来越重要的地位。在全面建设小康社会、加快推进社会主义现代化、实现中华民族伟大复兴的历史进程中，哲学社会科学具有不可替代的重大作用。胡锦涛同志强调，一定要从党和国家事业发展全局的战略高度，把繁荣发展哲学社会科学作为一项重大而紧迫的战略任务切实抓紧抓好，推动我国哲学社会科学新的更大的发展，为中国特色社会主义事业提供强有力的思想保证、精神动力和智力支持。因此，国家与社会要实现可持续健康发展，必须切实重视哲学社会科学，“努力建设具有中国特色、中国风格、中国气派的哲学社会科学”，充分展示当代中国哲学社会科学的本土情怀与世界眼光，力争在当代世界思想与学术的舞台上赢得应有的尊严与地位。

在培养和造就哲学社会科学人才的战略与实践上，博士后制度发挥了重要作用。我国的博士后制度是在世界著名物理学家、诺贝尔奖获得者李政道先生的建议下，由邓小平同志亲自决策，经国务院批准于1985年开始实施的。这也是我国有计划、有目的地培养高层次青年人才的一项重要制度。二十多年来，在党中央、国务院的领导下，经过各方共同努力，我国已建立了科学、完备的博士后制度体系，同时，形成了培养和使用相结合，产学研相结合，政府调控和社会参与相结合，服务物质文明与精神文明建设的鲜明特色。通过实施博士后制度，我国培养了一支优秀的高素质哲学社会科学人才队伍。他们在科研机构或高等院校依托自身优势和兴趣，自主从事开拓性、创新性研究工作，从而具有宽广的学术视野、突出的研究能力和强烈的探索精神。其中，一些出站博士后已成为哲学社会科学领域的科研骨干和学术带头人，在“长江学者”、“新世纪百千万人才工程”等国家重大科研人才梯队中占据越来越大的比重。可以说，博士后制度已成为国家培养哲学社会科学拔尖人才的重要途径，而且为哲学社会科学的发展造就了一支新的生力军。

哲学社会科学领域部分博士后的优秀研究成果不仅具有重要的学术价值，而且具有解决当前社会问题的现实意义，但往往因为一些客观因素，这些成果不能尽快问世，不能发挥其应有的现实作用，着实令人痛惜。

可喜的是，今天我们在支持哲学社会科学领域博士后研究成果出版方面迈出了坚实的一步。全国博士后管理委员会与中国社会科学院共同设立了《中国社会科学博士后文库》，每年在全国范围内择优出版哲学社会科学博士后的科研成果，并为其提供出版资助。这一举措不仅在建立以质量为导向的人才培养机制上具有积极的示范作用，而且有益于提升博士后青年科研人才的学术地位，扩大其学术影响力和社会影响力，更有益于人才强国战略的实施。

今天，借《中国社会科学博士后文库》出版之际，我衷心地希望更多的人、更多的部门与机构能够了解和关心哲学社会科学领域博士后及其研究成果，积极支持博士后工作。可以预见，我国的博士后事业也将取得新的更大的发展。让我们携起手来，共同努力，推动实现社会主义现代化事业的可持续发展与中华民族的伟大复兴。

王晓初

人力资源和社会保障部副部长

全国博士后管理委员会主任

2012 年 9 月

摘　要

过去几十年中，中国可再生能源发展迅速，但为政府提供决策支持的信息服务和工具模型相当有限。目前，我国的可再生能源政策研究还缺乏一个完备的决策支持系统平台。本书主要围绕构成可再生能源决策支持系统的三大主要要素——数据、方法、模型分别展开研究，在此研究的基础上，提出构建中国可再生能源决策支持系统的解决方案，为国家能源局和有关部门提供一站式的、长期的、高质量的决策支持。

数据是构建中国可再生能源决策支持系统的基础。本书在分析我国可再生能源产业（包含太阳能、风能、生物质能）现有统计资料的基础上，通过现场调查和专家访谈的方式，梳理可再生能源数据采集和统计的现状，分析可再生能源数据采集和统计中存在的问题，然后针对存在的问题和困难，借鉴 EIA、NREL、RISO、IEA、APEC 等典型的国家、国际能源组织机构的经验，提出指导我国可再生能源信息采集和统计的对策建议。

方法是构建模型的基础，决策支持系统是通过不同的方法来实现系统的功能。本书以一种综合评价方法——VIKOR 多属性评价方法为例，来说明如何针对可再生能源产业发展中实际需要解决的一个或一类问题进行方法学的研究。研究指出，可再生能源决策支持系统涉及社会、经济、环境、能源的各个方面，需要解决的问题与许多学科有关，因而靠某一领域的研究是远远不够的，需要借助外脑，集合不同领域的专家，从各个层面和各个角度，对可再生能源决策支持系统中涉及的不同类型的问题，展开独立或合作研究。同时，为了便于方法的比较，尽可能地将方法或方法集的接口、参数标准化处理，为构建方法库做准备。

模型是构建可再生能源决策支持系统的核心和重点。本书对可再生能源模型研究进行了综述，并着重对比分析了 ReEDS 和 Balmorel 模型的功能、数据需求、模型方法、处理过程，指出国际上比较成熟的能源模型很多，各个能源模型都是为实际问题提供决策支持。我国在模型的引用和借鉴其他国家成熟的模型过程中，要根据实际，不能盲目照搬，要“拿来”与“新建”并举；构建模型时，应当把握可再生能源模型构建的发展趋势，尽可能考虑模型的通用性和可重用性，重视模型数据工作的建设、重视人机接口，并充分考虑不确定性问题。

在数据、方法、模型研究的基础上，本书围绕可再生能源决策支持系统目标，对可再生能源决策支持系统的功能进行分析，提出可再生能源决策支持系统的系统架构，并指出系统构建方法与数据库、模型库、方法库的设计方法。通过可再生能源区域部署模型的实施案例，指出我国可再生能源决策支持系统构建过程中存在的问题和解决途径。

关键词：可再生能源　决策支持系统　模型　数据　方法

Abstract

In the past few decades, China renewable energy developed rapidly, but the decision-support information services and tools model is provided for the government quite limited. China's renewable energy policy research is lack of a comprehensive decision support system platform. This book focused on the three main elements that consist of the renewable energy decision support system: data, methods, models. On the basis of this study, the book proposes a solution for the Chinese Renewable Energy Decision Support System to provide a one-stop, long-term, high-quality decision support for National Energy Administration and the related departments.

The data is the foundation to build Chinese renewable energy decision support system. On the basis of analysis of existing renewable energy industry statistics, the study summarizes the current situation of renewable energy data collection and statistics, and analyses the problems that exist in the renewable energy data collection and statistics, and then to deal with the problems and difficulties, the study puts forward suggestions for guiding China's renewable energy information collection and statistics learning foom some typical countries or international energy organizations like EIA、NREL、RISO、IEA、APEC.

The approach is the basis to build a model of the decision support system by different methods to achieve the function of the system. In this study, a comprehensive evaluation method – VIKOR, which is a multi-attribute evaluation methods, is used to illustrate how the methodology for renewable energy in the actual need to address one or a class of problems. The study argues that the Renewable Energy Decision Support System related to the various aspects of the society, economic, environment and energy. To solve the problem needs many disciplines, and thus it is not enough to rely on a particular field of study, but needs the outside brain, a collection of experts in different fields, from all level and from different angles, to conduct an independent or joint research to deal with the different types of problems related to renewable energy decision support system. Meanwhile, in order to facilitate the comparison of method, the interfaces and the parameter set by the method or a set of methods are standardised as far as possible, to make preparations for constructing a method library.

The model is the core and keypoint to build Renewable Energy Decision Support System. Reviewed the research on renewable energy model and comparatively analysed the functionality of ReEDS and Balmorel model's data requirements, model method, process, the study points out that a lot of more mature energy models exist, various energy models are used to provide decision support for practical problems. In the process of model reference and learn from the mature process model of other countries, we need to base on the reality, not blindly copy, but combine "used" and "new" simultaneously; when build models, we should grasp the development trend of renewable energy models, consider the generality and the repeatability of the model and the data building, emphasize on human -machine interface, and take full account of the uncertainty.

On the basis of the data, methods, models, the book studies about renewable energy decision support system goals, then analyzes the function of Renewable Energy Decision Support System, and proposed Renewable Energy Decision Support System architecture, and puts forward the system construction method among database, the model library, library construction method. And through the implementation of renewable energy regional deployment model case, points out problems and solutions for building China's Renewable

Energy Decision Support System.

Key Words: Renewable Energy; Decision-making System; Model; Data; Method

目　录

Contents

第一章　绪　论

第一节　研究背景与意义

在《可再生能源法》和有关政策的推动下，我国可再生能源在“十一五”期间有了跨越式发展，2010 年可再生能源年利用量约占当年一次能源消费总量的 9%。根据 2020 年非化石能源占一次能源消费 15%的战略目标，我国将加快水电开发进程，加快提高风电的比重，推广太阳能发电和热利用，普及多元化生物质能利用，推动可再生能源规模化开发利用和能源体系转型。

可再生能源的大规模开发利用和能源体系转型涉及领域十分广泛，是各种能源、经济、环境等变化因素相互作用、相互依赖、相互影响的一个系统工程。但是，目前我国可再生能源开发规划和政策措施的科学性、协调性、有效性程度仍然不高。《可再生能源中长期发展规划》所提出的分技术目标由于缺乏充分的科学依据，在执行中与实际情况相差甚远，降低了规划的指导作用。各类战略研究尽管提出了一系列战略目标，但没有哪个研究能够给出一个清晰的、可信的可再生能源发展路径。现有价格和财税政策普遍没有充分反映可再生能源的真实成本、外部效益和技术进步等因素，影响了公平评价和合理利用。可再生能源发展目标分解和可再生能源电力配额制度研究也缺乏充分的科学基础和支撑条件。

为此，我国必须制定、实施更科学合理的发展规划和路径、更加协调的法规体系和扶持政策措施、更切实可行的实施机制创新，从而对可再生能源政策研究提出了更高的综合性、系统性、前瞻性和可操作性要求。而科学的政策制定需要有科学的规划理论与方法以及适用的决策支持工具

(张希良，2011)。然而，在过去几十年中，中国可再生能源快速发展，但为政府提供决策支持的信息服务和工具模型相当有限。目前我国的可再生能源政策研究还缺乏一个完备的决策支持系统平台。我国需要研究可再生能源决策支持的数据、模型、方法，建立基于系统科学的数据信息分析，可以科学地、系统地分析可再生能源综合政策的决策支持系统，为国家能源局和有关部门提供一站式、长期的、高质量的决策支持。

第二节 研究内容

本书主要围绕构成可再生能源决策支持系统的三大主要要素——数据、方法、模型分别展开研究，在此基础上，提出中国可再生能源决策支持系统的解决方案。

一、可再生能源决策支持系统的数据基础研究

有效的可再生能源数据信息平台是进行新能源战略制定、规划、决策的基础。我国迫切需要建立和完善一个集中的可再生能源信息发布和共享服务平台，为国家能源局和有关部门提供一站式的、长期的、高质量的数据信息服务，更好地指导政策制定、投资决策。建立一个集中的信息发布和共享服务平台的核心基础是明确相关的可再生能源信息收集数据统计的渠道，定期、保质保量获取数据信息。只有确定了上述核心基础才能开展真正的服务。因此本研究在分析可再生能源产业现有统计资料的基础上，通过现场调查和专家访谈的方式，梳理可再生能源数据采集和统计的现状，分析可再生能源数据采集和统计中存在的问题，然后针对存在的问题和困难，借鉴国际经验，提出指导我国可再生能源信息采集和统计的对策建议。

二、可再生能源决策支持系统的方法研究

在过去几十年中，中国可再生能源发展迅速，但为政府提供可再生能

源决策支持的方法探讨还相当有限。因此，本书拟把 VIKOR 多属性评价方法运用到可再生能源技术评价中来，解决可再生能源规划中各类可再生能源技术的多属性衡量冲突问题，实现可再生能源合理规划和布局。本书第一部分将根据可再生能源技术评价的特点建立评价指标体系。第二部分基于 VIKOR 评价方法，建立可再生能源规划技术评价的多属性评价模型。第三部分运用该评价模型，对某省可再生能源技术进行评价，从而指导可再生能源产业的发展。第四部分指出本书研究的贡献与不足，并对未来的研究方向提出展望。

三、可再生能源决策支持系统模型研究

模型是决策支持系统的核心，本部分通过对可再生能源模型的现状分析，进行国际比较，重点对比分析了 ReEDS 和 Balmorel 模型的功能、数据需求、模型方法和处理过程。根据我国国情，提出我国可再生能源模型构建的几点思考。

四、可再生能源决策支持系统构建方案

围绕可再生能源决策支持系统目标，对可再生能源决策支持系统的功能进行分析，提出可再生能源决策支持系统的系统架构，并指出系统构建方法与数据库、模型库、方法库的构建方法。

五、可再生能源区域部署模型的开发与实现

本次开发的可再生能源区域部署模型是可再生能源决策支持系统的组成部分，主要用于分析东北地区乃至全国的 2050 年可再生能源高比例发展情景。通过对可再生能源各种发电、发热技术的成本分析，对各种可再生能源发电技术进行经济比较分析、优化组合，为政府制定 2050 年可再生能源发展路线图，以及配套的政策、管理方案，提供决策支持。

第三节　研究方法

通过与国家发改委能源研究所可再生能源研究中心、国家可再生能源中心、丹麦 RISO 实验室、美国国家可再生能源中心的合作，加强对各类能源系统模型和各种分析工具的掌握，建设可再生能源决策支持系统。具体方法如下：

（1）资料研读法：收集和研读大量国内外文献，总结前人的研究成果，凝练研究点。

（2）访谈调研法：先后访问了包括风能、太阳能和生物质能行业领域的专家，并通过专家座谈以及请丹麦、美国、日本的模型专家展开模型研讨培训等方式，对可再生能源行业的数据和模型进行深入思考。

（3）理论研究法：应用系统论、信息论、数学、计算机科学等相关理论和方法，对可再生能源区域部署模型展开研究。

（4）设计研究法：应用 GAMS 建模语言开发可再生能源区域部署模型软件。

第二章　中国可再生能源决策支持系统的界定

第一节　决策支持系统的概念

一、决策的概念

关于决策，韦伯大辞典的定义是：决策就是从两个或者多个备选方案中有意识地选择其中一个方案。根据此定义，决策包括两个要素：①有意识地选择；②备选方案。

美国卡内基—梅隆大学的西蒙（H.A.Simon，1982）教授将决策视为一个过程：决策就是找出要求制定决策的原则，寻找、拟订和分析可能的行动方案，选择特定方案。

决策问题可以分为结构化决策、非结构化决策和半结构化决策，如表2-1所示。

表 2-1　决策问题分类

问题分类	结构化决策问题	非结构化决策问题	半结构化决策问题
概念	简单、直接，决策过程和决策方法有规律可循，能用明确的语言和模型描述，可依据通用模型和决策规则实现决策	复杂，决策过程和决策方法没有固定规律可循，没有固定决策规则和通用模型可依，决策者的主观行为（学识、经验、直觉、判断力、洞察力、个人偏好和决策风格等）对各阶段的决策效果有一定影响	介于两者之间，决策过程和决策方法有一定规律可循，但又不能完全确定，即有所了解但不全面、有所分析但不确切、有所估计但不确定
举例	电力生产计划、调度	可再生能源发展战略制定	电价制定

二、系统、模型与决策

英文中系统（System）一词来源于古代希腊文（Systεmα），意为部分组成的整体。系统的定义应该包含一切系统所共有的特性。一般系统论创始人贝塔朗菲定义："系统是相互联系相互作用的诸元素的综合体。"系统具有三个特性：①多元性。系统是多样性的统一、差异性的统一。②相关性。系统不存在孤立元素组分，所有元素或组分间相互依存、相互作用、相互制约。③整体性。系统是所有元素构成的复合统一整体。如果我们把真实世界的一部分称为一个系统，则一个系统是一个三元组，可记为：系统={状态事物集合，环境事物集合，关系集合}。其中一个状态事物为用来确定这一部分真实世界所处的状态的事物，一个环境事物为真实世界的其他部分中能对本部分产生影响的事物，一个关系为状态事物之间的联系，或为状态事物与环境事物之间的联系。真实世界的这部分在真实世界的其他部分所提供的环境中，遵循关系集合所代表的规律而运动。真实世界的其余部分也是由一些系统构成的。一个系统的状态可以是另一些系统的环境事物，一个系统的环境事物也必定是另一系统的状态事物。这就是说各系统之间存在着复杂的相互关系。在一个大系统的内部，还可以再划分出若干较小的系统，所以系统又存在着嵌套结构。

模型是所研究的系统、过程、事物或概念的一种表达形式，也可以指根据实验、图样放大或缩小而制作的样品，一般用于展览、实验，或作为铸造机器零件等用的模子。如果能分别用状态和环境变量来度量状态事物和环境事物，且能用数学语言把系统集合表达出来，则可以建立起这个系统的数学模型。求解一个模型经常是指在环境变量值给定的情况下，寻找使关系集合成立的状态变量的值。所以求解模型是对系统运动的模拟。我们希望模型是系统在数学意义上的无条件等价物，但是，我们能做到的只是一个模型是一个系统的可算的近似。可算性是指模型是可解的，且模型的用户付得起和愿意付出求解模型所花费的代价。近似性是指由于真实系统是非常复杂的，所以模型不可能在完全精确的意义上对系统进行模拟。一个模型的精度高，必然复杂，可算性就差；反之亦然。好的模型是能满足给定精度要求的具有良好可算性的模型。

一个决策过程涉及两个系统，决策者系统和被决策者系统，他们之间

的关系可用图 2-1 表示。

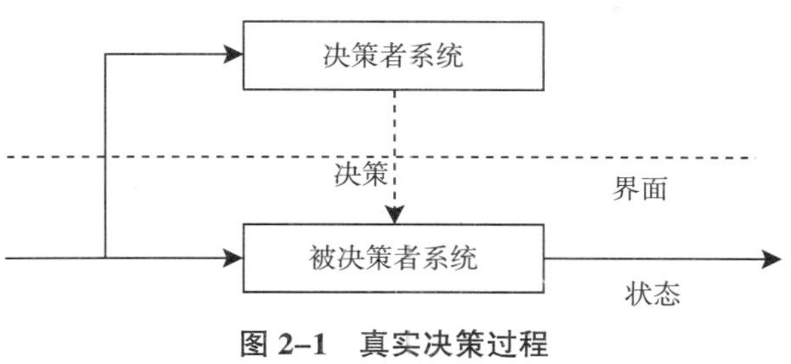

图 2-1　真实决策过程

决策者系统的环境被分成两部分：一部分是主观环境，即决策者系统做出的决策；另一部分是客观环境。决策者系统根据被决策者的状态和客观环境做出决策。被决策者系统的状态是对客观环境和决策的响应。决策者系统的任务是，通过做出的决策，使被决策者系统能较好地应付客观环境可能的变化，而达到使决策者满意的状态。实际上，决策者系统是被决策者系统的控制器，决策是控制变量。决策者系统代表着决策者在决策过程中的行为。决策者可能是一个人，也可能是一组人。实际上，决策者作为人，他的行为可分为两类：第一类符合定量的因果关系，因而可以被模型化。第二类取决于他本人的偏好，因而不可能模型化。从图 2-1 可知，决策者做出决策，一是要估计客观环境的变化；二是要预测被决策者系统的未来状态，即被决策者系统对客观环境和决策的响应。原则上，后者可用经验方法、试验方法和模型模拟。

三、决策支持系统的概念

根据维基百科，决策支持系统（Decision Support Systems，DSS）指一种辅助人类做决策的数据系统，协助人类规划与解决各种行动方案，通常以交谈式的方法来解决半结构化（Semi-structured）或非结构化（Non-structured）的问题，帮助人类做出决策，其强调的是辅助而非替代人类进行决策。

DSS 定义早期有些分歧，学术界与业界对 DSS 均有不同的看法。20 世纪 70 年代，Scott-Morton 指出："DSS 为一种在线分析处理化的交谈式系统，辅助决策者使用数据与模型，解决非结构化的问题。"之后 Keen 和

Scott-Morton（1978）提出类似的看法，认为“DSS是使用在线分析处理辅助解决半结构化的问题，支持但不取代人类，目的为改善决策而不是决策效率”。Alter（1977）则指出较为广泛的看法，认为“任何支持决策制定的系统均为DSS，其中包括数据的存取、模型的分析与工具支持”。20世纪80年代，Bonczek等学者认为“DSS可能为组织中人类数据处理器、机械处理器或人机数据处理系统”，这样的定义则更为广泛。由于过去DSS的定义相当广泛，因此20世纪90年代Turban则进一步以DSS的特性来定义：

（1）DSS借由结合人类判断力与在线分析处理化数据系统，提供人类解决半结构化与非结构化问题的支持。

（2）DSS能够支持不同组织管理层次的单位。

（3）DSS能够提供个人到群体层次的决策支持。

（4）DSS支持数个彼此互相依赖或具有顺序性的决策问题。

（5）DSS能够提供在决策过程中的所有阶段。

（6）DSS能够支持各种决策制定与决策者的风格。

（7）DSS具有调适性。

（8）DSS必须容易使用。

（9）DSS能够改善决策效果，而不仅改善决策效率。

（10）DSS强调的是支持而非替代人类进行决策。

（11）DSS容许使用者能够修改甚至自行建造DSS。

（12）DSS提供不同分析模型辅助使用者制定决策。

（13）DSS可辅助使用者存取各种资料。

（14）DSS可单独为单一使用者使用，也可以整合不同DSS。

DSS的概念于20世纪70年代开始形成，并在20世纪80年代蓬勃发展，人工智能、数据库、模型库、知识与在线分析处理技术均对DSS的发展有重大贡献。20世纪80年代后期，高层主管数据系统（Excutive Information Systems，EIS）、群体决策支持系统（Group Decision Support Systems，GDSS）与组织决策支持系统（Organizational Decision Support Systems，ODSS）等概念，逐渐将DSS由个人取向转为模型导向与群体导向。20世纪90年代起，数据仓库与OLAP的概念也导入DSS，辅助DSS进行数据的存取与分析。21世纪开始，新的万维网、网络技术与互联网延展了DSS。因此，DSS成为一种具有多种学科基础的知识，包括数据库、

人工智能、人机互动、数量模拟、软件工程及各种数据与网络技术等。

DSS 的架构以 Sprague 和 Carlson（1982）所提出的对话—数据—模型（Dialog-Data-Modeling，DDM）架构最为学术界所接受，认为 DSS 有三大组件：数据库管理系统（Data-base Management System，DBMS）、模型库管理系统（Model-base Management System，MBMS）、人机对话管理系统（Dialog Generation and Management System，DGMS）。决策支持系统主要解决中高层管理人员的半决策化和非结构化问题，模型库及其相应的模型库管理系统则在决策支持系统中占据十分重要的地位。而数据库及其相应的数据库管理系统是决策支持系统的基础，它的设计好坏直接影响到系统分析、辅助决策能力。

第二节 能源系统的概念

一、能源的定义和分类

自然界中存在且可能为人类所利用来获取能量的自然资源称为能量资源，它的范围随着科学技术的发展而扩大。

能量资源按其来源可以分为三类：第一类是来自地球以外的太阳能。除了直接的太阳辐射能之外，化石资源（煤、石油、天然气等）、生物质能、水能、风能、海洋能等资源都间接地来源于太阳能。第二类是地球本身蕴藏的能源，主要是原子核能和地热能。第三类是地球、月球和太阳等星球天体之间有规律的运动及相对位置的变化所形成的能，如潮汐能。

能源指人类取得能量的来源，包括已开采出来的可供使用的自然资源与经过加工的能量的来源。尚未开采的能量资源只称为资源，不列入“能源”范畴。

由于能源形式多样，因此通常有多种不同的分类方法，它们或按能源的来源、形成、使用分类，或从技术、环保角度进行分类。不同的分类方法都是从不同的侧面来反映各种能源的特征。常见能源的分类方式有以下五种：

1. 可再生能源与不可再生能源

在自然界中可以不断再生并有规律地得到补充的能源，称为可再生能源。经过亿万年形成的，短期内无法恢复的能源，称为不可再生能源，它随着大规模地开采，储量越来越少，总有枯竭之时。

2. 常规能源与非常规能源

在一定历史时期和科学技术水平下，已经被人们应用的能源，称为常规能源。许多古老的传统能源，如太阳能、风能、生物质能等采用先进的方法加以广泛利用，以及新发展的先进技术利用的能源，如氢能等，称为新能源。

3. 商品能源与非商品能源

以经济流通领域中的地位加以区分，商品能源是指进入市场进行买卖的能源，如石油及其制品、焦炭、电力等。非商品能源是指那些一般不通过市场的能源，如某些传统能源，秸秆、柴薪、牲畜粪便等。虽然，它们有时在当地市场上也买卖，但规模很小，也未将其列入正式商品，因此称为非商品能源。

4. 一次能源与二次能源

自然界现成存在、可直接取得而又不改变其基本形态的能源称为一次能源，或称初级能源。由一次能源经过加工转换成另一种形态的能源称为二次能源，也称次级能源。

5. 清洁能源与非清洁能源

清洁能源是指对环境无污染或者污染很小的能源，如太阳能、水能、海洋能等。非清洁能源是指对环境污染较大的能源，如煤、石油等。

二、能源系统

能源系统是由煤炭、石油、天然气、水力、核能、生物质能等构成的一次能源，从资源开发、运输、加工、转换、分配直到最终使用的各个环节所组成的系统。

一般都用能源系统网络图表示，如图 2-2 所示。网络图一方面综合地表示了各种能源资源，另一方面系统地表示了能源从供应到需求各个能流环节。

能流经过每个环节都会有一定损失，为区别各个环节的能流量，一般

将其分别定义为：

（1）一次能源，能源资源经过开采收集后获得的能源。

（2）二次能源，一次能源经过加工转换后获得的能源。

（3）终端能源，二次能源经过运输，分配到用户的能源。

（4）有用能，终端能源经过各种用能设施为各用户提供满足最终用途的有用能。

从宏观看，能源系统是国民经济系统的一个子系统，它并不是孤立的，而是与自然环境、生态系统有密切联系的。因此根据研究需要，可以综合成经济—能源—环境系统。

能源系统也可根据能源品种分成若干子系统进行研究，如煤炭系统、石油系统、核能系统、电力系统、热力系统等。

能源系统也可根据研究的地域大小和范围分为世界能源系统、国家能源系统、城市能源系统、农村能源系统、企业能源系统等。

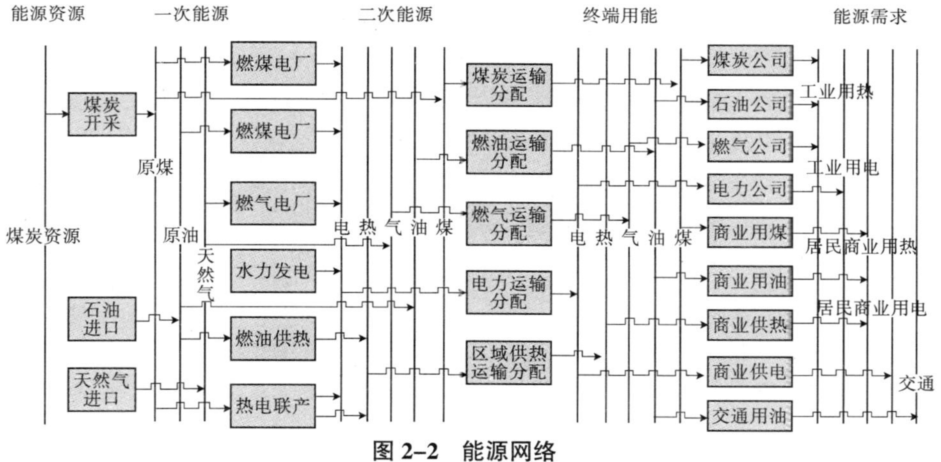

图 2–2　能源网络

三、能源系统的特点

了解能源系统的特点对于分析能源系统、进行能源规划决策是十分重要的。能源工业活动构成了能源系统的主要内容，所以，为了解能源系统的特点，必须首先分析一下能源工业的特点。

能源工业具有以下一些特点：

（1）能源是国民经济与社会活动赖以存在与发展的一个物质条件。任何一个部门的生产都离不开能源。能源工业在国民经济的发展中处于关键地位，因此能源工业是以尽可能满足国民经济和人民生活对能源的需求为目标，它的建设和生产安排应该在国民经济各部门中处于先行地位。

（2）能源工业资本密集度高。维持能源工业的简单再生产和进行扩大再生产都需要大量的投资。新中国成立以来，煤炭、石油和电力工业的投资约占总投资的20%，即使如此，其发展尚不能满足需要。由于资本密集度高，能源工业的生产和发展需要消耗大量的资金和非能源产品，它因此受到了整个国民经济的制约。

（3）能源工业项目建设周期长。例如，煤矿的建设，从地质勘探到矿井投产，一般需要10~15年，水电、核电项目的建设需要近10年的时间，油田开发建设也需要5年以上。同时能源工业项目的服役期也较长，一般都超过30年。例如，电厂一般是按30年寿命设计的，煤矿一般按资源条件，规定合理的开发强度，使均衡生产年限超过50年，所以，能源工业要根据长远的需要来安排近期的建设。

（4）能源工业布局的区域性强。能源开发的目的是为了满足消费，离开能源消费的数量、特点及发展趋势来谈能源开发就毫无意义。同时，能源开发又离不开能源资源，不具备一定的资源条件就谈不上开发，因此能源工业的发展必须考虑资源分布和消费分布的情况，然而实际上能源消费和能源资源的地理分布往往不吻合。

（5）能源对环境影响较大，能源的发展促进了经济的发展，是现代化社会的物质基础。与此同时，它又带来了严峻的环境污染，不论是常规能源还是新能源的使用，都直接或间接地造成环境的污染和生态平衡的破坏。

（6）能源具有可替代性。由于一次能源总是通过转换才能成为最终用户所使用的能量形式，而同一种最终使用的能量形式可以由多种能源转换提供。例如，工艺热可以由煤、油、核能来转换而获得。同时，能源资源具有多用性。大多数能源资源，特别是常规的矿物燃料，不仅可用作燃料，而且是重要的工业原料。例如，现代化学工业的直接和间接原料主要是石油、天然气和煤。许多资源用作原料时所创造的产值远比用作燃料时高，所以，必须尽可能地合理利用能源资源。

从上述能源工业的特点中不难看出，能源系统具有以下特点：

（1）如果把整个国民经济系统分成能源系统和非能源系统两大部分，它们之间有着密切的相互联系。一方面，非能源系统的活动向能源系统提出对能源的需求，能源系统依靠自己的活动向非能源系统供应所需的能源；另一方面，能源系统的活动向非能源系统提出对非能源产品的需求，非能源系统依靠自己的活动向能源系统供应这些产品。所以，能源需求和能源供应是两个相互联系的问题。能源系统中所包含的主要能源部门的资本高密集度又加强了这种联系，所以，能源系统虽然可以独立地进行分析，但它绝不是一个封闭系统，不能离开国民经济这个大系统去分析能源。

（2）能源系统所包含的能源工业部门资本密集度极高，在国民经济总投资中能源系统的投资占重要的比例。同时，重大能源项目的建设周期长、服役期长，能源系统是一个大时间常数的惯性系统，这就使得能源系统的改造与发展非常困难，任何关于能源的决策都会给整个国民经济系统带来重大的、长远的影响。这就要求人们首先要对能源系统进行战略性的长期动态分析。

（3）如果按地域将能源系统分成若干个子系统，对每个子系统可以独立地进行分析，但由于能源工业布局在地域方面的特点，在分析中必须考虑子系统之间的联系。如果按主要能源品种把能源系统分成煤炭系统、石油系统等若干个子系统，对每个子系统也可以独立进行分析，但由于各种能源之间可以有条件地相互替代，各能源部门之间存在着复杂的关系，又必须把每个子系统纳入一个大系统中来分析。

（4）目前能源系统中主要包括不可再生的天然化石燃料，这些资源的贫乏化以及原料燃料之争是人们在可预见的将来就要面临的问题。同时，当代存在的严重的环境问题与人类有规模地使用化石燃料密切相关，所以对于能源系统中目前尚很弱小的新能源，在进行长期规划时要给予足够的重视。

必须强调指出，能源系统不仅是指能源供应系统，而且是能源供应—需求系统的全能流系统的概念，因此能源系统的优化不仅要考虑各种能源之间的替代和优化，而且要考虑全能流系统的优化。在实践中人们进行投资决策时往往要考虑节能投资和开发供应投资的关系。实际上应对全能流系统进行优化分析，根据对全系统效益最大化原则进行投资决策。

第三节　可再生能源系统的概念

一、可再生能源的概念

丹麦能源署把可再生能源定义为由自然资源，如太阳光、风、雨、波浪、潮汐和地热等产生的能源，这些自然资源通常在最多几年之内就会得到补充。可再生能源包括把自然资源转换为有用的能源服务的技术：风、波浪、潮汐和水电（包括小型和径流式电站）；太阳能（包括光伏）、太阳能热和地热；生物质能和生物燃料技术（包括沼气）；垃圾的可再生能源部分（家庭和工业废气物）。家庭和工业废弃物由不同种类的垃圾组成，其中一些组分（如土豆皮）可以被看作可再生能源的原材料，而另外一些（如塑料制品）则不是。只有能够自然补充的那部分垃圾通常才被包括到这个定义中（Henrik Lund，2011）。

中国《可再生能源法》对可再生能源的定义为：风能、太阳能、水能、生物质能、地热能、海洋能等非化石能源。水力发电对本法的适用，由国务院能源主管部门规定，报国务院批准。

从能源资源角度，可再生能源包括水能、风能、太阳能、生物质能、地热能、海洋能等；从能源产品角度，可再生能源产品覆盖电力、热力、气体、液体燃料等。在目前的技术水平条件下，发电技术是可再生能源商业化利用的重点，包括水电、太阳能发电、生物质能发电、地热能发电、海洋能发电等。

二、可再生能源系统的构成和分类

丹麦奥尔堡大学的隆德教授认为，可再生能源系统指基于可再生能源而不是核能或化石能源的全部能源供应与需求系统。它既包括供应也包括需求。从传统的、以核能和化石能源为基础的系统过渡到可再生能源系统需要在以下方面实现协调一致的改变：①与能源节约相关的能源需求技

术；②在供给系统中的能效提高，如热电联产；③对存在供给波动的可再生能源的系统融合，如风电（Henrik Lund，2011）。

在该概念中，隆德教授对终端使用和需求加以了区分。他认为，能源的终端使用被定义为人类对能源服务的需求，如果维持室内温度、交通运输和照明，能源需求被定义为消费者对热、电力和燃料的需求。消费者包括家庭、工业以及公共和私营部门。燃料可以被用来供暖或交通运输。对热能的需求可以划分为不同的温度水平，如区域供暖和过程供暖。在终端使用中还可以区分出食物、维持温室、从家到工作场所的交通运输等这样的基本需求和维持一定面积的一定温度以及一定里程的驾驶等特殊需要。给外墙绝热和提高电器的能效等方面的改变会带来对供暖、电力、燃料等方面的改变，这种改变被定义为需求系统的改变。除了可再生能源技术以外，可再生能源系统还包括将一种能源转换为另一种能源形式（如从电能到氢能）的技术以及可以将能源存储到以后使用的储能技术。Mathiesen（Mathiesen and Lund，2009）和 Blarke（Blarke and Lund，2008）把这些技术归类为指定转移技术（Designation Relocation Technologies）。不过，在可再生能源系统中，对能源转换和能源存储技术间的区别要加以强调。能源转换技术是指那些能够把一种需求（如热、电或者燃料）转换成另一种，例如，通过使用如发电站、锅炉或者热电联产（包括蒸汽机和燃料电池）等技术把燃料转换为热能或者电能；通过电热炉或热泵等技术把电能转换为热能；通过电解槽、沼气或者生物质燃料工厂等技术把固体燃料转换成天然气或者液体燃料。能源存储技术被定义为能够将不同形式的能源存储到未来使用的技术，例如，燃料、热、电存储技术；压缩空气蓄能（CAES）；氢存储技术。存储技术的定义比存储这个概念本身范围更广，以电力为例，它可以通过被转化成氢能的方式存储起来，而存储技术则包括转换技术，如电解槽和燃料电池。转换技术和存储技术的区别通过技术的目标来定义。如果把电力转换为氢气的目的是车需要氢气，则电解槽被定义为一种转换技术。然而，如果目的是为了存储电能，那么电解槽、氢气储能、燃料电池结合起来被定义为存储技术。在复杂的可再生能源系统中，单个的组成部分可以在两种目的中都能用到。例如，同一个电解槽既可以被用来给汽车供氢，也可以用来生产氢气储能。在这种情况下，电解槽就直接被看作既是转化技术，又是存储技术。

对于可再生能源系统，从宏观看，它是能源系统的一个子系统，而能源系统又是国民经济系统的一个子系统，它并不是孤立的，而是与能源、环境、社会系统有密切联系的。因此可以根据研究需要，将其综合成经济—能源（可再生能源）—环境—社会系统。可再生能源系统也可以根据能源品种分成若干子系统进行研究，如风能系统、太阳能系统、生物质能系统等。可再生能源系统也可以根据研究的区域大小和范围分为国家可再生能源系统、区域可再生能源系统、农村可再生能源系统、城市可再生能源系统等。

第四节　中国可再生能源决策支持系统的内涵及界定

根据前面的分析，我们对可再生能源决策支持系统可以进行如下定义：以计算机为工具的，应用决策科学及有关学科的理论与方法，以人机交互方式进行的，辅助决策者科学地解决可再生能源领域发展中面临的半结构化和非结构化决策问题的信息系统（见图 2-3）。

（1）可再生能源决策支持系统应当是面向决策者的系统。决策者可以是一个人，也可以是一群人。可再生能源系统涉及不同类型的决策者：政策制定者、能源规划者、能源政策研究工作者、投资人、产品开发商……不同决策者关注不同的决策问题。因此系统决策应当考虑分角色和权限。国家可再生能源决策支持系统主要为国家能源局和有关部门提供一站式的、长期的、高质量的决策支持，因此，本书探讨的决策者主要是能源政策制定者。

（2）可再生能源决策支持系统主要解决我国现在可再生能源和未来可再生能源系统发展中面临的半结构化和非结构化的决策问题。这些问题包含的内容非常广泛，涵盖目标制定、目标分解、规划部署、政策设计、监管设计、政策影响、技术—经济—环境效益分析、市场设计分析、市场/经济预测、优化调度、投资决策等各方面。关注范围涉及部门、区域、国家、国际不同层面。按照关注的时效区分，也有短期问题、中期问题和长期问题。本书主要关注国家层面的当前和未来（2020 年，2030 年，2050 年）可再生能源产业发展中面临的规划、部署和政策问题。例如：①产业

规划中技术路线选择要考虑的问题：不同技术路线的太阳能发电技术（光伏发电或太阳能热发电）、垃圾发电技术的潜力怎样？②与可再生能源部署有关的决策问题：打算在某个地区部署 5000 兆瓦的风力发电，对现有的热电联产电厂会产生什么样的影响？为了确保集成（热贮存、热泵、新的输电线路、水力泵货仓等），需要采取哪些措施，让其最具成本效益？

（3）中国可再生能源决策支持系统应用决策科学及有关学科的理论与方法来解决决策中面临的问题，包括管理科学、运筹学、管理信息系统、信息管理科学、计算机技术、数学、人工智能、行为科学、决策理论、领域知识等各个方面。其中，建立数据库、模型库、方法库是决策支持系统构建的关键。

（4）中国可再生能源决策支持系统应当是一种人机系统。人在系统中起着重要作用，通过人机交互作用，充分发挥人的定性分析优势与机器的定量计算优势，使系统具有决策支持功能。

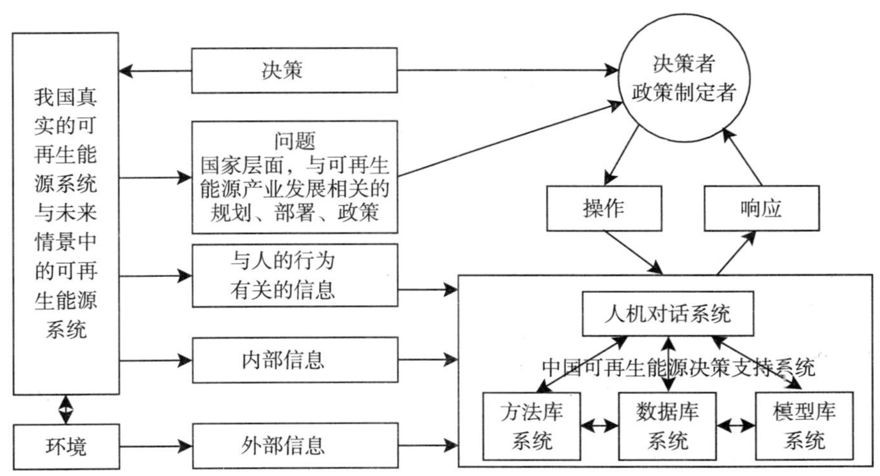

图 2–3　中国可再生能源决策支持系统概念模型

第三章　可再生能源决策支持系统的数据基础

第一节　数据在决策支持中的地位和作用

2006年《中华人民共和国可再生能源法》实施以来，我国可再生能源的发展进入了一个新的历史阶段，可再生能源产业迅速发展。相比可再生能源的迅速发展，我国的可再生能源信息收集和统计工作则显得相对滞后，并且缺乏一个集中的信息发布和共享服务平台。权威数据的缺失，使得政府、科研单位和企业很难在能源战略规划、科研活动和市场竞争中利用分散在不同部门和不同渠道的信息做出及时与正确的决策。

有效的可再生能源数据信息平台是进行新能源战略制定、规划、决策的基础。本书在分析可再生能源产业现有统计资料的基础上，通过现场调查和专家访谈的方式，梳理可再生能源数据采集和统计的现状，分析可再生能源数据采集和统计中存在的问题，然后针对存在的问题和困难，借鉴美国能源信息署（EIA）、美国国家可再生能源实验室（NREL）、丹麦国家可再生能源实验室（RISO）、国际能源署（IEA）、亚太经合组织（APEC）等典型的国家、国际能源组织机构等先进经验，提出指导我国可再生能源信息采集和统计的对策建议。

第二节　我国可再生能源信息采集和统计现状

在风能领域，我们先后访问了国家气象局、国家发改委能源研究所、中国水电工程顾问集团等单位，并就风能资源分布与监测、风电开发及风电场建设、风电行业发展趋势和主要问题、风电信息采集和收集等问题与这些行业展开了访谈和交流。在太阳能领域，我们先后访问了国家发改委能源研究所、工业和信息化部电子信息司、国家统计局能源司、中国科学院电工研究所、国家气象局风能和太阳能资源评估中心、中国可再生能源学会太阳能光伏专业委员会、中国资源综合利用协会可再生能源专业委员会、中国农村能源行业协会太阳能热利用专业委员会和中华全国工商业联合会新能源商会等单位和部门，就中国太阳能资源分布、中国光伏产业发展战略和特点、光伏发电技术和趋势、光热利用行业市场格局和发展趋势、光热发电技术现状、发展趋势和市场前景，以及太阳能领域信息采集和统计情况进行了分析和探讨。在生物质能领域，我们先后访问了国家发改委能源研究所、农业部科技教育司能源生态处、国家统计局能源司、国家林业局林木生物质能源办公室、中国畜牧业协会和中国沼气学会等部门，就目前生物质能涵盖的各细分行业的资源分布、资源开发利用情况、行业发展前景和存在的主要问题以及信息采集和统计情况进行了探讨。

一、总体概况

目前在国家层面，可再生能源还没有被完整地纳入正常的能源统计调查体系。目前统计局统计制度和统计报表中可再生能源中只有核电（非化石）、水电和风电有较规范的宏观统计数据。在国家统计局编制的《中国统计年鉴》中仅在能源消费总量及构成中有水电、核电和风电的总比例（国家统计局能源司，2010）。国家统计局编制的《中国能源统计年鉴》在一次能源生产中分别给出了水电和核电的生产量，在能源消费中分别给出了分地区农村非商品能源（沼气、秸秆和薪柴）情况，而其他可再生能源则缺乏统一的统计指标和统计制度，也没有约定的公布制度（国家统计局，2010）。农业部门、建筑部门也各自有一些针对本部门领域内可再生能源的统计数据，但主要针对农村建筑节能应用而不是资源能源化的利用，得出的数据往往不足以支持有关资源能源化利用的决策和规划。这些统计数据覆盖的大都是电力生产，对于可再生能源产业其他情况都很少涉及。中国太阳能、生物质能等行业协会虽然有年度的产业数据统计，但其统计渠道不完善，数据也仅能够反映部分产业状况，不够翔实，并且因为利益相关问题其数据指标设置也不尽相同。

二、风能领域

风能领域涉及的信息来源主要有三类：一是风能资源信息；二是风能利用（发电）信息；三是风能企业（风机制造业、发电企业等）信息。

1. 风能资源信息的采集和统计现状

风能资源信息是政府和相关单位制定科学规划和进行可行性分析的基本依据，是各方面必不可缺少的参考资料，因此信息平台中资源信息是不可缺少的部分。

目前风能资源信息的收集和统计主要是由中国气象局风能太阳能资源评估中心负责。2003~2006 年，中国气象局完成了全国第三次风能资源普查。2005~2007 年，中国气象局与加拿大气象局合作开展中国风能资源的数值模拟（第一张中国风能资源数字图谱）。2007~2011 年，中国气象局承担了国家发改委和国家财政部“全国风能资源详查和评价工作”项目，该项目完成约 5000 万千瓦的风能资源详细测量、评价和建设规划工作。它以 10m 高度 30 年的气象资料为基础获得年平均风速，通过数值模拟和 GIS 技术完成了水平分辨率为 1km×1km、高度为 70m 的年平均风速和风能功率密度全国数值图谱，并计划生成 80m 图谱。利用 GIS 空间分析技术可实现更详细的规划需求，如排除河流、湖泊等不适宜开发区等。

同时，由国家发改委作为支持单位，中国气象局信息中心已初步建立国家和省级风能资源数据库系统。包含了 400 个观测塔的观测资料、2400 个气象站、1951 年以来的气象数据，还包括了前几次风能普查的一些成果和等次，以及其他的一些信息。现在这个数据库在 31 个省（区、市）已经建立完成，国家级中心数据库也已建成，400 个观测塔运行稳定。

2. 风电场建设及风机制造信息的收集和统计

风电场建设及风机制造信息的收集和统计工作目前主要由国家风电信息中心即中国水电工程顾问集团、中国风能协会和中国电力企业联合会三家单位从事此项工作。

中国水电工程顾问集团主要利用政府行政手段完成信息采集。2006年，国家发改委下发《国家发展改革委办公厅关于报送风电场工程建设统计资料有关要求的通知》，要求各省、直辖市发改委上报风电场建设信息并由中国水电工程顾问集团汇总统计。2009 年 1 月 21 日，国家能源局关于国家风电信息管理中心建设的复函文件，对国家风电信息中心的职责、信息内容给予了明确。2006~2009 年，中国水电工程顾问集团将表格发放到各风电场填报并于年底统一上报，2010 年实现了互联网在线数据申报。汇总统计的数据通过《年度中国风电建设成果统计报告》于每年 3 月发布，此报告为收费阅读（2000 元/份）。国家风电信息中心拥有一个对外发布信息的网站——中国风力发电工程信息网，此网站包括行业动态、风电规划、法规标准、科技创新、中心职能、风电设备、会议专题、发布商机、企业招聘、会员中心栏目，这些栏目基本涵盖了风电宏观信息，但风电场详细信息不对外公布，因此为提供分析结果所需信息的渠道也必须由国家发改委出面沟通。

中国风能协会通过向其会员单位（主要是整机制造和零部件企业）发放调查问卷的形式收集信息，调查频率为一年两次。第一次调查在 6 月，主要是从各厂商收集生产和销售总量信息；第二次调查在次年 1~3 月，从各厂商详细调查生产和销售信息并在 3 月发布年度中国风电装机容量统计报告及年度中国风电整机制造业市场格局和发展态势报告。因为风机制造企业属于技术和资本密集型，所以从事这个产业的企业规模大、数量少，为信息调查带来很多方便。根据中国风能协会统计，截至 2009 年年底，国内叶片企业 52 家、轴承企业 16 家、齿轮箱企业 10 家、变流器企业 12 家、整机组装企业 80 家（前 10 家企业占据了 86%的市场份额）。

中国电力企业联合会发布数据主要是每月一次的全国电力工业统计数据一览表和年底全国电力工业统计表。在电力统计方面主要具有如下职能：①经政府授权，制定电力行业统计管理制度、统计报表制度及其标准规范；②负责电力行业综合统计信息的采集、分析、披露；③负责电力供需、生产建设与经济运行形势的分析和预测预警工作，组织编写相关研究报告，发布相关信息；④组织编写全国电力统计年鉴。中国电力企业联合会通过具有强制性的统计报表制度由各电网公司和电厂逐级上报并最终汇总到中国电力企业联合会，并由其统一对外发布。中国电力企业联合会发电量指标数据（除风电外）是国家统计局规模以上发电企业发电量，这说明中国电力企业联合会发布的数据和国家统计局发布的信息是一致的。

通过以上情况分析可以看出，中国水电工程顾问集团（国家风电信息中心）、中国风能协会和中国电力企业联合会三家单位信息采集的渠道各有侧重。国家风电信息中心以风电场建设为切入点，全面掌握风电场建设数据，但是对风机制造和零部件生产等信息基本没有涵盖。中国风能协会从制造企业的研发、生产、供货和建设情况收集整理数据，数据侧重于企业本身并兼顾风电场装机信息。中国电力企业联合会通过电网公司获取各风电场装机和上网电量信息。这三家单位信息涵盖了风电制造企业、风电场建设和电力生产整个产业，并且他们可以相互校核、验证和补充进而保证了数据的准确性。在数据采集方法上国家风电信息中心采用了在线填报，最大程度地保证了数据的一致性和可追溯性，并且可以在数据库系统之上完成各类汇总统计，可发展为动态分析模式。中国风能协会目前的收集方式还是通过 Excel 文件来填报，其表格还是比较简单的文字说明性填写，收集上来的数据还需要进一步规范和格式化进而展开分析，这无形中给统计人员增加了很多工作。中国电力企业联合会利用电力系统的信息化程度高的优势，利用其 IT 系统并结合运行多年的统计报表系统完成信息的收集汇总。此三家单位分别通过中国风力发电工程信息网（http：//www.windpower.org.cn/）、中国风能协会网站（www.cwea.org.cn）、中国电力企业联合会数据在中国电力企业联合会网站（http：//www.cec.org.cn/）发布、收集和统计相关数据。

3. 小风电信息的收集、整理、分析和发布

小风电信息的收集、整理、分析和发布目前由中国农机工业协会风能设备分会主要负责。其统计方法主要是向主要企业发放调查问卷或电话调查，由企业上报后，风能设备分会校核汇总，信息采集频率为一年一次。数据指标涵盖企业概况信息、生产经营信息、产品信息、销售信息（包括出口）。

4. 风电产业咨询信息的采集

目前在风能协会和国家风电信息中心统计的信息中，有一些中国风机

制造业和风电建设的详细信息，但在产业资讯（包括国内外政策、市场、技术和人才）以及能源知识传播方面还不够。目前在国内有一些媒体和网站（中国可再生能源网、中国风能网）从事可再生能源的技术追踪、政策报道和解读、汇集数据统计和分析、市场信息等服务，但大多数都缺乏原创性和系统性。

风能领域信息分布及数据获取情况如表 3-1 所示。

表 3-1　风能领域信息分布及数据获取情况

信息资源	信息采集负责方	信息采集情况	备注
风能资源信息	中国气象局风能太阳能资源评估中心	完成 1km×1km，高度 70m 的年平均风速和风能功率密度全国数字图谱	已建成风能资源数据库，正在开发共享服务平台
风能设备制造信息	中国风能协会	每年两次调查，每年 3 月发布年度中国风电装机容量统计报告和年度中国风电整机制造业市场格局和发展态势报告	
	中国水电工程顾问集团	获得国家能源局授权，主要统计全国风电场建设信息，兼顾风电设备生产厂商信息	
风电场信息	中国水电工程顾问集团	获得国家能源局授权，统计全国风电场建设信息	2006~2009 年通过表格方式采集全国风电场信息，2010 年实现在线数据申报
风力发电信息	中国电力企业联合会	月度定期对外发布	电监会和国家统计局授权，负责电力数据统计和发布
	中国水电工程顾问集团	内部公开/外部有偿公布	

三、太阳能领域

太阳能领域的信息采集主要包括太阳能资源分布信息、光能发电信息、光伏产业信息、太阳能热利用信息等。

1. 太阳能资源信息的收集

太阳能资源信息的收集由中国气象局风能太阳能资源评估中心具体承

担。中国从 1953 年开始测量太阳辐射，气象站台数量从 70 个发展到现在的 2610 个，1993 年以前全国有 66 个气象台有水平太阳辐射、散射和直接辐射数据，1993 年以后，全国只有 17 个气象台有水平总辐射和散射辐射数据。中国气象局风能太阳能资源评估中心通过气象站台的历史数据结合 GIS 技术绘制了中国太阳能资源分布图，并提供了中国气象科学数据共享服务。

2. 太阳能发电信息的采集与发布

太阳能发电信息依据太阳发电的使用领域主要集中在无电地区通电、通信和工业应用、公共照明和分散利用、城市光电建筑和大型并网光伏发电等领域。其中，通信和工业应用与公共照明和分散利用两个领域目前暂无可靠的统计部门和机构进行统计分析。

无线电地区通电领域，主要是依托较大的国内或国际合作项目，包括 2002 年发改委启动的“送电到乡”工程、中荷“丝绸之路光明工程”、世行 REDP 项目和国家扶贫项目等进行数据的采集和收集，但截至目前，没有一个机构能把分散在不同部门的数据汇总并提供共享。

通信和工业应用主要是指在移动通信基站、无人值守气象站等方面分布式的光伏发电商业应用。由于是完全的市场行为，光伏建设信息分散在需求公司和光伏组件销售安装公司，数据难以收集和汇总，没有数据信息的所属上级单位。对于一些重大的应用项目，社会公开招标以及跟踪招标进展也是可能获得信息的有效方法，通过光伏组件销售渠道也是了解光伏应用的一种办法。

地方政府通过项目工程方式实施的太阳能照明（如路灯、小区照明等）和各种分散利用（如充电站、太阳能车船等），还有一部分是完全的商业行为。通过地方政府获取数据只是一种可能，但是负责项目工程的机构隶属于不同的行政部门，数据难以收集和汇总。

3. 城市光电建筑的信息采集

应用可再生能源建筑得到了国家财政部和住房建设部的大力支持，自 2006 年 9 月 4 日财政部和建设部联合下发《可再生能源建筑应用专项资金管理暂行办法》的通知起，到 2010 年共下发了 10 个相关通知，使建筑采用可再生能源的信息收集统计工作从资金上得到了充分的支持。住房和城乡建设部 2007 年对原 23 个城市范围内试行的《民用建筑能耗统计报表制度》（建科［2007］271 号）进行了修订，增加了建筑节能相关信息统计指标并扩大了统计范围，形成了最终的《民用建筑能耗和节能信息统计报表》，并于 2010 年 3 月 16 日正式下发实施。

本报表制度和可再生能源有关统计对象是当年新增竣工验收的新建建筑、进行节能改造的既有建筑，以及可再生能源规模化应用的建筑。统计全国城镇范围和农村范围内建筑的基本信息和能耗信息。统计方式为全面统计和抽样统计相结合的方式。其中国家机关办公建筑、大型公共建筑的基本信息和能耗信息统计采取全面统计调查方式；居住建筑和中小型公共建筑的基本信息和能耗信息统计采取抽样统计调查方式。报表形式——本报表制度设置了基层表和综合表，其中基层表由本报表制度所指定的各相关部门或单位填报，综合表由基层表汇总生成，不必填写。基层表有两类指标，由省级住房和城乡建设行政主管部门根据实际情况进行统一布置，并且基层单位必须同步执行，选填指标在报送期后要逐步完善。报表数据通过计算机软件填报和汇总。报送要求——本报表制度的报告期为年报。各报表的报送要求和报送方式按制度规定执行。本报表制度自 2009 年年报开始起执行，首次报送时间为 2010 年 10 月 31 日前，以后为次年 4 月 30 日前报送。

通过分析其报表制度，可以发现其统计指标设置非常简单，有关光电建筑应用只有安装公司名称、安装容量信息，这些信息只能反映宏观信息，对其工程信息、发电信息和运行效果都没有涉及。

大型并网光伏发电项目目前的开发方式主要有国家示范和政府补贴项目、商业化项目、政府核准电价的项目。由国家实施的项目，信息都分布于不同的具体执行单位，信息比较丰富，但公开的很少。如“金太阳工程”，其申报信息由财政部负责收集汇总，工程信息由国家能源太阳能发电研发（实验）中心金太阳数据中心负责，但可以查询到的信息只有批准的示范项目名录，数据只包括项目名称和装机容量。需要政府核准电价的项目，目前由中国水电工程顾问集团负责信息收集和汇总，运作方式基本和国家风电信息中心模式一样，发文要求各省能源主管部门上报核准光伏电站工程信息。虽然中国水电工程顾问集团在从事此方面工作并有意愿成立光电信息中心，但目前还没有得到能源局正式的授权。

中国水电工程顾问集团并没有得到实际授权，无法发布具体的指标体系，通过访谈，了解到其指标体系大致涵盖如下信息：项目概要信息、投资商信息、工程竣工决算信息、发电量信息。

4. 太阳能光伏产业信息

我国的光伏产业在 2004 年后飞速发展，连续 5 年的年增长率超过 100%，2007~2009 年连续三年太阳电池产量居世界第一。截至 2009 年年底，我国太阳能光伏电池产量约为 4000 兆瓦，较 2008 年增长 54%。目前已拥有海外上市光伏公司 12 家，国内上市光伏公司 13 家，行业年产值超过 2000 亿元，就业人数 30 万人。目前比较完善的太阳能光伏产业链已经形成，据专家估计在产业链上下游共有上千家公司。太阳能光伏产业信息主要集中在硅材料及硅片生产企业和电池及电池组件生产企业两大部分。

硅材料和硅片制造企业信息目前主要由中国电子材料行业协会（www.c-e-m.com）收集统计。该协会通过向会员单位发放调查问卷并结合专家跟踪的方式完成数据的收集和统计，调查问卷一般一年一次。信息主要发布在其每年的行业发展报告中，此报告为收费阅读。协会信息收集的主要指标包括企业名称、联系方式、产品、产能、产量和平均价格，这些指标更侧重于产品，而对于如人力资源、科研条件、科技成果和客户信息并没有涵盖。

电池及电池组件生产企业信息的统计相对多元，包括中国可再生能源学会光伏专委会、中国资源综合利用协会可再生能源专委会、中华全国工商业联合会新能源商会、工业和信息化部电子信息司以及部分信息公司都在进行统计分析。中国可再生能源学会光伏专委会，其职责主要针对光伏技术的学术研究与交流。2009 年联合中国科学院广州能源研究所共同出版了《中国新能源与可再生能源年鉴》，其中涉及光伏产业的数据来自于专家的电话调查和汇总，没有形成收集机制。中国资源综合利用协会可再生能源专委会致力于推动可再生能源领域技术进步、市场发展和国际合作交流。该协会有专人负责与企业联系收集信息，但由于企业没有义务提供信息，因此不配合，导致工作难以持续开展。中华全国工商业联合会新能源商会也为会员提供经济、技术、信息、生产、管理、融资、法律和法规等咨询服务。该商会下设有信息研究部门，但该部门只是收集国内外产业的市场信息、技术信息，为会员服务，并不收集会员单位产业的具体信息。工业和信息化部电子信息司 2009 年对中国光伏产业进行了摸底调查并掌握了翔实的数据。在电子信息司的推动下，中国光伏产业联盟于 2010 年 5 月成立，致力于为整个光伏行业的发展搭建公共平台，推动产业上下游协作，加强行业内外的信息交流和技术合作，促进产业的推广宣传和政策沟通，共同应对国际产业竞争。一些信息咨询公司也已经进入到这个产业并能提供一些信息，但它们并不是站在产业高度收集信息并分析，而是为企业服务，因此信息可信度有待考证。例如，索比太阳能（Solarbe.com）、易恩孚（enf.cn）都拥有庞大的企业库，但这些企业信息都是概要数据难以为产业服务。虽然这些机构都能提供一些信息，但都是一些宏观概览数据并且都是通过专家个人调查和推算获得，缺乏一个可持续运行的信息采集渠道和数据校核机制，在信息采集指标上只涉及产能和产量，对深层次的数据，如出口量、销售价格、技术装备等都没有收集，不能满足产业分析需要。

5. 太阳能热利用

太阳能热利用主要包括太阳能中低温热利用、太阳能高温热利用以及太阳灶和太阳房等。太阳能中低温热利用包括太阳能热水器、太阳能取暖系统等，太阳能高温热利用主要是太阳能热发电。

中低温热利用太阳能热水器和热水工程销售安装信息主要是由中国农村能源行业协会太阳能热利用专业委员会（以下简称热利用专委会）收集和统计，其统计方法主要是向规模以上企业（年产值在5000万元以上）发放调查问卷或电话调查，统计的指标包括企业概况信息、生产量、热水工程量及进出口量。因为收集的数据只是规模以上企业，为了获得全国的销售量，热利用专委会通过产业链顺推得出，即从玻璃生产企业获得销售给下游热水器关键件（真空管）企业的数据，然后调研关键件生产企业销售给下游热水器生产企业的数据从而得出全国的销售量。这个数据是假定在所有产品都已销售并安装的情景下推算得到的，因此具有不确定性。热利用专委会考虑到企业填写问卷的积极性，问卷设计的指标比较少，只能反映一部分数据，对于企业的人力资源、技术研发和新产品等都没有涉及。太阳房和太阳灶的技术虽然成熟，但缺乏市场开发和应用的动力，只在我国的西部地区有所应用，应用规模较少，信息统计在农业部科教司统计报表中有所反映。

在高温热利用方面的信息收集汇总情况是我国的太阳能热发电尚处于研发示范阶段。科技部在“863”重点项目中安排了“MW级塔式热发电技术与示范”，拟于2010年完成研究和示范项目的建设。目前该项目由中国科学院太阳能热利用及光伏系统重点实验室负责实施，同时该实验室收集和汇总了国际国内的高温热利用工程和技术信息。

光伏产业的设备生产的信息目前由工信部负责，需加强与工信部的沟通，协商解决信息共享问题。

太阳能领域信息采集及分布情况如表 3-2 所示。

表 3-2　太阳能领域信息采集及分布情况

信息资源		信息拥有方	信息采集情况	备注
太阳能资源信息		中国气象局风能太阳能资源评估中心	通过气象站台的历史数据结合 GIS 技术绘制了中国太阳能资源分布图	—
光伏发电信息	无电地区通电	2002 年发改委启动的“送电到乡”工程； 中荷“丝绸之路光明工程”； 世行 REDP 项目； 国家扶贫项目等	实施数据在其项目报告中都有体现，但是没有一个机构把分散在不同部门的数据汇总并共享	截至 2008 年，国内共有 15 个较大的国为或国际合作项目
	通信和工业应用	—	—	—
	公共照明和分散利用	—	—	—
	城市光电建筑	住房和城乡建设部	《民用建筑能耗和节能信息统计报表》	首次报送时间为 2010 年 10 月 31 日前，以后为次年 4 月 30 日前报送
	大型并网光伏发电	财政部	“金太阳工程”的申报信息	
		国家能源太阳能发电研发（实验）中心金太阳数据中心	“金太阳工程”的工程信息	可查询批准的示范项目名录，数据只包括项目名称和装机容量
		中国水电工程顾问集团	指标体系大致涵盖如下信息：项目概要信息、投资商信息、工程竣工决算信息、发电量信息	需政府核准电价的项目，要求各省能源主管部门上报核准光伏电站工程信息；目前还未得到能源局正式授权
光伏产业信息	硅材料及硅片生产企业	中国电子材料行业协会	信息主要发布在其每年的行业发展报告中，此报告为收费阅读	通过向会员单位发放调查问卷并结合专家跟踪的方式完成数据的收集和统计，调查问卷一般一年一次
	电池和电池组件生产企业	中国可再生能源学会光伏专委会	2009 年出版了《中国新能源与可再生能源年鉴》	涉及光伏产业的数据来自于专家的电话调查和汇总，没有形成收集机制

续表

<table>
<tr><th colspan="2">信息资源</th><th>信息拥有方</th><th>信息采集情况</th><th>备注</th></tr>
<tr><td rowspan="3">光伏产业信息</td><td rowspan="3">电池和电池组件生产企业</td><td>中国资源综合利用协会可再生能源专委会</td><td>—</td><td>专人负责和企业联系收集信息，但由于企业没有义务提供信息，因此不配合，导致工作难以持续开展</td></tr>
<tr><td>中华全国工商业联合会新能源商会信息研究部</td><td>—</td><td>只是收集国内外产业的市场信息、技术信息，为会员服务，并不收集会员单位产业的具体信息</td></tr>
<tr><td>工业和信息化部电子信息司</td><td>2009 年对中国光伏产业进行了摸底调查并掌握了翔实的数据</td><td>—</td></tr>
<tr><td colspan="2">中低温热利用</td><td>中国农村能源行业协会太阳能热利用专业委员会</td><td>—</td><td>向规模以上企业（年产值在 5000 万元以上）发放调查问卷或电话调查，统计的指标包括企业概况信息、生产量、热水工程量及进出口量</td></tr>
<tr><td colspan="2">高温热利用</td><td>中国科学院太阳能热利用及光伏系统重点实验室</td><td>—</td><td>“MW 级塔式热发电技术与示范”拟于 2010 年完成研究和示范项目的建设</td></tr>
</table>

四、生物质能领域

生物质能领域的信息主要包括生物质能资源信息、生物质能信息、生物质能产业信息、农村可再生能源信息。

1. 生物质能资源信息

生物质能资源主要包括农作物秸秆资源、畜禽粪便资源、林业生物质能资源和工业有机废弃物等。农作物秸秆资源调查和信息收集工作主要由农业部规划设计研究院能源环保研究所负责，该单位于 2009 年按照《农作物秸秆资源调查与技术评价技术规范》对全国农作物秸秆资源进行了调查，形成了调查报告，但尚未对外发布。畜禽粪便资源信息收集和统计工作主要由中国畜牧业协会和中国沼气学会从事。中国畜业协会按照《畜牧业生产及畜牧专业统计监测报表制度》的要求负责畜牧业产业信息的收集和汇总，并负责编写《中国畜牧业年鉴》。但是统计数据偏宏观，缺乏大

型养殖的分布、数量和分级的信息。林业生物质能资源的信息收集和统计工作由国家林业局生物质能源办公室负责。林业局于2004年开始到2008年，历时五年完成了第七次全国森林资源清查，获得了能源生态林的基本信息。工业有机废弃物和城市有机生活垃圾等资源数量主要来自中国社会科学院主管、中国城市发展研究会主办的《中国城市年鉴》。

我国现有的生物质能资源全部是各类有机废弃物，主要包括农作物秸秆、畜禽粪便、林业生物质、工业有机废弃物以及城市有机生活垃圾。

农作物秸秆资源调查和信息收集工作主要由农业部规划设计研究院能源环保研究所负责。2009年该单位受农业部委托对全国农作物秸秆资源进行了调查，该调查由各省市县的农业主管部门按照《农作物秸秆资源调查与评价技术规范》要求调查测算并逐级上报汇总，目前该调查报告已经形成但尚未对外发布。

畜禽粪便资源信息收集和统计工作主要由中国畜牧业协会和中国沼气学会从事。中国畜牧业协会（www.caaa.cn）按《畜牧业生产及畜牧专业统计监测报表制度》的要求负责畜牧产业信息的收集和统计汇总并负责编写《中国畜牧业年鉴》。由于中国畜牧业协会信息收集的出发点并不是畜禽粪便的能源化利用，所以中国沼气学会根据中国畜牧业协会的养殖、出栏、存栏量统计数据测算畜禽粪便量，但由于不能得到详细的大型养殖场（万头以上存栏）分布、数量、分级的信息，其数据只是宏观的信息。

《畜牧业生产及畜牧专业统计监测报表制度》属于部门调查，调查内容包括：年度畜牧业生产和畜牧专业情况、半年度固定监测点畜禽饲养规模情况等共计33张表。畜牧统计采用全面统计和抽样调查相结合的统计方法，其中畜牧业生产和畜牧专业年报采用全面统计方法，固定监测点畜禽生产半年报和月报、畜产品价格周报、重点跟踪企业月报和质报等采用抽样定点统计方法。全面统计报表须经各级畜牧管理部门审核后逐级上报；固定监测点畜禽生产报表和畜产品价格报表由有关县级畜牧部门录入后直接上报；重点跟踪企业报表由企业填报，中国畜牧业协会和中国奶业协会汇总。通过其报表设置和统计方法可以看出其信息涵盖广，数据及时。

2. 生物质能信息

根据生物质能应用的方式和范围不同，生物质能包括生物质发电、生物质成型燃料和液体燃料。这部分的信息目前尚无专门机构从事此方面的收集。生物质能发电按技术类型划分可分为蔗渣发电、农林剩余物直燃发电、生物质能气化发电、养殖场沼气发电、工业废弃物沼气发电和垃圾焚烧发电等。目前没有专门的机构收集各个生物质能发电场的投资、装机等信息，中国实施的可再生能源电价附加补贴政策为收集这些并网生物质发电项目信息提供了一个渠道。生物质能发电项目发电价格补贴由国家发改委价格司核准，申请时必须提供详细的项目信息。因此可通过发改委价格司实施的在线数据申报的并网生物质能发电项目收集和获取生物质能发电的信息，该项工作需要发改委能源局协调才可以达到信息收集的目的。近年来，生物质能成型燃料，其用途逐步由单一的农村炊事燃料，发展为替代煤炭的小型锅炉燃料，市场产量有了大幅度提高。由于过去生产厂商大多是小工厂，没有机构从事此方面的信息收集。自 2008 年年底，财政部发布“秸秆能源化利用补助资金管理暂行办法”后，产业得到了迅速发展，这也为信息收集提供了一个渠道，即通过厂商的申请补助资金的材料获取信息。木薯乙醇、甜高粱乙醇和麻疯树生物柴油等产业化进程刚刚缓慢起步，可以看出液体燃料这个产业还处于政策引导期，国家出台了很多技术研发、项目示范、财政税收、产品价格、市场销售和进出口等方面的优惠政策。目前生物液体燃料的国家定点生产厂家只有 5 家，但尚未形成行业数据收集体系。建立长期有效的机制必须加强和农业部、林业局等部委的合作，广泛收集信息并结合调查的方式以校核数据。

3. 生物质能产业信息

目前我国的可再生能源设备制造业还处于混战阶段，关键零部件配套能力低，未能掌握大型核心设备的总体设计和集成技术，没有形成真正有竞争力的龙头企业和成熟的产业链。收集这些散乱的、良莠不齐的企业信息非常困难，潜在的方法是通过跟踪生物质能利用企业的装备信息，进一步追踪到装备企业信息。

4. 农村可再生能源信息

生物质能行业的信息统计工作相对分散，受制于行业本身特性，包括资源分布不均、资源稳定性和持续性相对较弱、各细分行业发展参差不齐等因素的影响。现有信息统计分别分散在农业部、国家林业局、行业协会、国家统计局和个别专家手中。农村可再生能源信息由农业部科教司能源生态处负责实施。农业部科教司能源生态处多年来掌握全国农村可再生能源建设状况和发展趋势，同时为各级领导和政府管理部门制定方针、政策和编制发展规划、年度计划提供依据。根据国家统计局统计调查制度和农业部门实际工作的需要，制定了《全国农村可再生能源建设统计报表制度》样表。调查对象为与调查内容有关的所有机构和全体农户，调查范围是本系统所属的各省、自治区、直辖市农村能源办公室。通过以下三种渠道取得资料：一是行政记录；二是县级农村能源办公室；三是有关横向部门。由各省、自治区、直辖市农村能源办公室汇总后上报农业部。主要指标内容有管理推广机构、服务体系、职业技能培训与鉴定、户用沼气池、沼气工程、生活污水净化沼气池、省柴节煤炉灶与节能炕、节能炉与燃池、太阳能热利用、小型电源、秸秆能源化利用、经费投入和农村地区能源消费情况等。调查频率为一年一次，调查方法为全面调查。农业部科教司能源生态处从1980年开始实行《全国农村可再生能源建设统计报表制度》，30年多来积累了大量的数据和经验，指标不断优化和调整。目前其每年的统计数据发布在生态家园网（www.ehome.gov.cn）。

生物质能领域信息采集及分布情况如表3-3所示。

表3-3　生物质能领域信息采集及分布情况

<table>
<tr><th colspan="2">分类及类别</th><th>数据采集主体</th><th>数据采集情况</th><th>备注</th></tr>
<tr><td rowspan="5">生物质能资源</td><td>农作物秸秆资源</td><td>农业部规划设计研究院能源环保研究所</td><td>对全国农作物秸秆资源调查报告已完成，但尚未对外发布</td><td>—</td></tr>
<tr><td rowspan="2">畜禽粪便资源</td><td>中国畜牧业协会</td><td>《畜牧业生产及畜牧专业统计监测报表制度》《中国畜牧业年鉴》</td><td rowspan="2">数据偏宏观，缺乏大型养殖场的分布、数量和分级信息</td></tr>
<tr><td>中国沼气学会</td><td>统计测算畜禽粪便</td></tr>
<tr><td>林业生物质能资源</td><td>国家林业局生物质能办公室</td><td>完成第七次全国森林资源清查，已获得能源生态林基本信息</td><td>—</td></tr>
<tr><td>工业有机废弃物</td><td>中国社会科学院主管的中国城市发展研究会</td><td>《中国城市年鉴》</td><td>—</td></tr>
<tr><td rowspan="6">生物质能发电</td><td>蔗渣发电</td><td rowspan="6">—</td><td rowspan="6">—</td><td rowspan="6">生物质能发电项目发电价格补贴由国家发改委价格司核准，申请时必须提供详细的项目信息</td></tr>
<tr><td>农林剩余物直燃发电</td></tr>
<tr><td>生物质能气化发电</td></tr>
<tr><td>养殖场沼气发电</td></tr>
<tr><td>工业废弃物沼气发电</td></tr>
<tr><td>垃圾焚烧发电</td></tr>
</table>

续表

分类及类别	数据采集主体	数据采集情况	备注
生物质能成型燃料	—	—	财政部 2008 年发布“秸秆能源化利用补助资金管理暂行办法”，申请单位需提供详细项目信息
液体燃料	掌握在个别专家手中	生产厂家不多，各渠道数据均有，但具体数据不详	—
生物质能装备制造业	—	—	从事装备制造业企业数量有限，可采取个别调查方式获取

第三节　我国可再生能源信息采集和统计面临的难题

一、可再生能源领域数据的自身特点让信息采集和统计工作变得困难

首先，可再生能源领域涉及的数据量大，覆盖面广，内容多样。可再生能源从资源角度包括风能、水能、生物质能、潮汐能等自然界可以不断再生并有规律地得到补充的能源；从能源利用角度又包括发电、发热等不同的应用；从技术角度，每种可再生能源又有不同的技术路线信息；从产业角度，涉及不同可再生能源产业链上、中、下游各类企业信息和生产运营信息，覆盖面广，信息量大，既有静态平面数据，又有动态空间信息。其次，可再生能源领域涉及的数据具有跨部门、跨区域特点。可再生能源领域信息涉及工业、林业、气象、环境、农业、水电等众多行业部门，覆盖全国 34 个行政区，每个行政区的数据信息特征不同，部门与部门的分割、区域与区域之间的分割让可再生能源信息收集、统计工作变得非常复杂。除此以外，可再生能源信息数据还具有时间序列长、数据空间特征明

显等特点，这些特点都让信息采集和统计工作变得困难。

二、可再生能源信息收集和统计的基础工作薄弱

很多领域的信息采集和统计工作不系统，甚至是一片空白。从前面的现状调查可知，由于可再生能源在整个国民经济中占的份额较小，国家在可再生能源信息收集和统计方面的重视程度不够、投入不足。只有少部分关系国计民生的领域的信息收集和统计基础工作相对扎实。例如，在农村能源领域，农业部科技教育司能源生态处拥有一套运行 30 年的数据上报系统，现有的报表系统指标设计科学、完善、内容丰富，并实现了制度化的上报和公布体系。此外，太阳能资源、风能资源、风电场建设及风机制造信息的收集和统计方面的基础工作也相对扎实。

很大部分可再生能源信息收集统计工作虽然是开展了，也有相关的部门负责信息的收集和统计工作，但并不系统。主要体现在以下五方面：①主要依托某类或某个项目开展的信息收集统计工作，没有形成定期的数据调查和汇总机制。例如，大型并网光伏发电主要是根据“金太阳工程”的申报信息获得，热水器主要由行业协会（中国农村能源行业协会太阳能热利用委员会）上报信息，都没有形成信息定期调查和汇总机制。②缺乏严格的数据上报监控、检查和审核，数据的正确性和权威性无从保障。③数据调查信息不完善。对于太阳能光伏发电领域的数据，前期由工业和信息化部电子信息司进行了摸底调查，主要侧重在电子器件的制造领域，但关于光伏电场的信息采集工作尚不完全。④数据信息分散，不系统。例如，对于生物质能信息的收集，国家发改委价格司有一些项目信息，一些协会也有分散的各类汇总数据，缺乏系统性。⑤统计口径不一致，各个部门主要根据自己的需要进行数据信息的收集和统计，口径标准各异，不规范。如装机容量指标，2009 年中国电力企业联合会统计中国累计装机 1613 万千瓦，而中国风能协会统计装机容量 2580.53 万千瓦，两者相差 967.53 万千瓦。分析原因，是两者对装机容量指标的定义不同，在电力行业装机容量指的是实际投入运行的有效容量，而中国风能协会的统计则包括了安装完毕但没有投入运行的容量。

还有一部分可再生能源信息收集统计工作仍然是一片空白。在光伏发电中，通信和工业应用、公共照明和分散利用等领域目前暂无可靠的统计

部门和机构进行统计分析。生物质能发电、生物质能成型燃料、生物质能装备制造业等也没有可靠的统计部门和机构进行统计和分析。大量的可再生能源资源和产业信息，如风能、太阳能和生物质能三大产业的产品品种规格、年产量、实际安装量（销售量）、销售额、出口量、产业的人力资源情况（就业人数、人才类型分布）等，均没有专门的机构或部门进行统计，对发展目标和支持政策的制定造成了很大困难。

三、已有的统计信息分散在各个组织机构中，缺乏有效的沟通共享机制

从前面的现状可以看到，各个资源信息的收集主要由各组织机构独自进行，协调沟通不足。一方面，有些数据信息，不同的组织机构和部门都展开了收集和统计，造成资源的重复和浪费；另一方面，有些非常重要的数据信息，却没有相应的组织机构展开收集和统计工作，造成了数据信息的缺失。目前，还没有建立起各组织机构的沟通共享机制，无法调动其各组织机构的积极性，从而达不到互通有无、有效共享、整合数据资源的目的。

四、缺乏信息化的报送手段

在已经开展的可再生能源信息收集和统计的工作中，只有部分领域的信息采集和统计实现了信息化的采集和报送方式，大部分还需要以手工方式填写和报送。这样效率极低，不利于对数据质量的有效审核、监督、控制和管理。

五、缺乏专业的调查统计人员

从可再生能源信息收集统计工作基础现状的调研中，可以发现统计调查人员专业性不强，同时统计调查人员不固定，造成对数据指标理解出现偏差和重复计算的情况，已经开展的数据采集从源头上就无法保障数据的准确性。

第四节　可再生能源数据信息平台建设的国际经验借鉴

在能源和可再生能源数据信息平台的建设上，美国能源信息署（EIA）、美国国家可再生能源实验室（NREL）、丹麦国家可再生能源实验室（RISO）、国际能源署（IEA）、亚太经合组织（APEC）等典型的国家、国际能源组织机构积累了丰富的经验，它们在这方面的工作代表了国际上的先进水平。通过研究分析它们在能源和可再生能源数据信息平台建设的先进经验，可为加快我国可再生能源数据信息平台的建设进程提供重要的参考与借鉴。

一、典型的组织机构概况

美国能源信息署（EIA）是美国国会设立的能源统计机构，创建于1977年，隶属美国能源部。EIA是美国国家能源信息的首要来源，在国际上也很有影响力。EIA通过收集、分析、预测和传播独立公平的能源信息，促进合理的政策制定，实现高效的能源市场，促进能源与经济、环境之间的协调发展，提升公众对能源政策的认知程度（杨潮红，2007）。

美国国家可再生能源实验室（NREL）是直属美国能源部的国家级实验室，成立于1974年，于1977年开始运作，主要职能是研发与先进技术市场化推广。在研发上有四个重要的领域：可再生能源发电、可再生能源燃料、能源系统工程设计与监测、战略能源分析。NREL在信息平台建设和建模工具研究上有丰富的经验，自己开发的模型有区域能源部署系统（REDS）、太阳能顾问模型（SAM）、就业和经济发展影响模型（JEDIM）。

丹麦国家可再生能源实验室（RISO）是丹麦政府支持的全球领先的可再生能源研究机构，成立于20世纪60年代，隶属于丹麦科技大学，是一家以研发为主的第三方研究机构。在可持续能源研究领域，RISO主要开展生物质能源、燃料电池和氢能、气候与能源系统、风电、新兴能源技术等方面的研究。RISO拥有自己的信息服务部门，负责单位内部的信息系统、维护相关数据库以及信息的收集和传播。自1980年开始，RISO就开始收集和发布关于能源技术和环境的信息，拥有能源技术数据交换系统、丹麦能源文献数据库、丹麦能源研究开发项目数据库等能源相关数据库服务。其中，能源技术数据交换系统（ETDE）是世界上最大的能源数据库，在国际上极具影响力。

国际能源署（IEA）是经济合作与发展组织（Organization for Economic Co-operation and Development，OECD）下属的一个政府间组织，担任其28个成员国的能源政策顾问，并与成员国一起协力为其国民提供可靠及经济的清洁能源。国际能源署在1973~1974年石油危机期间成立，其初始作用是负责协调应对石油供应紧急情况的措施。随着能源市场的变迁，国际能源署的使命也随之改变并扩大，纳入了基于提高能源安全、经济发展和环境保护"3个E"的均衡能源决策概念。国际能源署当前的工作重点是研究应对气候变化的政策、能源市场改革、能源技术合作和与世界其他地区，特别是主要能源消费和生产国，如中国、印度、俄罗斯和石油输出组织（OPEC）国家展开合作。目前其核心任务包括提高能源效率、保护环境、促进能源技术合作和共享能源政策经验。在能源与可再生能源信息的收集、处理及信息平台的建设上有丰富经验。

亚太经合组织（APEC）是一个政府间合作组织，成立于1989年11月，成员包括中国、美国、俄罗斯、日本、加拿大、澳大利亚等21个亚太地区的国家和经济体，其主要目标是促进亚太地区的经济增长和地区繁荣，加强亚太各国的团结。APEC下设11个工作组，其中能源工作组（EWG）负责该地区的能源事务，其相关活动基于ESI（Energy Security Initiative）框架进行，其主要的能源数据信息平台为联合石油数据计划（Joint Organizations Data Initiative，JODI），作用是改善国际石油统计的质量和透明度，增强投资和能源安全。

二、经验借鉴

1. 人、财、物组织方面的经验

建设一个信息平台，首先，需要具有专门的、权威的组织机构来负责管理。NREL隶属美国能源部（DOE），由私人财团"可持续能源有限公司"负责经营和管理。RISO隶属于丹麦科技大学，其设立了专门的智能能源系统部负责模型的分析与构建。EIA 隶属于美国能源部（DOE），设有四个部门，分别是能源统计、能源分析、沟通、资源和技术管理部，协调配合信息平台的建设管理。IEA 是 OECD 下属的政府间组织，设有专门的能源统计部，负责能源生产、交易、存储、转换、消费、价格、税收与温室气体等数据与信息的收集、处理和发布。

其次，需要充足的人力、物力、财力支持。EIA、NREL、RISO、IEA、APEC 几大组织机构均在资金投入和人员配备方面给予了大力支持。例如，EIA 在 2010 年财政年度的经费预算为 1.11 亿美元，约有 380 位联邦工作人员为其服务。IEA 在能源信息系统建设中也投入了大量人力、物力、财力，其年度经费预算仅来自成员国政府的部分（不包括为研究项目筹集的资金）约有 5 亿美元，现在大约有 220 名正式工作人员，而各个成员国为其服务的人员则达到 1000 名左右，他们主要是来自各国的能源专业人士，从事能源技术研究、数据收集和分析、出版和传播最新的能源政策分析与实践等工作。NREL 在 2010 年经费预算是 5 亿美元，有 2000 名工作人员为其服务。RISO 在 2009 年的整体预算为 6.2 亿丹麦克朗。

再次，为了确保信息平台工作的顺利进行，各组织机构织都形成了有效的专家工作和人才机制。EIA 通过从各国招聘能源专家、定期召开各种讨论会、编制能源统计手册、鼓励参与能源研究项目等方式培养了大批能源专家，并形成了后备人才库。

最后，各组织机构纷纷加大立法支持，保障信息平台的运行。如 IEA 所属的经济合作组织签署了《国际能源计划协议》，以法律形式为信息平台提供了信息保障。EIA 根据能源部机构法案第 205（h）节，在 1977 年成立了财务申报系统（FRS），对公司的能源财务和运营信息建立和实施数据申报计划。同时，根据美国国会法案，EIA 进行独立的信息发布，不受任何政府部门及其雇员的影响。APEC 与其成员国也签署了相关的数据保障协议。

2. 数据搜集方面的经验

在数据收集上，各组织机构分别建立了完善的能源统计和信息获取制度。

IEA 成立伊始就开始着手建立经济合作与发展组织（OECD）内国家级的数据共享机制，并不断扩大非（OECD）国家的对话和合作，目前国际能源署已经搜集了涵盖 130 多个国家、75 大类的能源统计信息，信息数据按获取情况分成月度、季度和年度信息。OECD 国家在获取数据方面，各成员国签署了《国际能源计划协议》，在数据协议的框架下，各成员国以问卷、直报等方式获取；对非 OECD 国家，则通过政府和工业界的联系人收集数据，或使用各国公布的数据。IEA 建立了比较完善的数据检查机制，除了不断完善成员国内部的有关协议，改善数据质量，还积极帮助非成员国优化统计体系，此外，还研发了数据上传和自动检测系统，能够对数据的一致性、完整性、时效性等因素进行自动检测。

EIA 采用了多时段数据收集、多次接触方法收集数据，数据通过个人访谈和问卷调查获得。为了保证调查员访谈的有效性，从不同方面对调查员展开培训。为了使不回应率达到最小，同时，也使调查数据的有效性最大，使用 SurveyTrak 样本管理系统采集数据，通过网络将已经完成的调查数据传送到数据收集承包商总部。所有完成的采访调查被合并成为一个 Blaise 数据库，以便进一步处理。所有的文书工作，包括授权书、测量手册，房屋单元地址簿寄到数据收集承包商总部。Blaise 调查的联系资料、SurveyTrak 样本管理系统的房屋单元记录和授权书都被重新检查，以保证每个完成的调查完全正确，保证正确的被调查房屋单位。EIA 对调查数据保密，不接收也不拥有单个调查对象的名字和地址，或者其他任何与家庭调查对象有特别关联的个体能源数据，收集这些数据的目的只是为了统计。

APEC 为了保证数据质量，通过 JODI 采取了如下措施：限定数据采集点，在 JODI 启动时，JODI 认真评估了各国家能按月定期上报的石油数据，然后以此为依据，设计了调查表格，并把上报数据限制在只有 42 个数据点。这样，保证了大部分国家都能按时准确地将数据上报，也保证了整个数据的准确性和及时性。

3. 数据管理方面的经验

在数据管理上，各组织机构建立了统一的数据标准，对数据有严格的定义。

EIA 建立了信息质量准则，并建立了一套管理机制，任何人可对不符合 EIA 能源信息准则的信息进行质疑，允许个人寻找和获得正确信息，以便及时地更正。EIA 采用标准手册，以保证发布的信息符合 EIA 信息质量准则，达到客观、实用和真实的标准，标准手册包括 32 个标准，应用于 EIA 的模型、调查、数据系统和信息产品。

IEA 设有能源统计部，负责对数据库进行开发、维护和更新，包括基本能源数据库、原油产品数据库、固体燃料数据库、天然气数据库、电力数据库、可再生能源数据库、能源平衡数据库、二氧化碳排放数据库、能源研究与开发数据库。ESD 下属四个处，分别管理 22 类数据。ESD 通常在 2 月底完成数据的收集，并在 3 月底前完成对数据库的更新。数据库更新后，能源部着手编辑和更新主要统计出版物，同时公布数据供能源规划署几个能源政策部门以及经济分析部门使用。

APEC 为了确保数据的准确有效性，通过 JODI 组织了多次正式的培训活动（截至目前，共举行了 6 次），培训直接参与数据上报的人员，以保证上报数据的质量。另外，还提供了详细的 JODI 手册（包括英文、西班牙文、中文、俄文版本），手册非常详细，从各个角度保证上报数据的质量。

4. 数据核查与监测方面的经验

在数据核查与监测上，各组织机构只重视数据核查与评价，建立了数据核查、监督与评价机制。

APEC 中的 JODI 为了鼓励各成员国提交更高质量的数据，对每个提交数据的国家和地区从数据的提交情况、及时性、完整性进行评价，并定期发布结果。JODI 还有一套比较严格的数据核查和评价机制，来保证数据的准确性。一个以 IEF 为主席，包括六家国际组织［APEC、Eurostat（欧盟统计局）、IEA、OLADE（拉丁美洲能源组织）、OPEC、UNSD（联合国统计司）］的代表组成的委员会负责对各国提交的数据在及时性、完整性、持续性以及相似性等方面进行评价，并将评价结果反映在最终发布的数据中，一起交给使用者。为了保证评价的客观性，评委委员还会邀请来自 30 个最大的石油生产国、消费国、库存国的专家以及一些独立的专家来进行评价。

5. 数据分析方面的经验

在数据分析上，各组织机构根据自身的需要研究出了以模型为基础的定量分析方法。RISO 开发的能源系统优化模型完成了丹麦 2050 年完全摆脱化石能源的情景分析；开发的 CEEH（能源、环境及健康）模型完成了空气污染对健康的影响分析；开发的 TIMES 集成评估模型通过集成能源经济部分的均衡模型、气候模型以及内部时间优化模型，完成了 2005~2100 年 16 个区域的随机潜力分析。IEA 开发的 MARKAL 模型是国际间重要能源系统分析工具，主要用于研究国家或地区的能源系统规划及全球的温室气体减量策略，目前共有 57 个国家运用此模型（王思强，2008）。

第五节 我国可再生能源信息采集和统计建议

一、成立一个权威的职能机构负责可再生能源数据信息的收集和统计

需要在国家能源局管理和指导下成立权威组织机构，如国家可再生能源中心，主要负责相关数据的收集、整理和统计。

在法律保障层面上，该组织机构必须要得到国家的相关立法支持，应获得国家统计局的帮助，在国家统计局建立统计备案，在《中华人民共和国统计法》的指导下进行数据的收集和统计工作。建议尽早启动相关研究，搞清我国国家可再生能源数据信息收集和统计建设的相关立法内容、程序和步骤，最终将国家可再生能源数据信息搜集和统计建设以立法的形式写入《能源法》或其他更高层次的法律。

在技术层面上，该组织机构应获取国家能源局的支持，获得国家能源局信息收集的正式授权，进行强制性的可再生能源信息采集，并依法进行一些专项调查。中国的所有可再生能源领域的公司、企业和研究机构，有责任依法向国家可再生能源信息中心填报统计数据。

在操作层面上，该组织机构应整合现有组织机构、行业协会等相关资源。对于现在已经完善的信息采集和统计系统，应在国家能源局和国家发改委的协调下，加强与数据拥有方的联系和沟通；对于尚未完善的领域，应获得国家统计局的帮助，在国家统计局建立统计备案，在《中华人民共和国统计法》的指导下进行数据的收集和统计工作，通过优化整合，打造一个完善的可持续的数据采集和统计体系。该组织机构还应组织专门的队伍，来构建可再生能源数据信息平台，实现可再生能源系统的采集、分析、统计与发布。

二、充分利用已有的工作基础，深化可再生能源信息收集与统计工作

在风能领域，信息采集和统计制度相对完善，为构建统一的可再生能源信息采集和统计平台，同时兼顾现有信息统计体系担负的职责，建议由国家能源局出面协调各方，实现信息共享和互通将会实现资源优化，提高资源的综合利用效率，打开一个多方共赢的局面。对于太阳能领域，技术开发相对广泛和成熟，上下游产业发展快，相关信息涉及产业链和发电诸多方面，但信息采集和统计工作相对空白，并未形成完整的体系，建议将太阳能领域作为今后一段时间可再生能源信息采集和统计的重点。由于太阳能领域中的三个行业发展阶段不一致，可将目前的重点放在整合和完善太阳能光伏发电和太阳能中低温利用领域的信息采集和统计中，待市场相对成熟后，太阳能高温利用技术的信息采集和统计工作可参照光伏产业的信息采集方式开展。生物质能行业的信息统计工作相对分散，受制于行业本身特性，包括资源分布不均、资源稳定性和持续性相对较弱、各细分行业发展参差不齐等因素的影响。同时，现有信息统计分别分散在农业部、国家林业局、行业协会、国家统计局和个别专家中，信息采集渠道的整合和完善必须由国家能源局出面领导和协调，进行统一部署和规划，方能全面、系统、有步骤地开展和实施。

三、发挥各组织机构力量，建立沟通协调和信息共享机制，健全统计信息来源渠道

健全信息来源渠道是进行可再生能源信息采集和统计需要解决的重要问题。这需要从机制保证、技术支持、资金维持、运营维护、数据校核和进度安排等方面入手，确保信息渠道畅通，数据来源长效可靠、全面真实，信息采集和使用互惠互利。

目前信息收集和统计比较全面并且可持续的机构，基本上是依靠政府主管部门的支持并利用国家统计局许可的统计报表完成的。对于目前还没有专门机构收集的信息，大部分都分布在不同的政府部门。因此联系协调不同的部门，是解决数据获得的重要途径，问题的关键在于机制的设计。

行业协会在信息收集和数据校核过程中也扮演着重要角色，因为它们具有获得一手信息和对产业深入了解的优势。

因此，建立信息来源渠道的首要条件是政府部门的协调和支持。对已经有信息获取渠道的，应该通过政府加强协调，使部门间信息充分共享。对于没有信息获取渠道的，政府应该从指导产业发展的角度联合统计部门对获取信息的协会和咨询公司予以全面支持，同时发挥专家和协会的作用，统一规定企业填报数据，以便获取一手的全面数据，通过与各协会和部门调研数据进行校核，从而保证数据的真实性。

四、形成研究可再生能源系统总体综合数量特征的概念和指标体系

形成一套研究可再生能源系统总体综合数量特征的概念和具体的指标体系，统一统计口径，确定统计时间、范围、空间标准。为了保证数据的准确性，对数据本身、数据的统计口径等要有非常清楚、详细、无歧义的定义，这样才能保证上报数据的一致性。美国 EIA 的信息质量准则值得我们参考。该准则提出了客观、实用、真实和有影响力的几个准则。对于不符合信息准则的 EIA 留存信息和已发布信息，美国能源部建立了一套管理机制，允许个人寻找和获得正确及时的更正。此外，EIA 采用了标准手册体系，以支持 EIA 信息质量准则，保证所发布信息达到客观、实用和真实的标准。

五、设计一套严格的数据核查和评价机制

设计一套严格的数据核查和评价机制，以保证数据的准确性。数据的有效性靠单一来源难以得到保证。因此，在数据收集机制中，一定要考虑多渠道数据来源，来对数据进行核对。另外，应制定具体、易于实施的数据评价指标和数据质量分级表示体系，让数据提供者、消费者能清晰地知道数据质量。为了鼓励各数据来源单位提高上报的数据质量，还应建立数据来源的评价机制，对每个数据源提交数据的准确性、及时性、完整性进行评价，并定期发布结果。

六、加强信息人才的培训和建设

加强调查、统计、分析队伍的建设力度，定期展开对调查、统计人员的培训，以保证数据的质量。

第四章　可再生能源决策支持系统的方法研究

第一节　方法在决策支持系统中的作用

通俗地讲，所谓方法，就是人们做事过程中一连串动作的关联方式。一种方法就是对这种关联方式特殊性方面的一个概括。在英语中，"Way"有道路、方式、方法几种意思，汉语中方式、方法、蹊（径）也经常通用，多一种方法多一条路（互动百科，2012）。

从技术角度，方法是指在人们有目的的行动中，通过一连串有特定逻辑关系的动作来完成特定的任务。这些由特定逻辑关系的动作所形成的集合整体就称为人们做事的一种方法。

在方法研究中，通常是针对人们做事的一个领域。如管理中的方法称为管理方法，预测中的方法称预测方法，物理学研究中的方法或使用物质的物理性质的方法称为物理方法，质量管理中使用的方法称质量管理方法，农业生产中灌溉田地的方法称为灌溉方法等。一项复杂活动又包含许多部分和许多环节，在每个部分和每个环节又有各自的方法。对人类活动中各种方法的研究是各门技术科学的基本和核心任务。系统评价作为人类管理活动的一个领域，就形成了各种各样的方法体系，如建立指标体系的方法、制定权重的方法、指标合成方法、制定标准的方法、调查测验的方法、有效性分析的方法等。

在软件编程语言中，如果将函数定义为类定义的一部分或者将它与某个对象绑定，则该函数称为方法。方法是构建模型的基础，在决策支持系统中，我们是通过不同的方法来实现系统的功能。因此，在构建决策支持系统模型来解决决策问题之前，需要首先讨论解决问题的方法。

第二节　能源系统规划决策常用的方法

由于能源/可再生能源系统涉及社会、经济、环境、能源的各个方面，需要解决的问题与许多学科有关，因而在能源/可再生能源系统中使用的方法很多，大致可以分为以下八类：

（1）基本数学方法，如各种初等函数算法、各种插值算法、各种矩阵运算算法、概率算法等；

（2）数理统计方法，如参数估计、回归分析、方差分析、假设检验、因子分析等；

（3）计量经济学方法，如序列相关分析、工具变量法、最大似然法等；

（4）运筹学方法，如线性规划算法、非线性规划算法、整数规划算法、各种决策算法等；

（5）技术经济学法，如资金的时间价值量转换、NPV 法、敏感性分析、盈亏平衡分析、概率分析等；

（6）统计预测方法，如因果分析法、时间序列法；

（7）能源分析方法，如实物量与标准量转换、各种弹性系数计算方法、节能量计算方法等；

（8）其他方法，如系统动力学、投入产出分析、模糊规划、模糊决策等。

一、综合评价方法

综合评价（Comprehensive Evaluation，CE）是指对以多属性体系结构描述的对象系统做出全局性、整体性的评价，即对评价对象的全体，根据所给的条件，采用一定的方法给每个评价对象赋予一个评价值，再以此择优或排序。国内外常用的 CE 方法类别分为定性评价方法、技术经济分析方法、多属性决策方法、运筹学方法、统计分析方法、系统工程方法、模糊数学方法和图形法等。其中，定性评价方法包括专家会议法和 Delphi

法，技术经济分析方法包含经济分析法、技术评价法，统计分析方法包括主成分分析、因子分析、聚类分析、判别分析等，系统工程方法包括评分法、关联矩阵法、层次分析法等，模糊数学方法包括模糊综合评价、模糊积分、模糊模式识别等。这些评价方法中，有定性评价、定量评价及定性定量结合评价之分，如专家评价法属于定性评价，主成分分析法、因子分析法等统计分析方法属于定量评价，层次分析法属于定性定量结合的评价。此外，还有图形评价、数值定量评价之分，如传统雷达图法是图形评价，运筹学和统计分析等方法是数值定量评价。图形评价法的最大特点是直观。雷达图法是典型的图形评价方法，传统的雷达图法用于综合评价，只给出各评价对象的雷达图，由评价者对照各类典型的雷达图，给出综合评价的评价结果。当参加评价的对象较多时，该方法很难给出综合评价的排序结果。

表 4–1　综合评价方法

方法类别	方法名称	方法描述	优点	缺点	适用对象
定性评价方法	专家会议法	组织专家面对面交流，通过讨论形成评价结果	操作简单，可以利用专家的知识，结论易于使用	主观性比较强，多人评价时结论难收敛	战略层次的决策分析对象，不能或难以量化的大系统，简单的小系统
	Delphi 法	征询专家，用信件背靠背评价、汇总、收敛			
技术经济分析方法	经济分析法	通过价值分析、成本效益分析、价值功能分析，采用 NPV、IRR 等指标	方法的含义明确，可比性强	建立模型比较困难，只适用评价因素少的对象	大中型投资与建设项目，企业设备更新与新产品开发效益等评价
	技术评价法	通过可行性分析、可靠性评价等			
多属性决策方法	多属性和多目标决策方法	通过化多为少、分层序列、直接求非劣解、重排次序法来排序与评价	对评价对象描述比较精确，可以处理多决策者、多指标、动态的对象	刚性的评价，无法涉及有模糊因素的对象	优化系统的评价与决策，应用领域广泛
运筹学方法（狭义）	数据包络分析模型	以相对效率为基础，按多指标投入和多指标产出，对同类型单位的相对有效性进行评价，是基于一组标准来确定相对有效的生产前沿面	可以评价多输入多输出的大系统，并可用窗口技术找出单元薄弱环节加以改进	只表明评价单元的相对发展指标，无法表示出实际发展水平	评价经济学中生产函数的技术、规模有效性，产业的效益评价

续表

方法类别	方法名称	方法描述	优点	缺点	适用对象
统计分析方法	主成分分析	相关的经济变量间存在起着支配作用的共同因素，可以对原始变量相关矩阵内部结构进行研究，找出影响某个经济过程的几个不相关的综合指标来线形表示原来变量	全面性，可比性,客观合理性	因子负荷符号交替使得函数意义不明确，需要大量的统计数据，没有反映客观发展水平	对评价对象进行分类
	因子分析	根据因素相关性大小把变量分组,使同一组内的变量相关性最大			反映各类评价对象的依赖关系，并应用于分类
	聚类分析	计算对象或指标间的距离，或者相似系数，进行系统聚类	可以解决相关程度大的评价对象	需要大量的统计数据，没有反映客观发展水平	不同发电技术方案投资组合选择，不同地区可再生能源发展水平评价
	判别分析	计算指标间的距离，判断所归属的主体			主体结构的选择，经济效益综合评价
系统工程方法	评分法	对评价对象划分等级、打分，再进行处理	方法简单，容易操作	只能用于静态评价	新产品开发计划与结果，能源系统安全性评价等
	关联矩阵法	确定评价对象与权重，对各替代方案有关评价项目确定价值量			
	层次分析法	针对多层次结构的系统，用相对量的比较，确定多个判断矩阵，取其特征根所对应的特征向量作为权重，最后综合出总权重，并且排序	可靠度比较高，误差小	评价对象的因素不能太多（一般不多于9个）	成本效益决策、资源分配次序、冲突分析等

续表

方法类别	方法名称	方法描述	优点	缺点	适用对象
模糊数学方法	模糊综合评价 模糊积分 模糊模式识别	引入隶属函数，实现把人类的直觉确定为具体系数（模糊综合评价矩阵），应用模糊关系合成的特性,从多个指标对被评价事物隶属等级状况进行综合性评判的一种方法	可以克服传统数学方法中唯一解的弊端，根据不同可能性得出多个层次的问题题解，具备可扩展性，符合现代管理中柔性管理的思想	不能解决评价指标相关造成的信息重复问题,隶属函数、模糊相关矩阵等的确定方法有待进一步研究	消费者偏好识别、决策中的专家系统等拥有广泛的应用前景
图形法	雷达图	一种图形与数值相结合的评价方法，通过数据非线性变换，提取雷达图的特征量，采用特定综合评价函数，用评价函数值的大小对应评价对象的综合评价结果，从而实现雷达图法的数值定量综合评价	直观	在雷达图的绘制上，各指标数轴射向的确定含有较大程度上的主观性，缺乏理论指导，这样会出现同一组评价对象由于绘制雷达图主观取向不同，得到的雷达图的面积和周长不同，从而综合评价结果不同的情况，有时甚至得到完全相反的结果	不同可再生能源发电技术的协同效益评价等，用于评价对象间的形象对比

可再生能源综合评价要涉及很多环节，包括对技术、经济、社会、环境各方面跨越时空的平衡，这种平衡对于生态的可持续发展与能源依赖国的繁荣很重要。然而技术、经济、社会、环境通常采用多标准进行衡量，而且这些衡量指标通常是互相冲突的，这为可再生能源综合评价带来困难（Kaya et al.，2010）。因此，如何运用可持续发展原则和科学的评价理论与方法，协调相互冲突的不同标准准则，对可再生能源规划方案进行合理的评价，为制定切实可行的可再生能源规划方案提供有效的决策支持，是可再生能源规划中拟解决的关键问题。

二、优化方法

优化方法在能源模型中广泛应用，能源系统最优模型可以描述大量技术路线，可以寻找最优的路径设计和运营系统（Dag，1999）。能源模型的优化技术包括线性规划、多目标规划、随机规划、模糊规划、区间规划等。

1. 线性规划法

线性规划法是目前应用较为广泛的数学方法，可以用来分解各种类型的最优化问题。线性规划的数学模型可以叙述为：在满足一组线性约束条件下，求多变量线性函数的最优值（最大值或最小值）。其主要优点是计算简单，求解的规模较大。线性规划广泛用于能源系统优化求解。Sing Purwalla（1975）建立了线性规划能源模型，求解能源系统的最小费用问题。Ellis 等（1985）利用线性规划模型有效地缓解了因发电引发空气污染造成的酸雨问题。Satsangi 和 Sarma（1988）建立线性规划模型，解决印度经济发展所需能源的问题，模型约束，包含资源、容量、能源需求量约束。Kambo 等（1991）利用线性规划解决印度能源系统规划问题。Macchiato 等（1994）利用线性规划解决能源系统中污染物的排放处理最小花费问题。Tiris 等（1994）引入线性规划反映土耳其能源、经济和环境长期的相互作用情况。Bahn 等（1998）研究开发出一个线性规划模型用于计算四个欧洲国家在减少二氧化碳排放量时的合作收益情况。Hiiyan 等（1998，2000）将线性规划引入可再生能源领域，构建以系统总费用最小为目标的可再生能源利用模型。Carison（2002）建立线性能源模型用于解决考虑环境费用的能源系统重组问题。Drozdz（2003）将线性规划应用到地热能源管理中，最大限度地获取地热能资源。Sinha 和 Dudhani（2003）将线性规划应用在不同技术和花费系数的可再生能源资源领域。Koroneos 等（2005）利用线性规划分析可再生能源的最佳利用转化率。Henning 等（2006）建立线性能源模型研究供电、蒸气、区域供热最优配置情况。Avetisyan 等（2006）应用线性规划方法研究电厂装机优化扩容问题。Akella 等（2007）建立线性能源系统优化管理模型解决可再生能源资源在远郊区发电优化问题。以上研究表明：线性规划应用十分广泛，但线性规划不能对决策制定进行整体的分析，进而获得有效的决策支持。先前的研究充分考虑到能源、经济、环保、各种技术等因素，对能源模型的复杂性、交互性进行了有益的尝试。这类能源模型将各种能源利用效率、能源系统经济效益进行比较，不但能提供详细的能源供求信息，而且可以获得不同能源转化技术的供应、转化、运输和需求情况。市场分配模型（MARKAL）是此类模型中最早的大规模能源模型之一。在国际能源署（IEA）的指导和帮助下，科学家们建立了17个国家共同参与的能源模型，用于评估基于环境政策提出的能源策略和技术对一个国家、一个地区、一个州或者一个省所产生的影响。在满足一个长期规划过程终端用户对能源的需求和能源出口的前提下，对能源资源进行合理分配，并满足系统费用最小。模型构建的前提是假设所有环节运作都在一个竞争的环境中完成，以满足最小花费的机制对能源资源进行配置。后期的能源模型版本整合了MARKAL-EFOM系统，在MARKAL和EFOM的基础上，考察一个区域范围内的贸易和地理信息，可以有效地解决各国之间的二氧化碳贸易问题。

2. 多目标规划

多目标规划是处理含有多个目标、多层次和多准则优化模型的有效工具。由于能源系统比较复杂，涉及很多利益相关部分，所以决策者需要考虑的系统目标往往包括经济、环境、社会等方面内容，与此对应的优化模型的目标函数随之具有多个特征。在能源系统规划中常常关注经济方面的最优化与环境保护之间产生的矛盾。Nas（1987）将多目标线性规划用于分析可再生能源政策。Hsu等（1957）利用多目标线性规划对能源系统进行分析。Hoog和Hobbs（1993）将多目标线性规划引入需求侧能源模型管理系统中，处理包括可变成本的利用、二氧化硫排放管理以及解决区域经济效益等问题。Climaco等（1995）将多目标线性规划引入发电技术装机扩建领域中，建立了包括扩建电厂的净现值、供电系统的可靠性和电厂扩建可能对环境产生的影响三个目标函数。Chedid等（1999）建立了多目标线性规划能源模型，用于研究能源资源的分配问题。赵媛等人运用多目标线性规划法对能源与社会经济、环境协调发展的能源结构优化模型进行研究，从定量角度探讨江苏省可持续能源发展的对策方案。Borges和Antunes（2003）建立了多目标线性规划解决伊朗的能源经济规划管理问题。邱立新等人运用多目标决策方法对与社会经济、环境协调发展的能源结构优化模型进行研究，并建立模型对我国2020年能源结构进行优化。戴晨翔

(2010) 等人在实施峰谷分时上网电价政策的市场环境下，综合考虑火电厂运行成本、环境保护和水电厂发电效益的不同利益要求，提出了一种水火混合电力系统短期多目标发电计划的优化模型。多目标线性规划被用来处理大尺度多目标的能源系统规划问题。然而多目标规划，只是将系统中需要解决的多个目标联合起来，并没有提供一个直接的结果。多目标规划只有在相关模数确定之后才能使用，以 MARKAL 模型为例，大多数情况下，线性规划的 MARKAL 模型以总系统花费最小为目标函数，其他目标，如控制最小的污染物排放量、化石能源消耗量和最大限度地对可再生能源进行利用都紧密地结合在模型中。通过调整相关的系统模数，多目标决策相关的能源系统问题可以有效地解决。

3. 随机规划

当输入值是随机数时，使用随机规划方法求解。决策过程中内在的不确定性可由约束的随机数据、右边约束或者目标函数表示。随机规划的优势在于：反映实际情况中的复杂问题而不将其简化，随机规划允许决策者对系统的不确定性做全局性把握，并且输入值和输出值都可以用不确定数据表示。随机规划在求解时先转化为相对确定的形式，结果在一定程度上反映随机特性。两阶段随机规划（Two-stages to Ehastie Programming）是将随机规划转化为相对确定形式的一种方法。当需要获得政策分析方案但数据不确定时，两阶段随机规划可以有效地解决这一问题。两阶段随机规划的基本理论是补偿：当一个随机事件发生后，会对规划的事件产生影响，两阶段的出现，可以有效地对随机事件所引发的问题进行补偿。两阶段规划中，基于一个不确定事件进行第一阶段的决策，当未来的不确定事件发生变化，启动一个补偿机制，最初的决策称为第一阶段，补偿行为称为第二阶段。目标函数为基于两个阶段所有决策的最小系统花费。在过去的几十年内，两阶段随机规划已经得到了广泛的应用。例如，Mobasheri 和 Harboe（1970）将两阶段应用于水库运行优化模型中。Eheung 和 Chen（1995）将两阶段随机规划应用到集装箱分配问题中。Darby-nowman 等（2000）将两阶段规划应用于栽培园艺领域。机会约束规划（Chance Constrained Programming，CCP）是将随机规划转化为相对确定规划形式的另一种方法。在一个机会约束规划模型中，模型约束不需要完全满足，只需要在一定的置信水平下满足约束条件即可。机会约束规划可以有效地解决约束右边是概率分布已知的不确定随机数的情况。Rakes 和 Reeves

(1985) 提出了一个针对机会约束规划选择可行域范围的方法。Balintfy (1970), Jagannathan 和 Rao (1973) 讨论了在模型约束中加入机会约束规划的情况，并提出相关的模型解法。Mohamed (1992) 将机会约束规划方法扩展到其他数学规划方法中并进行了广泛的应用。Eheart 和 Valocchi (1993) 建立了混合整数机会约束方法，研究地下水污染物修复问题。Huang (1998) 建立了区间参数线性规划模型解决水资源管理问题。Liu 等 (2000) 将机会约束方法应用于不可再生能源优化模型的研究中。

4. 模糊规划

模糊规划是模糊理论与基本数学规划结合的产物。模糊规划主要分为两类：模糊弹性规划 (FFP) 和模糊随机规划 (FPP)。在模糊弹性规划中，约束是弹性的，目标函数是模糊的。利用模糊集表示模糊约束和模糊目标，结合基本数学规划，构成了模糊弹性规划。在模糊随机规划中，根据问题的具体情况，将模糊参数引入基本数学规划中构建不同的中间模型。模糊规划在能源系统规划方面有很多应用。例如，Sommer 和 Pollatschek (1978) 应用模糊规划解决空气污染问题。Esogbue 和 Bellman (1951)、Esogbue (1986) 借助模糊规划解决水污染控制问题。Slowinski (1986, 1987) 和 Slowinski 等 (1986) 应用模糊多目标线性规划研究水资源的供应问题。Kindler (1992) 应用模糊线性规划解决水资源的合理分配和使用问题。近期应用此模型的情况详见 Jairaj 和 Vedula (2000), Huang 等 (2001), Mujumdar 和 Subbarao (2004) 等人的文章。Mavrotas 等 (2003) 将模糊线性规划引入能源模型领域寻求系统的最优费用。Borges 和 Antunes (2003) 将模糊多目标线性规划引入能源经济规划模型中进行研究。Sadeghi 和 Hosseini (2006) 应用模糊线性规划对伊朗的能源供应问题进行了研究汇总。Muela 等 (2007) 应用模糊随机规划对发电系统的环境指标进行控制。

5. 区间规划

区间规划广泛应用于系统的不确定问题中。区间规划与模糊规划、随机规划不同。区间规划用包含上下界的区间数表示不确定性，而不需要收集大量的数据用于获得分布函数或者隶属函数。关于区间规划，早在 1988 年，Jansson 就提出用自我确定的方法解决区间规划中输入数据的不确定性问题。Matfoka (1992) 对不确定性规划方法进行了大量的研究并提出了相应的解法。黄国和 (2010) 等人建立了区间参数线性规划方法并将其应用于各种环境系统管理模型中。

三、投入产出法

投入产出法就是用投入产出表所反映的整个经济各部门之间的经济联系，利用投入产出模型来测算某一行业发展的宏观经济效应，包括就业效应的方法。

投入产出表是投入产出法的基础。投入产出表又叫部门联系平衡表，是指以产品部门分类为基础的棋盘式平衡表，用于反映国民经济各部门的投入和产出，以及部门间相互提供、相互消耗产品的复杂技术经济关系。投入产出表在 20 世纪 30 年代产生于美国，它是由美国经济学家、哈佛大学教授瓦西里·列昂惕夫（W. Leontief）首先提出并研究和编制的。

投入产出技术自诞生以来，理论和实践都有较大发展。早期的投入产出模型只是静态的，之后随着研究的深入，逐渐由静态扩展到动态。近年来，投入产出技术与数量经济方法等经济分析方法出现了日益融合的趋势。

投入产出表主要分为价值型和实物型，一般在研究各部门之间的经济联系时多采用价值型投入产出表。价值型投入产出表由三个象限组成：

第一象限——由名称相同、数目一致的若干个产品部门纵横交叉而成的中间产品矩阵，其纵向为中间投入，横向为中间使用，矩阵中的每个数字都有双重意义：从横的方向反映产出部门的产品或服务提供给各投入部门作为中间使用的数量；从纵的方向反映投入部门在生产过程中消耗各产出部门的产品或服务数量。这一部分充分揭示了国民经济各部门之间相互的技术经济联系，是投入产出表的核心。

第二象限——是第一象限在水平方向上的延伸，纵向与第一象限的部门分组相同，横向是最终消费、资本形成总额、净出口等最终使用。这一部分反映了生产部门的产品或服务用于各种最终使用的数量和构成，体现了国内生产总值经过分配和再分配后的最终使用。第一象限和第二象限组成的横表，反映国民经济各部门的产品或服务的使用去向，即各部门的中间使用和最终使用数量。

第三象限——是第一象限在垂直方向上的延伸，纵向由固定资产折旧、劳动者报酬、生产税净额、营业盈余等各种最初投入组成，横向的部门分组与第一象限相同。这一部分反映了各部门增加值的构成情况。第三象限和第一象限组成的竖表，反映国民经济各部门在生产经营活动中的各种投入来源及产品价值构成，即各部门总投入数量，分为中间投入和增加值。

投入产出分析是通过投入产出模型来实现的。投入产出模型包括行平衡模型、列平衡模型和总平衡模型三种基本模型。行平衡模型的基本关系是中间使用与最终使用之和等于总产出。列平衡模型的基本关系是中间投入与最初投入之和等于总投入。总平衡模型的基本关系包括：总投入等于总产出；第 i 产品部门总投入等于第 i 产品部门总产出；中间投入合计等于中间使用合计。

投入产出系数是进行投入产出分析的重要工具。投入产出系数包括直接消耗系数、完全消耗系数、感应度系数、影响力系数和各种诱发系数。其中，直接消耗系数和完全消耗系数是最基本的投入产出系数。

直接消耗系数也称为投入系数，记为 a_{ij}（i，j=1，2，…，n），它是指在生产经营过程中第 j 产品部门的单位总产出所直接消耗的第 i 产品部门货物或服务的价值量，将各产品部门的直接消耗系数用表的形式表现就是直接消耗系数表或直接消耗系数矩阵，通常用字母 A 表示。

直接消耗系数的计算方法为：用第 j 产品部门的总投入 X_j 去除该产品部门生产经营中所直接消耗的第 i 产品部门的货物或服务的价值量 X_{ij}，用公式表示为：

$$a_{ij}=\frac{X_{ij}}{X_j}\quad(i,\ j=1,\ 2,\ \cdots,\ n)$$

直接消耗系数体现了投入产出表中生产结构的基本特征，是计算完全消耗系数的基础。它充分揭示了国民经济各部门之间的技术经济联系，即部门之间相互依存和相互制约关系的强弱，并为构造投入产出模型提供了重要的经济参数。

从直接消耗系数的定义和计算方法可以看出，直接消耗系数的取值范围在 $0\leqslant a_{ij}<1$，a_{ij} 越大，说明第 j 部门对第 i 部门的直接依赖性越强；a_{ij} 越小，说明第 j 部门对第 i 部门的直接依赖性越弱；$a_{ij}=0$，则说明第 j 部门对第 i 部门没有直接的依赖关系。

完全消耗系数是指第 j 产品部门每提供一个单位最终使用时，对第 i 产品部门货物或服务的直接消耗和间接消耗之和。将各产品部门的完全消耗系数用表的形式表现出来，就是完全消耗系数表或完全消耗系数矩阵，通常用字母 B 表示。完全消耗系数的计算公式为：

$$b_{ij} = a_{ij} + \sum_{k=1}^{n} a_{ik} a_{kj} + \sum_{s=1}^{n} \sum_{k=1}^{n} a_{si} a_{sk} a_{kj} + \sum_{t=1}^{n} \sum_{s=1}^{n} \sum_{k=1}^{n} a_{it} a_{sk} a_{kj} + \cdots \quad (i, j = 1, 2, \cdots, n)$$

式中的第一项 a_{ij} 表示第 j 产品部门对第 i 产品部门的直接消耗量；式中的第二项 $\sum_{k=1}^{n} a_{ik} a_{kj}$ 表示第 j 产品部门对第 i 产品部门的第一轮间接消耗量；式中的第三项 $\sum_{s=1}^{n} \sum_{k=1}^{n} a_{si} a_{sk} a_{kj}$ 为第二轮间接消耗量；依此类推，第 n+1 项为第 n 轮间接消耗量。按照公式所示，将直接消耗量和各轮间接消耗量相加就是完全消耗系数。

完全消耗系数矩阵可以在直接消耗系数矩阵的基础上计算得到，利用直接消耗系数矩阵计算完全消耗系数矩阵的公式为：

$$B = (I - A)^{-1} - I$$

式中的 A 为直接消耗系数矩阵，I 为单位矩阵，$(I - A)^{-1}$ 为列昂惕夫逆矩阵，B 为完全消耗系数矩阵。

完全消耗系数不仅反映了国民经济各部门之间直接的技术经济联系，还反映了国民经济各部门之间间接的技术经济联系，并将国民经济各部门的总产出与最终使用联系在一起。通过这些经济联系，可以分析一个部门的某项变动（如投入、消费、出口等）对其他部门乃至整个国民经济的影响。

四、一般均衡法

CGE 模型是一种多部门宏观经济模型。作为政策分析的有力工具，经过 30 多年的发展，已在世界上得到了广泛的应用。

一个基本的 CGE 模型通常包含三部分内容：一是一个详尽且一致的数据库。这个数据库为模型提供一些基本结构信息，主要包括一个国家或区域的国民收入和生产数据、投入产出核算数据以及关于模型中经济结构参数的计量估计数据。二是 CGE 模型本身。其核心模型应该是一个通用的原型模型，研究者可以方便地根据自己的研究需要对其加以扩展。三是部门集结准则。即避免CGE模型过于复杂，可根据一定准则对部门进行归并（David Roland-Holst，2009）。

一个典型的CGE模型就是用一组方程来描述供给、需求以及市场关系。在这组方程中商品和生产要素的数量是变量，所有的价格（包括商品价格）、工资也都是变量，在一系列优化条件（生产者利润优化、消费者效益优化、进口收益利润和出口成本优化等）的约束下，求解这一方程组，得出在各个市场都达到均衡的一组数量和价格。

CGE模型分析的基本经济单元是生产者、消费者、政府和外国经济。在CGE中，生产者力求在生产条件和资源约束之下实现其利润优化。这是一种次优解。与生产者相关的有两类方程：一类是描述性方程，如生产者的生产过程、中间生产过程等；另一类是优化条件方程。在许多CGE模型中，假设生产者行为可以用柯布—道格拉斯或常替代弹性方程来描述，消费行为也包括了描述性方程和优化方程。消费者优化问题的实质是在预算约束条件下选择商品的最佳组合以实现尽可能高的效益。在CGE中，通常将政府制定政策作为政府变量。同时，政府也是消费者。其收入来自税费，其开支则包括各项公共事业、转移支付与政策性补贴。在CGE中，通常按照常弹性转换方程来描述为了优化出口产品利润，把国内产品在国内市场和出口之间进行优化分配的过程，或用阿明顿方程来描述为了实现最低成本把进口产品与国内产品进行优化组合的过程。

CGE的市场均衡及预算均衡包括如下六个方面：①产品市场均衡。这包括在数量上和价值上的均衡。②要素市场均衡。这主要是劳动力市场均衡，假定劳动力无条件迁移，不存在迁移的制度障碍。③资本市场均衡。投资 = 储蓄。④政府预算均衡。政府收入 - 政府开支 = 预算赤字。⑤居民收支平衡。居民收入的来源是工资及存款利息。居民收支平衡意味着：居民收入 - 支出 = 结余。⑥国际市场均衡。外贸出超在CGE中表现为外国资本流入，外贸入超表现为本国资本流出。

构建和应用CGE模型一般包含五个步骤：第一，应对详细的政策背景以及研究该问题所需要的可能数据进行分析；第二，正确描述研究对象所需要的经济理论，即模型的驱动机理；第三，进行数据工作，包括一致性数据集的建立，通常是基于投入产出表和国民账户的社会核算矩阵，以及外生弹性值和各种函数形式的选取、模型的设定等；第四，各类参数的确定、政策模拟和敏感性分析；第五，对模拟结果进行解释（赵永、王劲峰，2008）。

第三节　可再生能源规划决策中运用的方法

可再生能源规划决策运用到的评价方法主要包括资源调查与估算方法、供应潜力评价方法、需求潜力评价方法、经济效益评价方法、环境效益评价方法、供需集成优化方法、可再生能源目标分解方法。

一、资源调查与估算方法

资源调查与评估是可再生能源规划的基础与前提。可再生能资源评价方法是目前研究的热点，由于具体的情况不同，不同的规划研究人员的资源调查与估算方法不同，其评估的结果也不相同。国际上比较通用的一种资源评价模型是 RETScreen 模型。RETScreen（Renewable Energy Technologies Screen）模型是评估一些 RET 的能源生产、寿命周期成本和温室气体排放减少程度的，标准化的、完整的可再生能源计划分析软件。它是由加拿大 CANMET 能源多样化研究工作实验室（CEDRL）在来自工业、政府和学术界的 70 多名专家的帮助下开发的让计划者、决策者和产业界更容易考虑可再生能源的有效工具。该模型集成了资源评估的一些算法，把实际测量的数据放入模型中，就可以得到相关的资源评估情况，也可以进行财务分析、环境评价等。李泽椿（2007）把现有的风能资源评估的技术手段分为三类：基于气象站历史观测资料的评估、基于气象塔观测资料的评估以及风能资源评估的数值模拟，并认为风能资源的数值模拟可以给出风能利用高度上的风能资源分布，可以模拟出基于气象站观测资料的统计分析无法找到的风能资源，可以弥补海上测风资料不足的缺陷，进行海上风能资源的评估。曹慧敏、廖明夫（2006）基于我国丰富的风能资源和国内复杂地貌地形和气候条件，研制了一套符合中国国情的风资源评估软件，除具有常用软件对风速的年变化、月变化、日变化以及风速风向频率的分析功能外，还可结合具体型号风力机功率曲线估算某拟建风场的发电量，最后在以上分析的基础上做出该拟建风场的经济分析。

二、可再生能源供应潜力评价方法

可再生能源供应潜力的研究是规划的前提，也是目前研究的难点与热点。由于不同的专家，其采用的可再生能源品质与计算方法不同，供应潜力也千差万别。世界银行开发的REEAM模型的全称是可再生能源经济分析模型（Renewable Energy Economic Analysis Model），是世界银行和全球环境基金支持的中国可再生能源规模化项目的研究成果。REEAM模型的目的是通过排除过去阻碍可再生能源发电的体制和市场障碍，并建立“供应曲线”，计算全国可以开发的“最经济”的可再生能源量。目前该模型仍在开发试用过程中（刘贞、张希良，2010）。陈秉谱（2008）采用调查问卷法、人均定量法、间接估算法、称重法等，综合各种方法特点，以调查问卷为主，用人均定量法剔除有偏差的数据，用直接称重的方法计算农村一些标准器具装燃料数量，对一些直接难估算的用能项目采取间接估算法等求得可获取量。利用薪柴、薪草、秸秆、畜粪、太阳能与沼气等不同能源品种的折算系数得到可获取量。孙德俭（2007）应用基于模糊数学的综合评判方法主要对北京、长春、济南、拉萨、昆明、银川、乌鲁木齐和重庆八个城市地区太阳能利用潜力进行了评判和分析，综合考虑了日照百分率、年总云量等因素对太阳能利用的影响，建立了太阳能地区适用性综合评价指标体系、评价的权重集、判断矩阵、隶属度函数，并以八个城市为例给出具体步骤和结果，比较科学地对我国太阳能利用潜力进行了科学评判。李柯（2010）利用中国陆地辐射站点直接观测的辐射数据和常规气象台站的日照时数观测资料，计算并分析中国陆地太阳能，在此基础上，综合评价中国陆地太阳能资源潜在规模化的开发潜力，并利用ArcGIS绘制中国陆地太阳能资源开发潜力。周扬、吴文祥（2010）依据《太阳能资源评估方法》提出，太阳能资源评估一般包括太阳能资源丰富程度、利用价值、稳定程度及日最佳利用时段评估。日照时数和太阳总辐射是表征太阳能资源的两个重要指标。基于气象站太阳总辐射及日照时数仅对研究区太阳能丰富程度、利用价值及稳定程度进行分析。

三、可再生能源需求潜力评价方法

可再生能源规划是调节可再生能源未来时期内需求与供应之间的矛盾。与传统能源不同，可再生能源由于其可再生能源开发适当，就不会存在越用越少的问题。合理地制定规划可以解决未来供应与需求之间的矛盾。而传统能源由于其储量是有限的，因此还需要考虑现在供应与未来供应之间的矛盾。因此制定规划，需要考虑能源的未来需求问题。评价能源需求的模型与方法较多。

LEAP 模型分析是以对能源需求变化的驱动因素发展趋势的基本假设为前提的，这些驱动因素可分为三类：社会经济因素、人口因素和技术进步因素。社会经济因素的量化指标包括国内生产总值（GDP）增长速度，产业结构的演化即第一产业、第二产业和第三产业产值的构成比例，城市化进程的速度。人口因素包括人口增长速度，城乡人口结构变化，家庭结构变化，居民能源消费偏好的改变。技术因素的量化指标包括各个能源服务部门能源效率的改善和创新技术的扩散速度。LEAP 模型的能源需求分析遵循“自底向上”的分析结构，首先进行部门分析，即将国家/地区的能源总需求分解为各个用能部门的需求，模型产出是各个部门的用能需求。终端用能部门分解为农业、制造业、建筑业、交通运输业、商业和民用（包括农村居民和城市居民两个子部门）。杨文芳（2010）通过地源热泵在节能建筑市场的供需分析，了解国内大众对地源热泵需求的趋势和供给潜力，分析地源热泵在节能建筑市场供给和需求之间的矛盾和障碍。运用消费者需求理论和消费者剩余理论，对节能建筑市场行为各方（供给方、需求方、政府）对地源热泵的需求潜力和供给潜力进行研究分析。陈正（2010）认为，随着中国经济发展方式的不断转变，特别是低碳经济的发展，必然会引起能源需求结构的较大变动，同时客观上也要求加快对现有能源需求结构的调整。根据目前能源消费结构以及国家的能源发展战略，分析今后的能源需求变动趋势有利于正确认清国家的能源需求形势，对调整能源需求结构、制定能源发展规划具有重要的现实意义。陈正（2010）依据历史数据和能源发展规划数据，分别对能源需求结构进行预测。结果表明：到 2040 年，可再生能源需求所占能源需求总量的比重将分别为 14.92%和 26.3%。与中国面临的各种挑战和压力相比，

26.3%的可再生能源需求比重仍然偏低，应该进一步提高能源发展战略目标，加快可再生能源的开发利用。张艳红（2010）采用三种方法预测新疆未来能源，得出高、中、低三种远景，通过可再生能源分类，详细地分析了新疆可再生能源预测结果，对大力开发利用新疆可再生能源、促进我国可再生能源事业的发展具有重要的意义。供应潜力的一个重要环节是对技术的评价，徐庆福、王立海（2007）运用层次分析法从技术先进性、经济可行性和环境安全性三个方面对现有生物质能转换利用技术进行了综合评价，提出了生物质能转换利用技术的优先发展顺序和发展方向。

四、可再生能源经济效益评价方法

经济效益评价主要是指政府利用财政手段、市场手段和金融手段等方式促进社会总体投资的增加，评价这种增加所带来的 GDP 增长有多大。发展可再生能源会带动整个产业链条，如发展风电会带动当地经济增长，还会带动风机制造业、机械制造、钢铁生产等相关产业的发展。同样的投资要分析哪种投资对国家的整体经济增长促进较大，促进有多大，从而为当地政府和社会提供决策依据。孙艳伟（2011）为了准确分析目前我国并网光伏发电的成本以及光伏发电技术的市场竞争力，采用了净现值（NPV）和敏感性分析工具来评估并网光伏发电系统的经济性及其影响因素。樊京春（2003）对国内生物质能利用技术的现状进行了简要介绍和分类，以经济评价为基础，对生物质能直接燃烧、户用沼气池、生物质能气化发电、大中型养殖场沼气工程和垃圾发电等生物质能技术进行了综合分析，提出了根据地方实际，发展不同生物质能技术的建议。王锐（2011）针对由风电机组、光伏电池、燃料电池、余热锅炉、燃气锅炉、蓄电池以及热电负荷构成的热电联供型微网系统，考虑风电、光伏功率以及热电负荷的随机性，应用机会约束规划理论建立经济运行优化模型，并提出一种基于随机模拟技术的粒子群优化（PSO）算法求解模型。根据不同的微源配置，对系统的运行方案进行优化。实例分析结果表明，所提出的方法可以提供微源优化配置建议，实现微源动态经济调度，有效降低系统运行费用。蒋冬梅（2008）以江苏省盐城市秸秆资源现状为切入点，分析了生物质秸秆发电的社会经济背景。在分析秸秆发电技术设备条件的基础上，运用成本收入法验证了秸秆发电的经济效益可行性，结果表明：若充分利用可利用的生物质秸秆资源，每年可带来约 3.7 亿元的收入。杨明钦（2009）认为，在各主要工业化国家中，新能源是发展极为迅速的新兴产业。文章介绍了当前美国新能源产业的经济效益和生产模式，特别对世界上刚刚起步的潮汐发电做了详细的介绍。为此，希望中国国内尽快形成具有一定规模的新能源产业，以赶超工业化发达国家的发展步伐。王汉青（2009）介绍了国内外太阳能热泵技术和在此基础上发展的太阳能热泵热水系统的研究历史和进展，以及该系统在工程实际中的应用。同时，综合分析了太阳能热泵热水系统的经济效益，指出采用太阳能热泵热水系统具有很大的社会经济效益和用户经济效益。并且，随着热泵用压缩机技术的发展与成熟，太阳能热泵热水系统必将得到广泛的应用。曹荣（2008）采用技术经济评价方法，比较生物质能发电、生物质能供热、生物质热电联产等几种不同的生物质能利用方式，生物质能发电项目在采暖期供热，虽然会减少售电收入，但增加了供热收入，会提高总体经济效益。李玉洁（2009）针对一个特定的对象，进行了太阳能吸收式空调系统寿命周期内的模拟计算及影响因素的分析，结果表明：①单纯太阳能空调（无采暖与热水供应）的经济性很差，太阳能空调与供热的复合系统的经济性要优于单纯的太阳能空调系统。②对于太阳能采暖与空调的复合系统，采暖与供冷的负荷比对系统的经济性有很大影响，即使在最佳的负荷比时仍无法和常规的系统竞争。③在太阳能与生活热水系统的负荷系统中，热水负荷所占比重越大，经济性越好。当太阳能空调使用生活热水系统夏季多余的热量时，太阳能空调系统在经济上可以和天然气锅炉 + 电动制冷机竞争，并具有很好的节能性和环境效益。李玉洁（2009）则使用了综合热价的方法。综合热价的含义是在有效使用年限内初投资和使用费用的累计综合值与在此期间所提供能量总和的比值。对于供热供冷的系统，在其有效使用期限内的资金投入主要用于：①初投资，安装供热系统；②运行费用，在使用期间系统的运行和维护费用。它是一个将初投资考虑在内的全面反映经济分析对象相对于提供单位能量所需费用的参数。考虑到资金的动态特性，即不同时期支出货币的价值是不相等的，在经济分析过程中，将综合能源价格进行现值处理，即通过将不同时期投入的资金统一折现为初投资年现值的方法，使资金投入时间和数量各不相同的不同类型供热的综合热价，在同等价值条件下进行比较。毛建西（2011）以RETScreen软件为基本分析平台研究其投资效益，对南京市以洗浴和采暖用途的太阳能系统，在其集热器具有代表资格的条件下，计算得出了其有效能量输出值和单位能量成本的现值。

五、可再生能源环境效益评价方法

环境效益评价是对发展可再生能源所产生的外部效益进行评价。评价主要包括以 SO_X、CO_2、NO_X 和颗粒物为主的环境污染的减排量。可再生能源替代传统能源，减少了传统化石能源燃烧所带来的大气、水资源和土壤污染。目前已经有相当多的文献对环境效益进行量化处理评价。陆华（2004）定量评估发电项目的环境成本，归纳起来，可以将评估方法大致分成三种计量原则：①以污染物造成损害的价值作为计量基础；②以污染后果的清除与损坏赔偿补救成本作为计量基础；③以预防污染发生的成本作为计量基础。王德元（2009）在分析各种生物质能利用技术的基础上，建立了基于层次分析法的集总加权评价模型，确定了技术适用性、经济可行性、环境友好性三个评价准则，及资源供给、装备技术、能源利用率、能源品位、生产成本、经济收益、生态影响、环境污染、社会收益九个评价指标，并对模型进行了实例计算和验证，评价结果对指导未来生物质能开发利用具有重要的参考价值。蒋冬梅（2008）借鉴前人已有的研究成果，经统计推理可知秸秆发电大大降低了 CO_2、SO_2、烟尘等污染物的排放，进而说明秸秆发电的生态效益非常可观，利用前景广阔。同时，还论述了秸秆发电良好的社会外部性，得出社会效用：一是秸秆发电需要收购秸秆，使得农民收入增加，生活质量提高，也使以前闲置、到处堆放的秸秆得到清理，村容更加整洁，环境更加美好；二是秸秆发电缓解电力紧张，消除了电力不足对人们生活和经济发展的不利影响；三是秸秆收购、运输、发电等流程需要大量劳动力，提供了很多就业机会，增进了社会稳定等。这些都说明了秸秆发电的良好外部性，具有很好的社会效益。白雪（2011）采用仿真的方法建立了有蓄水库的小水电站与风光混合发电系统的结构模型。研究在峰谷电价下，小水电与风光并网所带来的能量转化经济效益和开发清洁能源电力所带来的节能减排环境效益。Gregary J. Leng（2001）、蔡学娣认为，国际RETScreen-（TM）核心是一种可在世界范围内使用，以评估一些 RET 的能源生产、寿命周期成本和温室气体排放减少程度的，标准化的、完整的可再生能源计划分析软件。原鲲（2009）对 JB150 型全玻璃真空管太阳热水器展开全生命周期能量环境效益分析，结果表明，该型太阳热水器可在 1.1a 内收回产品生产能耗，相比于常用的电热水器、燃气热水器和燃煤热水器，全生命周期的总节能量分别为 10.5、3.8 和 5.1 吨标准煤。与电热水器、燃气热水器和燃煤热水器相比，该型太阳能热水器在寿命期内，在 SO_2、NOx、CO_2 和粉尘方面都具有一定的减排效益。于国清（2007）以一个住宅用户为研究对象，采用 10~15 年内全年逐时气象数据对太阳能生活热水系统进行模拟。根据模拟的结果，分析其初投资和寿命周期内的总能耗、总运行费用、综合热价等指标。然后将其与常规热水系统进行比较，对比其初投资、运行费用、综合热价等指标。董玉平（2003）从初投资、年总成本、动态回收期及相关参数对太阳地源热泵技术进行经济性评价，认为太阳能—地源热泵综合系统初投资高于其他方式，但运行费用大大低于其他方式，从投资回收期看，太阳能—地源热泵综合系统具有很好的经济性。孙艳伟（2001）应用净现值和单因素敏感性分析工具，建立了光伏发电成本的计算模型，以我国 34 个省会城市作为研究案例，对并网光伏发电系统进行了经济性和环境效益分析。光伏发电系统的环境效益是指光伏发电的减排环境效益扣除系统发电环境成本的余额。经计算，并网光伏发电具有显著的环境效益，其环境效益为 0.0165 元/kWh。

张希良等人以敦煌 8MWp 并网光伏发电项目为案例，评价了我国西部地区发展光伏的市场竞争力、社会成本效益和不同政策工具的作用效果。Shafiqur Rehman 等人应用日平均太阳能辐射量和日照时间等气象数据，研究了沙特阿拉伯国家 5MWp 并网光伏系统的成本。Jose’L.、Bernal-Agusti’n 等人应用净现值和资本回收期等参数，对西班牙并网光伏系统进行了经济和环境性分析。

六、可再生能源供需集成优化方法

可再生能源生产必须纳入能源需求中去，目前许多地方的可再生能源规划已经体现了这一点。如在欧盟可再生能源激励方案研究中，集成供需集成优化模型，主要包括 PRIMES 技术评价模型、GAINS 温室气体减排模型、GEM-E3 能源生产与消费评估、POLES 部分能源均衡模型。美国新泽西州能源总体规划的产生充分体现了能源需求与供应的结合，研究主要采用了两个模型。一是由 300 多个方程构成的 R/ECON 模型，基于新泽西州和美国大量的历史数据，包括各种能源部门的具体投入和公式。该模型的目的是对宏观经济预测的影响产生一条可替代的发展途径，主要考虑就业和经济发展指标。二是 DAYZER 建模工具，模拟了能源市场运作，考虑到电力需求、供应和传输。该模型的外生变量是传输和设备增加、退出和成本投入。将两种能源方案在 DAYZER 模型中的产出以及大量其他假设，输入到 R/ECON，可以估计这两种能源方案对总体经济的影响。我国近几年的可再生能源规划也纳入了需求管理预测。如张希良（2009）在北京进行可再生能源规划时，对能源需求采用 LEAP 模型进行预测，对于供应的优化则采用 MESSAGE 模型进行预测。李虹（2011）根据"自底向上"的建模方法构建了中国可再生能源综合评价与结构优化模型（REAO 模型），模型集成两个模块：第一，基于层次分析法（AHP）构建可再生能源综合评价模块，从经济、技术、资源和环境四个方面设置核心指标，各级指标最终耦合为可再生能源综合利用指数，从而实现对不同可再生能源发展进行综合评价并进行优先级排序；第二，基于综合评价结果与线性规划模型，构建优化模块对可再生能源发展的配额权重进行优化配置。实证结果显示，受成本、技术、资源和二氧化碳排放等条件的约束，在 2020 年可再生能源比重占到 15%的框架下，水电、风能、太阳能、生物质能、地热能、海洋能分别占 38.5%、35.7%、16.8%、3.0%、3.0%、3.0%时为最优比例。

七、可再生能源目标分解方法

规划决策包括三要素，即什么时机、采取什么措施、完成什么样的指标。不同的规划是在此基础之上不断地添加约束条件。如能源规划是在此基础上进一步考虑资源约束，在开采的时候不但要考虑当前能源供给和能源需求的均衡，还需要考虑未来能源供给和需求的均衡。由于可再生能源在总能源消费中比重较低，当前的规划并不需要考虑可再生能源对整体能源系统均衡的影响。因此，其主要约束条件是可再生能源资源条件约束和可再生能源配额产生的市场约束。

当前我国的规划处于一种从计划经济时期到市场经济时期的转折点。保留较多的计划经济特点，同时又增添了较多的市场经济特色。魏后凯（2005）认为，我国规划体制的改革尚处于探索过程中，国家、省级和市县级规划的编制也缺乏科学的技术规划。樊元（2009）也认为，对规划目标如何在各地区实施缺乏科学合理的依据。

可再生能源发展是我国经济和社会发展的一项长远战略方针，也是我国目前情况下的一项极为紧迫的任务。2007 年国家“可再生能源中长期规划”提出，2010 年占能源消费总量的 10%，到 2020 年占能源消费总量的 15%。如何落实可再生能源发展目标，是当前研究的热点。可再生能源规划与政策体制相关，美国可再生能源规划是由各州自己确定，然后汇总成国家总体可再生能源规划。这些规划通常是由一个研究机构或咨询公司制定，广大群众参与，最终以立法的形式体现出来。

可再生能源目标分解主要包括三种内涵：第一种内涵是把可再生能源目标分解到各个区域，以寻求优先发展区域；第二种内涵是把可再生能源目标分解到各种技术，以寻求优先发展的各种技术；第三种内涵是把可再生能源目标分解到各个阶段，以便对可再生能源发展进行统筹规划。

如何把国家可再生能源规划方法与省域可再生能源规划方法相结合，制定切实可行的省域可再生能源规划方案，是可再生能源目标模型所要解决的首要问题，其主要意义在于：①可以更有效地对省域可再生能源规划进行指导，把可再生能源发展目标落到实处，以便更有效地执行。②可以设计更具体的激励机制，以促进和平衡可再生能源发展中各方利益问题，以避免出现资源诅咒现象的发生。③可以增加中国发展可再生能源的公信力度。可再生能源发展不仅是一个技术问题，还涉及社会、政治、经济问题。制定切实可靠的可再生能源实施规划，可以有效地提高中国的国际公信地位。

目标分解方法是当前的研究热点和难点（刘贞，2009）。国内外大多数文献研究的是各个级别的可再生能源规划模型。按照模型的分析方法，可以把这些模型分为“自底向上”和“自顶向下”两种。“自顶向下”采用汇总数据来分析能源行业和其他经济行业的交互结果，从而检验整体的宏观经济表现。这种方法谋略采用一般均衡或部分均衡模型来分析能源行业的总体行为。模型适用于进行短期的预测，因为它假定历史是不连续的，然而由于人口和经济增长速度不同，所以从长期来看这种假定是不符合现实的。模型中通常考虑价格、需求、供给及投资的长期均衡。Rath 和 Voss 认为，“自顶向下”的模型不适用于那些不能控制化石燃料和其他原材料价格的发展中国家。“自底向上”的模型通常仅考虑能源行业本身，而忽略了能源行业与其他行业之间的交互（陈荣，2008）。这些模型采用能源供给过程、转换技术及终端需求模式的细节数据。模型利用基于能源系统优化的思想，给出了不同时期能源系统的最优结构。但是，由于存在大量的社会、经济、法律障碍，这种理论值通常是很难达到的。模型的主要趋动因素，如需求、技术进步及资源状况仍然是外生变量（Pandey，2002；高虎，2004；Urban，2007）。

近年来，越来越多的文献开始关注国家总体规划的实施，并转移到省域可再生能源规划中来，如 Sarafidis 和 Diakoulaki（1999）认为，为了促进可再生能源的发展，有必要把能源行业的集中式规划角度转移到分布式规划视角上来。在省域规划上，应采用“自底向上”的方法，以有效的可再生能源供给来满足特定的可再生能源的需求。Jebaraj 和 Iniyan（2006）对能源模型进行了综述后认为，在今后相当长的时间内，能源规划的概念将要得到进一步的延伸，如分布式能源规划、能源存储、循环利用、能源综合规划、能源预测等。Hiremath、Shikha 和 Ravindranath（2007）认为，集中式能源规划仅考虑了区域间资源分布的不均衡性，从而对区域间进行资源调配，而没有考虑区域间经济水平、社会生活环境等因素导致的地区发展的不均衡，从而使贫困地区的能源消费状况不能得到改善和提高。Ramachandra（2009）认为，分布式能源规划的核心问题是以最低的经济成本和环境成本，开发各种能源资源以满足能源需求，规划需要给出各种资源的最优配置。Daniel、Neven 和 Bogdan（2007）认为，对于一些偏远的地区，可再生能源资源比较丰富，能源运输成本较高，进行分布式的可再生能源规划具有较大的优势。另外，他们给出了一个分布式可再生能源规划模型，并计算出每种可再生能源的潜力及生产成本。

申兵（2008）认为，应加强规划编制和实施过程中的环境评价和“三期”评估。加强评估工作可以发现规划执行中的问题，以便根据环境的变化等因素对规划目标等进行调整。任东明（2005）认为，可再生能源目标分解不仅能在不同地区、部门和行业进行分解，而且还应提出可再生能源的阶段性目标，即提出的目标要分成几个阶段来实现。但这种把可再生能源目标分解到各个阶段的研究尚处于建议或萌芽状态。依此类推，把可再生能源目标落实到各个省的各个阶段目标的研究更不多见。官义高（2006）采用指数平均方法把节能减排目标分解到每一年，求出“十一五”期间每年降低率、降低量和累计降低量。欧盟在监督各成员国可再生能源目标实施进度时，采用的是等分方法把2020年的可再生能源规划目标，以每两年作为一个阶段分解到每一阶段（刘贞，2009）。南非西开普省到2014年的电力消费将有12%来自可再生能源，2020年这一数字将达到18%，到2030年将达到30%。

在目前国内研究中，把目标分解到各个省市的文献尚不多见，但我们可以从其他行业规划研究中得到一些启示，如官义高（2006）研究了节能降耗目标的分解，提出一种如何将节能降耗目标向各省、自治区、直辖市进行分解的模型，主要考虑了各地能耗比重、产业结构和节能潜力等因素。樊元（2009）考虑了各行业能耗比重，构建基于部分方案偏好强度的赋权方法、因子分析法、熵值法和均方差法，以得到权向量矩阵，以甘肃省为例求出各地区的节能减排目标。尧德明（2007）研究了土地利用总体规划用地指标的分解，综合考虑影响土地使用的四个因素，采用层次分析法计算用地面积的权重。

上述研究文献针对各级的可再生能源规划方法进行了研究，但研究可再生能源的集中式规划与分布式规划衔接问题的文献较少。欧盟在成员国之间进行目标分解时，采用的是需求分布的方式，没有考虑资源在可再生能源中的效用。美国和印度采用“自底向上”的方式，而这种方式是建立在对各州资源的情况进行研究，并结合各州提出的规划方案进行汇总得到总体目标的基础上。该方案并不利于设计有效的激励模式，并有效地平衡各地区间的利益关系。

第四节　VIKOR 多属性方法在可再生能源技术评价中的应用

一、引言

为了积极应对气候变化，2010 年中国政府向国际社会承诺，到 2020 年中国非化石能源在一次能源消费中的比重达到 15%。全国人大通过的《国民经济和社会发展第十二个五年规划纲要》更首次把“非化石能源占一次能源消费的比重达到 11.4%”列为“十二五”约束性目标。目标所提及的非化石能源主要是可再生能源和核能。为了实现国家非化石能源发展目标，不论是在国家层面还是在地方层面都需要对可再生能源的发展进行科学规划和布局。在对可再生能源进行规划和布局时，要综合权衡各类可再生能源技术对能源、经济、社会、环境各方面跨越时空的影响，这种权衡对于生态的可持续发展与能源依赖国的繁荣很重要。能源、经济、社会、环境通常采用多属性进行衡量，而且这些衡量指标通常是互相冲突的，这为可再生能源规划与布局带来困难（Kaya et al.，2010）。因此，如何运用可持续发展原则和科学的决策理论与方法，协调相互冲突的不同标准准则，对可再生能源各类替代技术进行科学、合理的评价，是可再生能源规划中需要解决的关键问题。

应用多属性评价（MCDM）方法进行能源规划评价引起学者们关注已有一段时间了。20 世纪 70 年代，运用经济成本的单标准评价方法来处理能源规划问题非常流行。到了 20 世纪 80 年代，日益增长的环境问题改变了决策框架，社会、环境等问题逐渐纳入，使 MCDM 方法逐渐得到了使用。Haralambopoulos 和 Polatidis（2003）采用 MCDM 中的 PROMETHEEII 方法让希俄斯岛地热资源使用的项目在集团中达成了共识。Cavallaro 和 Ciraolo（2005）提出了 MCDM 方法支持分析在意大利的一个岛上安装风能发电机的可行性。Begic 和 Afgan（2007）采用一个多属性的可持续发展评估框架，评估波斯尼亚黑塞哥维那能源发电系统。Kaya 等（2010）采用 MCDM

方法——改进的模糊 TOPSIS 模型来解决伊斯坦布尔的可再生能源替代问题。这些研究表明，采用 MCDM 方法是解决能源规划或可再生能源规划中多属性衡量冲突问题的有效方案。目前有很多 MCDM 方法求解多属性冲突的问题，如 TOPSIS、VIKOR、PROMETHEE Ⅱ、AHP/DEA、ELECTRE 算法等。其中，VIKOR 是南斯拉夫的 Opricovic 教授 1998 年提出的对复杂系统进行多属性评价与决策的方法。2004 年和 2007 年，Opricovic 教授和中国台湾的 Tzeng 教授分别在 *European Journal of Operational Research* 上发表了两篇论文，从集结函数、规范化等方面分别将 VIKOR 方法与 TOPSIS 方法、PROMETHEE 方法和 ELECTRE 方法进行了细致的比较。研究表明 TOPSIS 方法无法反映出各方案与正负理想解的接近程度，PROMETHEE 方法仅考虑了群效用的最大化，ELECTRE 方法则追求个体遗憾最小化，而 VIKOR 方法可以克服 TOPSIS 方法的不足，并同时考虑群效用的最大化与个体遗憾的最小化，能充分考虑决策者的主观偏好，从而使决策更具合理性。近两年，关于 VIKOR 方法的扩展及应用研究已经引起了一些学者的关注，主要的探讨领域有水资源规划、供应链伙伴选择、生产管理评价，如 Chang 和 Hsu（2011）运用 VIKOR 方法来分析土地使用限制下的中国台湾曾文水库环境影响评价，从而制定曾文水库库区发展战略规划；Cristobal（2011）应用 VIKOR 方法，来探讨西班牙的可再生能源投资项目选择问题。这些研究表明，运用 VIKOR 方法来解决多属性评价与决策问题是有效和可行的。

在过去几十年中，中国可再生能源发展迅速，但为政府提供可再生能源决策支持的方法探讨还相当有限。因此，本书拟把 VIKOR 多属性评价方法运用到可再生能源技术评价中，来解决可再生能源规划中各类可再生能源技术的多属性衡量冲突问题，实现可再生能源的合理规划和布局。本节首先将根据可再生能源技术评价的特点建立评价指标体系；其次基于 VIKOR 评价方法，建立可再生能源规划技术评价的多属性评价模型；再次运用该评价模型，来对某省可再生能源技术进行评价，从而指导可再生能源产业的发展；最后指出研究的贡献与不足，并对未来的研究方向提出展望。

二、可再生能源技术评价及其评价指标体系

可再生能源指在自然界中可以不断再生、永续利用、对环境无害或危害极小的能源，主要包括风能、太阳能、水能、生物质能、地热能、海洋能等非化学能源。可再生能源的中长期规划，需要确定一系列最佳的可再生能源技术替代方案，以满足用户对能源的需求。我国具有丰富的太阳能、风能、海洋能等可再生能源资源，其存在着可再生性、资源容量极大，以及对环境不产生或很少产生污染等优点。发展可再生能源产业，既可填补我国近期的新增能源缺口，也可为我国远期的能源可持续性发展提供保证。但与煤、石油等常规能源相比，发展可再生能源面临着经济、技术、市场、社会等多方面发展障碍因素，这除了发展可再生能源本身的技术瓶颈外，可再生能源利用的综合效益未能得到系统全面的认识也是一个非常重要的制约因素之一，这直接导致了现有能源市场机制下新能源市场竞争力相对于常规能源来说的弱竞争性。因此，在可再生能源中长期规划方案中，极有必要从环境、技术、经济、社会等多方面对各种可再生能源技术进行综合评价与比较，考察各个可再生能源技术的“协同效益”，从而确定可再生能源最佳发展战略。

针对可再生能源技术的效益（Benefit）研究，国内外研究机构在最近几年都开展了大量工作。内容主要集中在可再生能源的经济效益（Economic Benefits）、成本效益（Cost-benefits）、外部效益（External Benefits）、社会效益（Social Benefits）、附加效益（Ancillary Benefits）。Mosey 和 Vimmerstedt（2009）对加利福尼亚州可再生能源发电的经济效益、公众健康和环境的效益进行了研究，研究认为，发展可再生能源通常与诸多经济问题相关联，其中包括对就业、国民收入、生产总值、电费和燃料价格的影响，也会给健康和环境带来影响，如空气、水以及固体污染物排放量的变化。国家节能经济委员会（ACEEE，2008）的研究表明，美国可再生能源产业相比传统电力行业将创造更多的就业机会。国际能源机构（2006）在关于可再生能源技术应用（RETD）的执行协议框架下委托展开了“可再生能源社会成本和效益评价”项目（RECaBS），指标体系涵盖了财务成本、外部环境成本、供应安全成本、就业效益等方面的内容。Wang 等（2009）研究了 2009 年以前在能源规划、能源管理以及能源资源

分配中的评价指标体系，指出评价指标可以归为技术、经济、环境和社会四大类，其中能源效率、投资成本、运营维护成本、NOx 排放、二氧化碳排放、土地使用、社会接受度和就业机会是用得最多的评估标准。

参考国内外研究机构已有的研究，环境、能源、经济、社会的协同效益显著是我们开展可再生能源总体规划工作最终追求的目标。为此，在对规划方案进行评价与选择时，我们按照能源效益、经济效益、社会效益和环境效益统一、协同的要求，根据科学性、系统性及其一般适用性与可操作性原则，建立可再生能源规划方案协同效益评价指标体系，并力求这些指标体系与已有统计指标或统计口径保持一致，以便于将评价结果与其他数据进行比较评估，如表 4-2 所示。

指标体系共 3 层，具有 10 个具体指标的递阶层次。第 1 层为目标层（A）；第 2 层为准则层（B）；第 3 层为指标层（C）。其中，化石能源节约量（C1）指通过发展可再生能源减少化石能源的消耗量；投资成本（C2）指建设该可再生能源项目总的投资额；运营维护成本（C3）指可再生能源项目实施期内的年运营维护成本；GDP 增加量（C4）指该可再生能源产业发展方案对 GDP 的拉动增加量；就业机会（C5）指投资和运营该方案下的可再生能源项目平均每年将会带来的就业机会；社会接受程度（C6）指可再生能源项目的社会接受程度；CO_2 减排量（C7）指可再生能源项目所带来的 CO_2 年减排数量；SO_2 减排量（C8）指可再生能源项目所带来的 SO_2 总减排数量；NO_X 减排量（C9）指可再生能源项目所带来的 NO_X 总减排数量；灰尘颗粒状物减排量（C10）指可再生能源项目所带来的灰尘颗粒状物减排数量。在这 10 个指标中，C6 属于定性指标，其余属于定量指标。这些指标是相互冲突的，其中 C1、C4、C5、C6、C7、C8、C9、C10 这八项属于效益型指标，指标值越大越好；C2、C3 这两项属于成本型指标，指标值越小越好，适宜采用 MCDM 方法进行衡量。

表 4-2 评价指标体系

目标层	准则层	指标层
可再生能源规划方案的协同效益（A）	能源效益（B1）	化石能源节约量（亿吨）（C1）[e]
	经济效益（B3）	投资成本（亿元）（C2）[a, b, c, d]
		运营维护成本（亿元/年）（C3）[a]
		GDP 增加量（亿元）（C4）[a, c]

续表

目标层	准则层	指标层
	社会效益（B4）	就业机会（万人年）(C5)[a, b, c, d]
		社会接受程度（C6）[a]
	环境效益（B5）	CO_2 减排量（万吨）(C7)[a, b, c, d]
		SO_2 减排量（万吨）(C8)[e]
		NO_X 减排量（万吨）(C9)[a, b, c, d]
		灰尘颗粒状物减排量（万吨）(C10)[e]

注：a. wang（2009）。
　　b. 国际能源机构（2006）。
　　c. Mosey 和 Vimmerstedt（2009）。
　　d. 国家节能经济委员会（ACEEE，2008）。
　　e. 课题组增加。

三、VIKOR 的可再生能源技术评价模型

VIKOR 的基本观点是首先确定理想解（Positive Ideal Solution）与负理想解（Negative Ideal Solution），其中，理想解是指各备选方案在各评估准则中的最佳值，负理想解指各方案在各评估准则中的最差值，然后根据各备选方案的各个评估值理想方案的接近程度来排列方案的优先顺序。在综合评价中，VIKOR 采用了 Lp-metric 聚合函数：

$$L_{pj} = \left\{ \sum_{i=1}^{n} \left[\frac{\omega_i(f_i^* - f_{i,j})}{f_i^* - f_i^-} \right]^p \right\}^{1/p}$$

式中：$1 \leq p \leq \infty$；$j = 1, 2, \cdots, j$，变量 j 指备选方案的个数；每个备选方案用 a_j 来表示，f_{ij} 指备选方案 a_j 第 i 个准则的评估值；测度 L_{pj} 代表了方案 a_j 到理想解的距离。VIKOR 采用的这种规划法，其最大特色就是最大化了群体效用，所以其妥协解可被决策者接受。以一个两属性的评判准则为例，VIKOR 的妥协解可由图 4-1 表示。

图 4-1 中 VIKOR 的妥协解 f_1^* 和 f_2^* 分别表示第一项准则和第二项准则的理想解，可行解 F^C 是所有解中最接近 F^* 的解，它是两准则相互妥协的结果，相应的妥协量分别为 $\Delta f_1 = f_1^* - f_1^C$ 和 $\Delta f_2 = f_2^* - f_2^C$。

在可再生能源规划方案评价中，假设待评价方案有 m 个，记为 A =

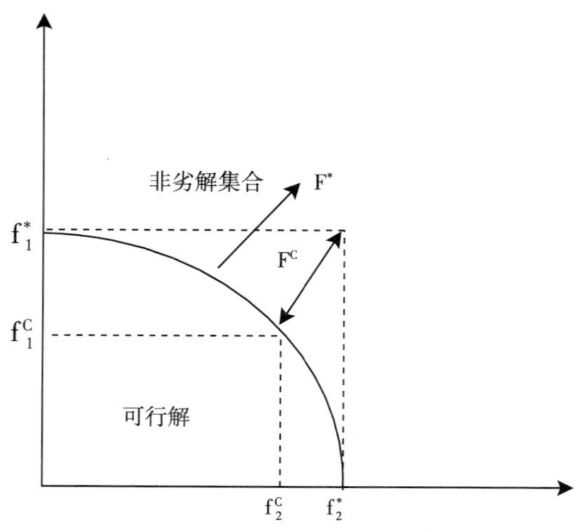

图 4-1　VIKOR 模型

$\{A_1, A_2, \cdots, A_m\}^T$，评价指标有 n 个，记为 $C = \{C_1, C_2, \cdots, C_n\}^T$。记方案 A_i 的第 j 个指标的评价值为 a_{ij} $(1 \leqslant i \leqslant m, 1 \leqslant j \leqslant n)$，矩阵 $A = (ka_{ij})_{m\times n}$ 为评价矩阵。采用 VIKOR 方法进行评价的步骤如下：

（1）确定属性值权重。VIKOR 评价方法要求在进行评价时，各属性的权重已经确定，权重向量为 $\omega = \{\omega_1, \omega_2, \cdots, \omega_n\}^T$。确定权重的方法很多，常用的有 AHP 法、熵值法等。

（2）标准化评价值。用向量规范化的方法求得规范化决策矩阵，设为 $F=(f_{ij})_{m\times n}$。

（3）对规范化决策矩阵 F，计算各个指标的正理想解 f_i^* 和负理想解 f_i^- 的值，j = 1，2，…，n。

$$f_1^* = [(\max_j f_{ij}|i \in I_1), (\min_j f_{ij}|i \in I_2)] \tag{1}$$

$$f_i^- = [(\min_j f_{ij}|i \in I_1), (\max_j f_{ij}|i \in I_2)] \tag{2}$$

式中：I_1 为效益型指标集合；I_2 为成本型指标集合。

（4）计算方案综合评价最优解 S_j 和方案综合评价最劣解 R_j 的值，j= 1，2，⋯，n。

$$S_j = \sum_i^n \omega_i(f_i^* - f_{i,j})/(f_i^* - f_i^-) \tag{3}$$

$R_j = \max\left[\omega_i(f_i^* - f_{i,j})/(f_i^* - f_i^-)\right]$　　(4)

式中：ω_i 指各个指标的权重，表示它们之间的相对重要性。

（5）计算方案产生的利益比率 Q_j 的值；j=1，2，…，n。

$Q_j = v(S_j - S^*)/(S^- - S^*) + (1 - v)(R_j - R^*)/(R^- - R^*)$

式中：$S^* = \min\limits_j S_j$；$S^- = \max\limits_j S_j$；$R^* = \min\limits_j R_j$；$R^- = \max\limits_j R_j$；v 表示"大多数准则"策略的权重或最大群体效用值，在此取 v = 0.5。

（6）确定排列顺序。按 S_i、R_i、Q_i 的值从小到大排序，方案排在前面的好。得到三个方案排序序列，每一序列中排在前面的方案优于排在后面的方案。

（7）确定折中方案。方案集的折中方案 $a^{(1)}$ 为：$a^{(1)}$ 是 Q 的排在最前面的方案，并满足下列条件：

条件 1：$Q(a^{(2)}) - Q(a^{(1)}) \geqslant 1/(m - 1)$，其中 $a^{(2)}$ 为按 Q 排序列表中的次优方案。

条件 2：$a^{(1)}$ 是 S 或 R 的排在前面的方案。

如果一个条件不满足，则：

1）如果条件 2 不满足，方案 $a^{(1)}$ 和 $a^{(2)}$ 均为折中解。

2）如果条件 1 不满足，方案 $a^{(1)}$，$a^{(2)}$，…，$a^{(r)}$ 是其折中解，其中，$a^{(r)}$ 满足条件 $Q(a^{(r)}) - Q(a^{(1)}) \geqslant 1/(m - 1)$。

四、应用案例——某省可再生能源技术评价

大力开发可再生能源是某省能源发展战略的重要组成部分。与化石能源资源相比较，某省可再生能源资源比较丰富，品种比较齐全。开发资源比较丰富的可再生能源，是减缓能源自给率下降、调整能源结构、减少温室气体排放、改善生态环境等的必然选择。

该省能源建设从 20 世纪 50 年代开发中小型水电起步，跨入 21 世纪以来，风电、生物质能、太阳能、地热能等可再生能源逐步迈向商业性开发，到 2010 年各类可再生能源开发量占同期全省能源消费总量的 16%。但由于水电增量减少，其他可再生能源受技术制约，规模还不大，产能量有限，预计在一段时间内将出现可再生能源开发量占全省总比例下降的趋势。为了减缓"下降"趋势，使 2020 年可再生能源开发量达到 2300 万~

2400万吨标准煤，实现当年可再生能源占全省能源消费总量的比例达到13%的目标，需要加强能源替代效益高、技术经济比较成熟、有一定产业基础、社会经济环境效益好的可再生能源开发力度。为此，该省考虑的可再生能源技术替代有11个方面，即海上风电（E1）、陆上风电（E2）、小水电（E3）、地热能（E4）、太阳能热水器（E5）、大中型沼气工程（E6）、户用沼气（E7）、生物质能柴油（E8）、太阳能光伏发电（E9）、生物质能发电（E10）、潮汐发电（E11）。决策者准备根据该省可再生源产业发展的实际情况，对这11个可再生能源技术替代方案进行评价，以便进一步选择和确定可再生能源产业发展战略。

首先，请专家根据表4-2的指标体系构造模糊判断矩阵，得出一级指标权重和二级指标权重，如表4-3所示。

表4-3 指标层权重

一级指标层	一级指标权重	二级指标层	二级指标权重	ω_i
能源效益（B1）	0.3	化石能源替代量（万吨标准煤）	1	0.3
经济效益（B2）	0.2	投资成本（亿元）（C2）	0.3	0.06
		运营维护成本（亿元/年）（C3）	0.3	0.06
		GDP增加值（亿元）（C4）	0.4	0.08
社会效益（B3）	0.2	就业机会（万人年）（C5）	0.5	0.1
		社会接受程度（C6）	0.5	0.1
环境效益（B4）	0.3	CO_2减排效益（万吨）（C7）	0.3	0.09
		SO_2减排效益（万吨）（C8）	0.25	0.075
		NO_X减排效益（万吨）（C9）	0.25	0.075
		灰尘颗粒状物减排效益（万吨）（C10）	0.2	0.06

然后，用VIKOR法对11个技术替代方案的综合效益进行评估并排序。

（1）信息采集与规范化处理。定量指标主要来源于清华大学省域可再生能源规划小组在该省调研获得的基础数据上，对2020年可再生能源产业按基准情景发展的预测（张希良、刘贞，2011）。定性指标主要由专家对各个可再生能源技术替代方案进行打分。评语定为5级，分别是高、较高、中、较低、低。相对应的数值表达形式为：高=0.9、较高=0.7、中=0.5、较低=0.3、低=0.1，数据采集结果如表4-4所示。

表 4–4　数据采集结果

方案	C1	C2	C3	C4	C5	C6	C7	C8	C9	C10
E1	153.91	353.10	0.33	1455.33	0.70	0.60	427.33	35412.30	30429.00	14773.50
E2	164.38	237.25	0.02	849.66	0.70	0.80	456.40	37821.30	32499.00	15778.50
E3	113.86	33.96	0.18	114.77	0.00	0.60	316.15	26198.68	22511.94	10929.71
E4	67.44	13.71	0.04	247.67	0.90	0.10	179.38	11127.11	10520.17	6473.95
E5	24.88	1.23	0.06	5644.72	0.70	0.50	66.17	4104.38	3880.50	2388.00
E6	18.55	4.32	0.07	551.73	0.90	0.20	49.34	3060.70	2893.76	1780.77
E7	18.21	16.20	0.07	979.40	0.70	0.20	48.43	3004.16	2840.29	1747.87
E8	79.14	7.50	0.44	716.00	0.70	2.10	177.60	13058.60	12346.31	7597.73
E9	9.41	35.59	0.53	670.10	0.50	0.50	26.11	2164.09	1380.00	902.83
E10	97.07	62.48	0.25	608.18	0.50	0.22	269.51	22333.84	1380.00	9317.36
E11	4.54	66.60	0.47	551.73	0.50	0.10	99.81	8270.90	1380.00	3450.50

为了消除不同物理量对决策结果的影响，需要对数据进行规范化处理，处理的结果如表 4–5 所示。

表 4–5　规范化处理

方案	C1	C2	C3	C4	C5	C6	C7	C8	C9	C10
E1	0.93	1.00	0.60	0.24	0.78	0.25	0.93	0.93	0.93	0.93
E2	1.00	0.67	0.00	0.13	0.78	0.35	1.00	1.00	1.00	1.00
E3	0.68	0.09	0.31	0.00	0.00	0.25	0.67	0.67	0.68	0.67
E4	0.39	0.04	0.03	0.02	1.00	0.00	0.36	0.25	0.29	0.37
E5	0.13	0.00	0.07	1.00	0.78	0.20	0.09	0.05	0.08	0.10
E6	0.09	0.01	0.09	0.08	1.00	0.05	0.05	0.03	0.05	0.06
E7	0.09	0.04	0.09	0.16	0.78	0.05	0.05	0.02	0.05	0.06
E8	0.47	0.02	0.82	0.11	0.78	1.00	0.35	0.31	0.35	0.45
E9	0.03	0.10	1.00	0.10	0.56	0.20	0.00	0.00	0.00	0.00
E10	0.58	0.17	0.45	0.09	0.56	0.06	0.57	0.57	0.00	0.57
E11	0.00	0.19	0.88	0.08	0.56	0.00	0.17	0.17	0.00	0.17

（2）找出备选规划方案在各指标下的正理想解和负理想解，如表 4–6 所示。

表 4–6　正理想解和负理想解

	C1	C2	C3	C4	C5	C6	C7	C8	C9	C10
f^*	1.00	0.00	0.00	1.00	1.00	1.00	1.00	1.00	1.00	1.00
f^-	0.00	1.00	1.00	0.00	0.00	0.00	0.00	0.00	0.00	0.00

（3）根据式(3)、式(4) 分别计算各规划方案与正理想解的相对接近程度和与负理想解的相对接近程度 S 和 R，进一步计算 Q_j，结果如表 4–7 所示。

表 4–7　S、R、Q 值及排序

方案	S	R	Q	按 Q 排序	按 S 排序	按 R 排序
海上风电 E1	0.294	0.075	0.086	2	2	2
陆上风电 E2	0.197	0.069	0.000	1	1	1
小水电 E3	0.471	0.100	0.276	3	3	3
地热能 E4	0.568	0.182	0.527	6	6	5
太阳能热水器 E5	0.644	0.262	0.758	7	7	7
大中型沼气 E6	0.735	0.274	0.853	8	8	8
户用沼气 E7	0.753	0.274	0.868	9	9	9
生物质能柴油 E8	0.496	0.160	0.424	4	5	5
太阳能光伏 E9	0.853	0.291	0.980	11	10	10
生物质能发电 E10	0.548	0.126	0.391	5	4	4
潮汐发电 E11	0.844	0.300	0.993	10	11	11

（4）排序。计算各规划方案的综合效益 VIKOR 评估值后，依据模型中的两个排序条件，对 11 个技术替代方案的综合效益进行排序，得出最终结果。

在本例中，被评估的技术替代方案数量为 11，因此，门槛值为 1/(J–1)=1/(11–1)=0.1。根据前面的排序条件，得到的技术替代方案协同效益的结果为：

E2，E1 > E3 > E8，E10 > E4 > E5 > E6 > E7 > E11，E9

即陆上风电（E2）和海上风电（E1）是经过妥协后协同效益相对最好的可再生能源技术替代方案，其次分别为小水电（E3）、生物质柴油（E8）、生物质发电（E10）、地热能（E4）、太阳能热水器（E5）、大中型沼气（E6）、户用沼气（E7），最弱的是潮汐发电（E11）和太阳能光伏（E9）。由此，对该省可再生能源优先发展战略有如下建议：

1）陆上风电（E2）和海上风电（E1）是经过妥协后协同效益相对最好的可再生能源技术替代方案。要充分利用国家出台的风电发展利好政策，加快陆上风电建设项目，依据风能资源条件、并网条件、前期工作进展三项规划技术原则对风电项目进行综合规划。对风能资源条件最好、并网不受限制、前期工作进展顺利的地区的规划风电场近期进行集中开发。

对近海风电的开发利用，既要体现能源供应体系安全、清洁、低碳、可持续的要求，又要立足现实，在技术可靠、经济合理的基础上，统筹协调近海风电发展与港口、航线、军事、海洋功能区划、海洋渔业、电网等的关系，做到合理开发、协调发展。

2）由于小水电（E3）的开发单位成本较低，其协同效益比较高，但是该省有经济开发价值的水电资源开发已经接近尾声，因此目前重点应放在对早期建设的小水电进行扩能改造、更换发电设备、增加电量。应在确保环境、防洪安全、供水需求等因素条件下，继续做好水能资源规划工作，按照中央优先开发清洁能源的精神，坚持开发与保护并重方针，尽早开发余下可开发水电资源，特别是具有防洪供水效益工程。加强水行政主管部门管理职能，规范水利资源开发审批程序，全面推选水能资源开发有偿制度。

3）在生物质能上，该省的生物质能柴油（E8）、生物质能发电（E10）的协同效益相对较高，大中型沼气（E6）和户用沼气（E7）的协同效益处于劣势地位。因此建议尽快制定生物质能柴油（E8）振兴规划，将其纳入国民经济发展规划体系。组织各方专家调查、论证，选准发展路线图，用规划指导发展，对已经形成规模的生物质柴油企业，由省生产销售主管部门发给燃料油行业许可证，严格审批制度，规避盲目上项目、克服无序竞争。给予替代能源奖励金，保证种植户效益不低于种植其他经济作物。大力扶持生物质能发电技术（E10），依据生物质能发电不同技术特点，建议沿海经济较发达地区以城市垃圾焚烧发电为主；内陆山区根据各地方经济发展的具体实际和垃圾成分，选择以大力发展垃圾焚烧和象草、巨菌、固体生物质燃料来发电的发展方向，推动生物质能发电产业的开发利用，以实现城镇垃圾处理量化、无害化、资源化和加大林区“三废”处理的既定发展目标。大中型沼气工程（E6）主要在畜牧业发达地区建设，开展沼气集中供气、沼气发电等，充分利用沼气。同时，开展沼液、沼渣的综合利用，有效治理农村面源污染，改善农村生态、生活环境，提供安全高效有机肥料，降低部分人畜（禽）共患疫病的发病率，提升农业可持续发展能力。

4）在太阳能上，从全省来看，由于太阳能热水器（E5）的单位成本远低于采用煤、电供热的成本，因此建议继续实施太阳能热水器“进千村入万户”示范工程。结合社会主义新农村建设，在全省挑选有代表性的地区，开展“新能源，新生活，新农村”活动，大力推广和普及太阳能热水器。而太阳能光伏（E9）由于受资源的约束，化石能源的替代量小，开发成本高，减排能力弱，不适合在该省发展。

5）在地热能（E4）上，该省地热资源较为丰富，目前已勘察开发利用的主要为中低温水热型地热资源。在可再生能源技术替代方案中，地热能的协同效益居中。建议该省制定地热资源开发利用与管理的法规，特别要明确落实对地热能等可再生能源的优惠政策与措施，使地热开发利用与管理工作走上法制化的轨道。加强对地热开发利用的综合分析评估，地热开发项目的确定与实施，必须对投入与产出做出经济分析比较，择优开发，以避免由于盲目发展而造成的资源浪费和经济损失。

6）在海洋能开发利用技术中，虽然该省海流能资源巨大，但由于海洋生态环境问题的制约，以及开发技术的制约，潮汐发电（E11）适应开发的范围较小。建议关注潮汐发电新技术的进展，合理规划协调潮汐能开发与各有关部门的关系，以取得经验，为规模化开发潮汐能开辟新的道路。

本节采用 VIKOR 方法对可再生能源规划中的技术替代方案进行了协同效益评价，其主要涵盖以下两方面内容：一是根据科学性、系统性及其一般适用性与可操作性原则，在参考国内外研究机构已有的研究基础上，结合中国可再生能源规划发展的特点与现有统计指标和统计口径，从能源效益、经济效益、社会效益和环境效益四个维度，建立了可再生能源规划方案协同效益评价指标体系。二是构建了 VIKOR 评价方法，并运用到某省的可再生能源规划中的技术替代方案评价中，为某省进一步选择和确定可再生能源产业发展战略提供了决策参考。但由于数据可获得性的问题，指标体系中没有充分考虑技术进步对评价结论的影响，这将在下一步的研究工作中进一步深入。

第五节　关于方法学研究的思考

前文对可再生能源决策支持系统中需要运用到的方法进行了初步的探讨，并通过一个简单的综合评价方法的构造，来说明如何针对可再生能源中实际需要解决的一个或一类问题，进行方法学的研究。

由于可再生能源决策支持系统涉及社会经济的各个方面，需要解决的问题与许多学科有关，因而在可再生能源决策支持系统中运用的方法很多，靠某一领域的研究是远远不够的。因此，需要借助外脑，集合不同领域的专家，从各个层面和各个角度，对可再生能源决策支持系统中涉及的不同类型的问题，独立或共同展开研究。

这样，对方法学的研究又回归到可再生能源决策支持系统要解决的问题的研究，只有明确了需要解决什么样的问题，才能有对应的方法或方法集。

正如高原康彦（2000）在其对决策支持系统的研究中曾指出：决策本身就意味着问题求解。事实上，决策与问题求解相互交织。在研究可再生能源决策支持系统中涉及的方法时，应当是图 4–2 的过程。

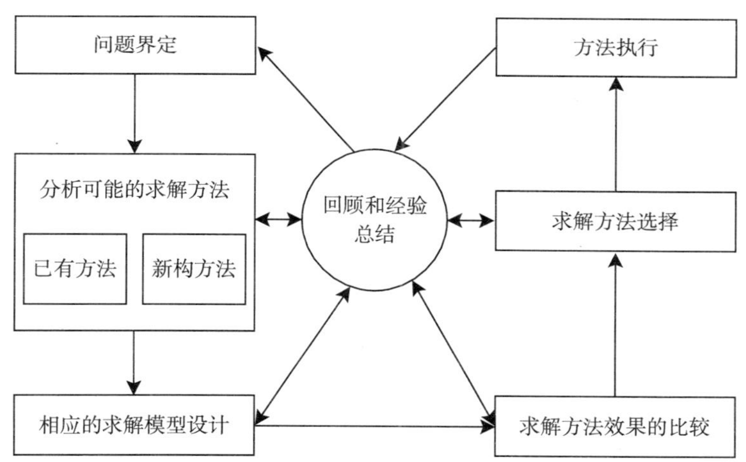

图 4–2　决策支持系统中的方法研究模型

首先，需要确定问题，对问题进行界定，对问题的界定尽可能细化。其次，分析可能的求解方法。在这个过程中，根据问题的不同类型、性质、所需条件、参数，展开解决方法的研究，分析求解的方法可能是已经有的成熟的方法，可以直接引用，也可能是在已有方法上根据实际情况的改进，也可能是重构一个全新的方法。再次，设计相应的求解模型，然后对求解方法效果进行比较。最后，选择一个满意的方法并进行求解，整个过程中不断回顾和参考以往的经验，并不断以新的变化对其更新。

为了便于方法的比较，尽可能地将方法或方法集的接口、参数进行标准化处理，为构建方法库做准备。

第五章　国家可再生能源决策支持系统的模型研究

第一节　模型在可再生能源决策支持系统中的作用

模型是以某种形式反映客观事物的本质属性，揭示其运动规律的描述。为了把握客观事物的发展变化，人们需要一种能普遍适应于表示和认识事物内在联系及与外部关系的手段，而模型就是能满足这一需要的重要手段之一。为了描述客观世界中的现实环境，我们将模型分为两大类：原子模型和复合模型。可用 BNF 给出其统一定义。

<模型>：：=<模型头><模型体>

<模型头>：：=<模型名><模型参数表><信息表>

<模型参数表>：：=<输入参数表><输出参数表>

<输入参数表>：：=<参数类型><参数名>

<输出参数表>：：=<参数类型><参数名>

<信息表>：：=<建模时间><模型功能描述><模型调用情况>

<模型体>：：=<输入约束><模型逻辑结构><输出约束>

<输出约束>：：=<布尔函数>

<模型逻辑结构>：：=<方法名><逻辑连接表>

<逻辑连接表>：：={<源模型名>（<源参数名>）<目标模型名>（<目标参数名>）}

模型是决策支持系统的核心，决策者根据决策支持系统内一系列模型运算结果，结合自己的经验进行定性分析，做出最终决策。

在决策支持系统中，用模型库系统管理各类模型。模型库系统由模型库和模型库管理系统组成。模型库是由模型程序库和模型库字典组成的。模型库管理系统（MBMS）对模型库系统进行管理，主要是负责模型的建立、组织、修改、删除，这样可以使模型库能够方便地被系统使用。MBMS 主要负责两个方面的服务：①模型的存储管理：包括对模型的浏览、增加、修改、删除、查找、编辑服务。由于模型的表示采用程序方式，而且常规模型库中装载的基本模型或基本模块之间不存在调用与被调用的关系，具有较强的独立性，因此，非常易于实现对模型库的维护。在维护的过程中，工作人员一定要遵循完整性、一致性的原则，不能使维护工作变成了对系统的破坏性操作。②模型的运行管理：主要是负责对实际模型从产生到消亡的全部动态生命历程的控制工作。模型库是模型库系统的核心部件，是在计算机中按一定组织结构形式存储和表示的多个模型的集合，用于存储决策模型。通过模型库管理系统对其进行维护和管理。客观世界中的问题对象是千差万别、数不胜数的，我们不可能为每个问题都创建一个对应的模型，因此实际上模型库中主要存储的是能让各种决策问题共享或专门用于某特定领域的决策问题的模型单元模块或单元模型，以及它们之间的关系。使用 DSS 决策时，根据具体问题构造或生成决策支持模型。如果将模型库比作一个成品库，则该库中存放的是成品的零部件、成品组装说明，某些已组装好的半成品或成品。从理论上讲，利用模型库中的“元件”可以构造出任意形式且无穷多的模型，解决任何所能表述的问题。模型程序库是用来存储单元模块和模型单元的仓库。模型库字典是用来存放有关模型的描述信息和模型的抽象数据的，包括存放模型编号、名称、模型地址、用途、使用成功率、方法个数、使用次数等模型的描述信息、数据存取格式的说明等，这部分信息被 MBMS 自动用于与数据库之间的操作。模型的连接和组合是模型库系统的核心，只有通过这项技术才能将基本模型库和模型知识库联系起来，使 MBMS 发挥作用，在运行时提供模型的动态支持服务。明确组合模型的逻辑关系是实现模型组合的基础。由于基本模型或模块以程序形式表示，实际模型则是数个程序的组合，由结构化程序设计的基本结构可知，组合模型有 3 种逻辑关系：顺序关系、选择关系、循环关系。模型组合实现有两种方法：一种是构造专门的推理机，完全由专家系统来控制模型的生成和运行。这种方法的优点是模块化好，调用方便，缺点是专家系统构造复杂，适应性差。另一种方法是由 MBMS 与专家系统共同完成建模工作，其中，专家系统负责完成模型的构造，MBMS 负责对建模过程的控制和新模型的解释运行。这种方法的优点是专家系统的推理机构造简单，适用性强，缺点是模块化差。综合以上分析，第二种方法更适合未来应用的需要和发展。在模型组合的过程中，顺序结构直接由运行专家系统所得的推理结果序列得到；选择结构是推理机对冲突消解的处理，消解策略是推理前先根据实际条件对知识进行排序，推理时优先选取排在前列的知识；循环结构是顺序结构的一种特例，解决策略是先由专家系统得到推理结果序列，然后由 MBMS 按出口条件控制模型的运行。

第二节 可再生能源模型研究现状

随着能源在国民经济中的地位日益重要，能源规划不断得以发展。从 20 世纪 60 年代初至今，诞生了一系列能源优化及供需预测模型，如 EFOM 模型、MARKAL 模型、MEDEE 模型、AIM 模型、EFOM-ENV 模型、CGE 模型、MESSAGE 模型、3Es-Model 模型、IIASA-WECE3 模型、NEMs 模型等（Connolly D. et al.，2010）。这些模型从研究初期着眼于能源系统的一些特殊单元或者一些小规模单元，到后来强调完整的能源—经济—环境大系统，以及系统内部及之间错综复杂的关系，能源模型的整体结构逐步趋于完善。随着对环境、温室气体排放、能源安全等问题的关注，可再生能源越来越受到更多的重视。国外政府和众多研究机构运用了各种技术手段，在已有的能源模型基础上，增加可再生能源规划决策功能，如 MARKAL 模型、AIM 模型、MESSAGE 模型、RETSCREENR 模型等能源规划模型或者国家规划模型都增加了可再生能源规划方面的考虑（刘贞、张希良，2010）。也有机构开发专门的各种模型工具，来辅助可再生能源规划决策，例如，美国国家可再生能源实验室（NREL）开发了 HOMER 模型，美国波士顿大学和瑞典斯德哥尔摩环境研究院开发了 LEAP 模型，奥地利维也纳科技大学能源经济团队开发了 Invert 模型（Connolly D. et al.，2010）。这些用于地区、区域和全球尺度的能源与可再生能源模型，对不同尺度的能源系统综合管理起到了积极的作用。

目前国际上的能源（含可再生能源）模型有上千种，研究内容涵盖了可再生能源的各个领域，表 5-1 罗列了使用最广泛的模型功能描述。

表 5-1 可再生能源模型功能

名称	描述
RETScreen	RETScreen 是可以用来评估各种节能及可再生能源技术的能源生产与节约、全生命周期成本、排放削减、财务可行性以及风险等方面的一个模型工具。这个软件还包括生产、成本和气候方面的数据库。模型由 RETScreen 国家能源决策支持中心开发。参见 www.retscreen.net
HOMER	这个模型为小型离网式电力系统特别设计，尽管它也可以用在并网系统中。敏感分析的运算为最大量技术的经济和技术可行性评估提供了基础。模拟对象既包括传统技术也包括可再生能源技术，由美国国家能源实验室开发。参见 www.nrel.gov/homer
LEAP	该模型是以情景为基础的能源—环境模型工具。它的情景是在一个给定地区或经济体中，在一系列关于人口、经济发展、技术、价格等方面的替代性假设下，能源如何被使用、转换以及生产的综合描述。这些情景可以在建立之后相互比较，以评估它们的能源需求、社会成本和收益以及环境影响。该模型由美国波士顿大学和瑞典斯德哥尔摩环境研究所（Stockholm Environment Institute）联合开发。参见 www.energycommunity.org
EnergyPRO	这是一个为化石燃料和生物质能燃料进行热电联产或热电联产项目以及其他类型的复杂能源项目和燃料存储来模拟和优化在固定和浮动电价系统中的能源产出。该模型由丹麦的 EMD International A/S 开发。参见 www.adica.com
EnergyPLAN	该模型是通过计算机来为区域或全国的能源系统——包括电力、个体或区域供热、制冷、工业与交通用能等——以小时为单位进行整体模拟的模型，模型专注于可再生能源系统的设计和评估，可以容纳高比例的具有波动性的可再生能源、热电联产以及不同的能源存储方式，模型由丹麦奥尔堡大学开发。参见 www.EnergyPLAN.eu
Balmorel	Balmorel 项目的主要目的是进行能源行业的模拟和分析，侧重于电力以及热电联产。这样的分析通常会包括多个国家，并考虑能源、环境和经济等方面的因素。Balmorel 项目组负责维护和开发 Balmorel 模型。能源系统专家、能源公司、政府当局、电网系统运营商、研究人员和其他的分析区域能源领域未来发展的人员都可以把 Balmorel 模型作为分析工具。该模型的源代码是开放的，由丹麦 Balmorel 项目组所开发。参见 www.balmorel.com
COMPOSE	COMPOSE 的开发是基于外部性主导的技术经济能源项目的需求，它被用来根据一系列的重要输入指标，如能源来源、环境、经济成本、金融成本、就业、收支平衡以及财政成本等。提供成本—收益和成本—效率分析。COMPOSE 在马来西亚有固定的用户群，并被一些丹麦的能源咨询公司用来作为能源领域的项目分析和能源建设的平台。该模型由丹麦奥尔堡大学（Aalborg University）开发
CHPSizer	一个为英国的医院和宾馆开展热电联产提供初步评估的工具。这个软件帮助用户为某个建筑开展热电联产进行初步分析。这将帮助用户决定是否针对该建筑进行更为细致的分析。该软件是根据英国建筑上收集的真实数据而不是理论值进行计算。参见 www.chp.bre.co.uk/chpoverview.html

续表

名称	描述
EnergyBALANCE	这个模型是一个简单的能源平衡表，它为国家和地区层面的能源系统提供一个很好的全面概括。这个模型是能源规划工具（Energy Planning Tool，EPT）的一部分。其能源平衡方法简单而且容易推广。基本上，一个国家或地区的能源平衡可以在一页表上计算出来。该模型由丹麦可再生能源协会开发。参见 www.orgce.com
H2RES	一个用来平衡水、电、天然气的需求，合理的存储，以及由风电、太阳能、氢气、柴油或大陆电网构成的供应这三方面的模型。该模型主要用于依靠离网系统的孤岛和孤立地区的能源规划中，但也可以用于其他方面。模型由萨格勒布大学（Zagreb University）开发
HYDROGEMS	该模型用来模拟基于可再生能源/氢气综合系统的模型工具。该模型由挪威能源技术所（Insititute for Energy Technology，Norway）开发。参见 www.hydrogems.no
MARKAL	该模型是一个综合性的能源/环境分析模型。MARKAL 通过调整输入数据来展示40~50 年中在国家、地区、州、省或地区层面的一个具体能源系统的普适性模型。由国际能源署（IEA）的能源技术系统分析项目开发。参见 www.etsap.org
MESAP	MESAP 是一个能源系统工具箱，它是在多个领域以应用为导向的系统解决方案：电力交易的市场分析、电厂运行控制的数据库、技术报告的数据源、电网公司的控制数据管理、CO_2 监测、空气污染物的排放清单、能源模型的数据库，以及普通统计管理的系统。MESAP 是唯一的一个包括所有这些方面应用的软件。它由位于德国卡尔斯鲁厄的 Seven one Informations System eGmbH 公司开发。参见 www.seven2one.de
PRIMES	PRIMES 是为欧盟成员国的能源供应和需求模拟出一个市场均衡条件下的解决方案的模型系统。这个模型通过发现各种能源形式的价格来决定均衡状态。因此，生产者的最优化生产量就会与消费者的需求量对应起来。在各个时间段内，这个均衡是静态的，但它会在一个动态关系中按照向前的时间路径不停地重复这个均衡过程。这个模型由雅典技术大学（National Technical University of Athens）开发。参见 www.e3mlab.ntua.gr
RAMSES	该模型是一个对电力和区域供暖进行模拟和规划的模型。它对北欧电力和区域供暖系统进行半线性的每小时模拟。模型输入：电厂数据库（包括现有的和新的电厂）、输电线路、价格和税收、电力和区域供暖需求，以及载荷曲线的设置等。模型输出：电价、燃料消费、排放、现金流、LOLP 以及其他数据。该模型由丹麦能源署（Danish Energy Authority）开发
Ready Reckoner	该模型是帮助用户对热电联产进行第一阶段的技术和金融分析的模型，其目标在于进行快速的初步评估。Ready Reckoner 对一个潜在热电联产项目进行简单的技术和金融分析。如果这个热电联产项目在分析中显得有吸引力，那么用户就有必要采取更为细致的分析或寻求相关的咨询以进行项目的详细评估，以达到能够筹集资金的程度。该模型是由澳大利亚工业、科学与资源部以及澳大利亚生态发展协会开发。参见 www.eere.energy.gov

续表

名称	描述
SESAM	SESAM 是一个普遍适用的多情景模型，可以用在包括多个国家的地方、区域或国家层面的能源系统中。SESAM 是一个物理模型。它的数据库包括 25 个单方面的数据输入，它们代表了所研究的能源系统在现有以及未来可能的结构方面和物理方面的特征，此外还包括了替代性的可量化发展因素。SESAM 项目每月和每天都会计算系统中的能流状态。该模型由丹麦 Klaus Illum 开发。参见 www.klausillum.dk/sesam
SIVAEL	SIVAEL 是一个与热电联产领域相关的、为热电系统提供的模拟模型。这个模型通过每小时的开始/停止设置和负荷分布来进行模拟。模拟时间区间可以从一天到一年。模型还可以应用于冷凝厂和热电联产厂（都涉及背压和抽气）、风电、电力存储（电池或抽水储能），以及国际电力交易。该模型由丹麦 TSO energinet.dk 开发。参见 www.energinet.dk/en/menu/planning/Analysis+models/Sivael/SIVAEL.htm
WASP	WASP 用于包括了环境分析的长期电力生产规划。这个模型可以在完全满足电力需求的情况下决定最低成本的发电系统扩张计划，而且同时考虑到用户对系统稳定性带来的制约。WASP 用概率仿真来为大量的未来系统配置和动态程序计算出生产成本。这个模型可以用来决定电力系统的最优扩张计划。该模型由国际原子能机构开发。参见 www.adica.com

各模型在结构、功能、方法上大同小异，因此，很难清楚地界定模型的分类。笔者在魏一鸣（2008）对能源系统模型分类的基础上，给出了能源（含可再生能源）模型常见的几种划分方法及其代表性模型，如表 5-2 所示。

表 5-2 可再生能源模型分类

分类方法	可再生能源模型类别
建模角度	自顶向下模型（CGE）、自底向上模型（TIMES）、混合能源模型（LEAP）
研究方法	能源（可再生能源）仿真模型（EnergyPLAN）、能源（可再生能源）情景模型（RETScreen）、能源（可再生能源）优化模型（Balmorel）、能源（可再生能源）均衡模型（CGE）
模型功能	能源（可再生能源）供应—需求模型（PRIMES）、能源（可再生能源）需求预测模型（MEDEE）、能源（可再生能源）技术模型（Balmorel）、能源（可再生能源）经济模型（CGE）、能源（可再生能源）规划模型（ReEDS）、能源（可再生能源）政策评价模型
研究范围	全球模型（HASA-WECE3）、区域模型（Balmorel）、国家模型（ReEDS）、部门模型（RETScreen）

我国在可再生能源模型方面的研究相当有限，现在主要有清华大学能源环境经济研究所、国家发改委能源研究所等为数不多的研究机构致力于

该领域的研究、探索和实践，主要研究成果有：高虎、梁志鹏等（2004）提出了 LEAP 模型在可再生能源规划中的应用；张希良、何建坤等（2008）提出了以 MESSAGE 模型耦合能源需求 MAED 模型为基础的可再生能源综合规划方法；陈荣、张希良等（2008）提出了基于 MESSAGE 模型的省级可再生能源规划方法；张希良等（2009）采用 LEAP 模型和 MESSAGE 模型对北京可再生能源进行规划；张希良、刘贞等（2011）在总结了可再生能源规划前期研究成果的基础上，提出了中国可再生能源综合规划模型（IREP）框架。目前我国模型的研究主要是参考借鉴国外成熟的能源模型，在此基础上进行模型的修改或者数据调整，将其"中国化"。这类研究将中国数据"嫁接"在国外的能源模型中，并不完全符合中国的特殊国情，无法有效地提供的决策支持。因此，构筑我国自主的可再生能源决策支持系统迫在眉睫。2012 年 2 月 23 日，由国家能源局依托国家发改委能源研究所设立的国家可再生能源中心希望通过五年的时间，构建中国的可再生能源决策支持系统平台，开展行业信息统计、监测和评估，为政府决策、产业发展和企业投资提供信息咨询服务。

第三节　常用可再生能源模型

一、AIM/能源排放模型

AIM/能源排放模型是"亚太地区气候变暖对策评价模型"（Asian-Pacific Integrated Model）的一部分。AIM 是以日本国家环境研究所的气候变化对策研究小组为主，与名古屋大学、韩国能源经济研究所、中国能源研究所和综合考察委员会、印度管理研究所和英迪拉·甘地开发研究所、印度尼西亚的国家环境部、日本富士综合研究所等联合形成的一个亚太地区的合作小组共同开发的。其目的是对亚太地区各国气候变化的影响及对策进行评价。目前已应用 AIM 进行分析评价的国家地区有日本、韩国、印度尼西亚，随着 AIM 在这些国家的应用，AIM 也在不断得到完善及扩展。

目前在国内进行 AIM 模型的研究机构以国家发展与改革委员会能源研

究所为主，该所针对我国能源环境特点开发出了适于国内环境及政策研究的 IPAC-AIM 模型系统和相应的能源技术数据库。模型应用以研究温室气体减排为主，曾进行过中国温室气体减排技术选择及对策评价等研究。近期 AIM 模型逐步用于对各城市地区的能源规划及环境影响分析。

AIM 排放模型的计算过程如下：

（1）由情景和外部模型给出能源服务量（产品产量、运输量、冷气设备需求量等）。

（2）选择服务生产技术来满足这种服务量。在各阶层（工艺、过程）进行技术设备选择，替换或增设更合算的技术。

（3）计算技术设备运行所需要的能源量。

（4）对于计算出的能源量中，因电力和蒸气为二次能源，要选择更合算的能源转换技术，计算这些技术设备运行所需的能源量。

（5）求得各种燃料的能源消费量，计算二氧化碳排放量。

AIM/能源排放模型采用最小成本法进行分析，即具有所设置的各种成本最小的技术能够被选中以提供能源服务的效果。在使用时，如有相应的政策改变，可通过影响固定费用及燃料费用实现，但目前模型采用的技术选择经济标准有些是不现实的。其中有些是由于经济标准本身的缺陷，且 AIM 模型中只能通过手工输入来改变技术成本，不能实现政策干预下对技术成本的自动影响。

二、LEAP 模型

LEAP 模型全称为长期能源选择计划模型（Long-range Energy Alternatives Planning System），是由美国波士顿大学和瑞典斯德哥尔摩环境研究所开发的计算机软件，目前已有 60 多个国家应用 LEAP 模型进行了地区、国家和区域的能源战略研究和温室气体减排评价。近期主要应用此模型进行的工作有：菲律宾能源局所做的菲律宾国家能源计划 2004~2013、美国 DEM（环境署）所做的美国罗得岛温室气体减排计划、亚太能源研究中心所做的 APEC 能源需求供应规划等。我国在 LEAP 模型的使用上主要以中国发改委能源研究所为主，目前该所已利用模型进行了 2020 年中国可持续能源情景分析、北京市城市交通能源需求和污染排放等多项研究。

LEAP 模型是一个模拟模型，可用于计算能源消费需求和引起的污染

排放。模型包括两个模块，一个是终端能源需求分析模块，另一个是能源转换分析模块。能源转换模块需要和能源需求模块一起运行，计算为了平衡能源需求模块产生的二次能源需求而消费的一次能源的数量。通过计算，LEAP 模型可得到包括总投资、固定成本和可变成本在内的一系列结果。按照 LEAP 模型计算的主要流程如图 5-1 所示。

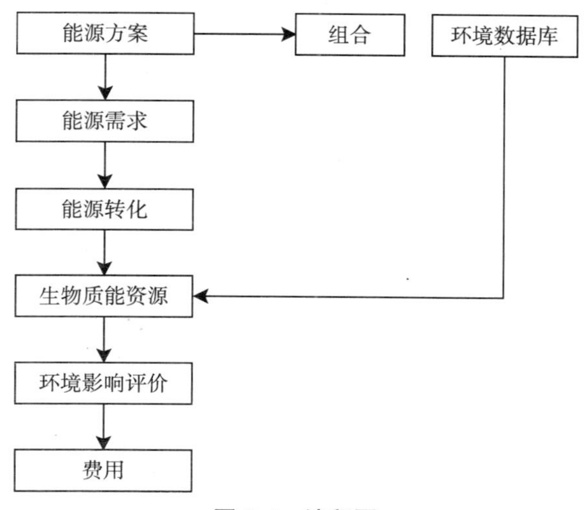

图 5-1　流程图

流程图基本表示了“情景”的实际设置过程，包括常规发展情况（BAU），以及有政策支持情况下的发展方案；在收集了各种技术的详细经济指标后，利用计算工具（LEAP）对设定的各种政策目标做详细的成本效益分析；综合比较各种方案的经济性、环境效益和其他社会效益，并不断调整各种政策发展目标，反复计算，最终形成可再生能源发展的优选方案。

LEAP 模型的结构是自下而上式的，通过“资源、转换、需求”三个过程，实现现实中能源从开发到满足需求的完整过程。供应“资源”包括各种一次、二次能源的开发；能源技术“转换”包括对一次、二次能源的加工、利用、运输、储存等中间环节；能源“需求”为社会各部门对总能源的需求量。完成一次计算循环后，就可以了解在一个封闭的范围内能源需求、供应及平衡状况，同时了解与能源加工转换过程相关的投入和环境排放情况。依靠 LEAP 模型的分析工作，重点放在“转换”模块，这和综合能源规划的重点放在“需求”以及“供需平衡”的考虑有所不同。

LEAP 最大的特点在于情景分析。模型按照“资源”、“转换”、“需求”的顺序考虑某地区的能源需求及供应平衡情况。根据当前各部门的能源需求，以及未来规划年内的社会、经济的发展预测，可利用模型根据不同政策选择及技术选择方式，设计不同发展情景下的能源消费模式。通过对各个发展模式的组合和对比，为本地区可再生能源的发展规划提供决策参考信息。

LEAP 模型对输入数据的要求非常灵活，用户可以根据所研究问题的特点和数据的可获得情况，选择输入数据的形式和数量。LEAP 模型的输出不仅提供了图表两种形式，而且输出数据的种类和时序也可以灵活选择，操作较为简便。

但 LEAP 模型不具备优化选择的功能，不能实现对能源技术的优化选择。对部门需求、市场发展潜力，进而对未来发展目标的量化工作，都依赖专家的主观判断。在具体利用的时候，由于受到统计数据的限制，还难以进行完善的定量分析。

三、MESSAGE 能源模型

MESSAGE（Model for Energy Supply Strategy Alternatives and their General Environmental Impact）模型是用于研究中长期系统规划、能源政策分析和情景发展的动态线性规划模型。它是由奥地利国际应用系统分析研究所（IIASA）Messner 等研究开发的，其目标函数是寻求能源系统的总成本最小，研究方法主要是运筹学的线性规划理论和混合整数规划方法。MESSAGE 模型是自底向上（Bottom-up）模型家族中重要的一员，它以详细的技术信息为基础，对各种技术、工艺流程有比较详细的描述，在评估资源生产、技术替代效应上有较高的可信度，可清晰地说明资源消耗、能源转换和污染物排放的机理。MESSAGE 模型以外生的能源需求作为模型的约束条件，优化能源供应系统的技术组合，模型能够定量地分析可再生能源技术实现的燃料替代、污染物减排效益和政策实施成本。世界能源理事会和 IIASA 曾经利用该模型分析了全球 11 个地区的 6 种能源发展方案及其影响，完成了“全球能源远景”的研究报告，该模型还被用于波罗的海地区各种能源资源和能源供应案例分析项目。

MESSAGE 模型的建模基础是能源参考系统（Reference Energy System，RES），描述能源需求、能源转换工艺、燃料构成以及为了满足这些要求所需要的资源之间的能量流动关系。MESSAGE 模型对能源系统进行全局优化，从资源开采、中间转换到终端用能，以系统用能成本最小化为目标函数，以资源开发、能量流动平衡、生产能力和动态变化速度为约束条件。

应用上述模型进行可再生能源技术发展规划的步骤可以归结为：

（1）数据资料收集、整理及分析，主要包括以下六方面：

1）社会经济发展数据资料收集、整理和分析；

2）本地能源资源及其分布数据资料收集、整理和分析；

3）能源调入数据资料收集、整理和分析；

4）能源系统能源技术数据资料收集、整理和分析；

5）能源环境数据资料收集、整理和分析；

6）编制能源供需平衡表。

（2）以收集得到的数据为基础，计算校准规划期内的能源需求，并以此作为 MESSAGE 模型的输入。

（3）计算基准情景下的规划期内的能源情景，评估可再生能源的发展状况。

（4）引入可再生能源激励政策，观察能源供应系统技术选择的变化，评估可再生能源发展的能源效益、环境效益和社会效益，以及激励政策的成本。

MESSAGE 模型是全球能源分析模型，其主要优点在于对技术有详细的描述，反映了技术的潜力，利用分散的数据详细地描述了供给技术。

但 MESSAGE 模型需要的技术细节较多，且分析结果受技术细节的影响较大。同时，能源未来情景目标需要外部指定。此外，系统较为复杂，对应用人员的专业素质要求较高。

四、RETScreen 模型

RETScreen（Renewable Energy Technologies Screen）模型评估一些 RET 的能源生产、寿命周期成本和温室气体排放减少程度的、标准化的、完整的可再生能源计划分析软件。它是由加拿大 CANMET 能源多样化研究工作实验室（CEDRL）在来自工业、政府和学术界的70多名专家的帮助下开发的让计划者、决策者和产业界更容易考虑可再生能源的有效工具。RETScreen与许多政府机构和多边组织共同合作，由来自工业界、政府部门和学术界的大型专家网络提供技术支持，进行开发工作。目前世界上已经有222个国家、171所大学和学院，共计超过187536个用户使用该软件。

除了软件外，RETScreen模型还包含：①来自世界1000多个供应商的国际产品数据；②美国宇航局卫星提供的来自1000个地面监测站的地表气象和太阳能数据；③加拿大各条河流在不同地区的径流量；④36个模型设计模板和105个项目案例的项目数据库。

RETScreen软件模型可以用于风能发电项目、水力发电、太阳能发电、生物质能制热、太阳能空气加热、太阳能热水、被动式太阳能供热、地源热泵及热电联产等可再生能源技术。

不同的可再生能源规划采用的能源模型不同，但他们的规划分析流程均采用五步分析法。

1. 能源建模

在能源建模分析中，需要指定可再生能源项目的位置、基准能源项目的类型、建议案例采用的技术、负荷及可再生能源资源。然后，RETScreen模型计算出每年的能源生产量或者每年的节能情况。

能源分析模型主要与具体的能源技术相关，包括9个模型。其中电力部分3个，包括风电、水电和太阳能发电。制热与供冷部分5个，包括生物质能制热、太阳能空气加热、太阳能热水、被动式太阳能供热、地源热泵。热电联产类1个。

每个能源模型的分析方法分为两类。方法一：采用系统默认的参数，不必对具体的细节进行修改。方法二：可以设置具体的能源技术细节，如水能的水头、稳定流量等，水力发电机的相关参数等。

2. 成本分析

在成本分析中，要求给出项目的初期成本、年成本和周期成本。可以选择两种输入方式，一种是初步可行性成本分析，输入的信息并不要求非常具体和精确；另一种是可行性分析，需要输入更加具体的和准确的信息。主要考虑到项目所在地的能源资源、设备性能效率、节省的能源成本（如批发电费）、融资（如债务比例和期限、利率）、设备税和收入（或节余）、能源替换对环境的影响（如煤、天然气、油、大型水力发电、核能）和环境信用或资助（如绿色能源比例、温室气体减排信誉、赠款）。

3. GHG 减排分析

GHG 减排分析主要用来求解采用建议方案比基准方案减少的 GHG 排放量。可以选择简单情景分析、标准情景分析和自定义情景分析。在模型计算过程中考虑了传输与分配损失，也考虑了温室气体减排信用转让费用。考虑了基准案例和推荐案例，两个案例的单位为 CO_2 吨/年，把 CH_4 和 N_2O 转换成 CO_2。模型在初步可行性研究水平即考虑了执行京都协议将出现的规定。温室气体排放计算的不同基准线提供不同的方式，并且允许修改这些基准线，如某一年的协议发生了变化，则以新的基准线计算年排放量。

4. 财务分析

财务分析需要指定额外成本、产品收入、GHG 减排收入、激励成本、物价指数、折现率、贷款和税收。其输出结果主要包括累计现金流净现值、简单回收期、内部收益率、债务相关费用等。其中现金流入需要输入燃料节省开支、运行及管理节省开支、周期性节省开支、激励措施收入、温室气体减排收入。现金流出需要输入净资产投入、每年的债务偿还、运行及管理费用、周期性成本。

5. 敏感性和风险分析

对项目指定相应的参数，然后对这些参数的敏感性进行分析。敏感性分析主要包括股本回报率（税后内部收益率）、资产回报率（税后内部收益率）、股本回报，以及净现值（NPV）对初始成本、燃料成本、债务利率变化的敏感度。风险分析主要考虑到股本回报率（税后内部收益率）、资产回报率（税后内部收益率）、股本回报、净现值（NPV）。采用蒙特—卡罗分析、龙卷风图表的表现形式。

RETScreen 模型主要特点有：

（1）界面友好，RETScreen 模型针对项目的精确度需要可以设定输入的数据项目。对于需要进行详细概算的项目，可以细化到具体的技术参数。而对于规划中的项目，则只需要输入区域平均参数。

（2）避免数据重复录入。RETScreen 模型数据库资源丰富，提供全球各个地方的风能、太阳能的数据资料，在选择项目建设地点时，这些数据一并调入，减少了数据的输入量。

（3）提供了灵活的政策制定工具，针对不同的技术，可以求出不同的税收手段、价格手段。

（4）提供了专业的可再生能源技术分析和 GHG 温室气体减排分析，可以分别设定不同的 GHG 排放基准情景。

为了达到省域可再生能源规划的目的，仍需要对该模型进行改进，如该模型缺乏对未来能源状况的预测，目前还只能对单个项目进行分析，仍需要改进，以适应省域整体规划的集成分析。数据方面还需要补充中国的产品数据库、一次能源数据库等。

五、REEAM 模型

REEAM 模型的全称是可再生能源经济分析模型（Renewable Energy Economic Analysis Model），是世界银行和全球环境基金支持的中国可再生能源规模化项目的研究成果。REEAM 模型的目的是通过排除过去阻碍可再生能源发电的体制和市场障碍，达到可再生能源的经济最优水平。目前该模型在开发试用过程中。

REEAM 模型是一种基于项目层面的模型，它需要输入不同的可再生能源项目的具体参数，给定化石燃料的经济性成本参考基线、考虑环境污染的成本参考基线和考虑 GHG 气体排放的成本参考基线，从而解决优先发展什么样的可再生能源、如何发展、发展多少、如何激励、激励的成本是怎样的等规划中的问题。

规划的流程主要有八步：

（1）评估化石燃料发电厂的生产成本（假定为燃料电厂）。煤炭价格是影响电力生产成本的重要因素之一。REEAM 模型采用边境价格和运费，矿区的经济价格为边境价格减去运费价格。

（2）评估不同选择的可再生能源发电的生产成本，并且按照升序排列，以代表可再生能源的供应曲线。可再生能源供应曲线是这种方法的核心。通过计算过去几年内所有可再生能源项目的生产成本（主要包括已经建设的、正在建设的和计划建设的），并对这些可再生能源项目按成本的升序排列。

（3）评估那些无调度能力的可再生能源项目的容量抵扣（如风力发电和径流式小水电）。抵扣的存在是因为电力公司在尖峰需求时不可能信赖它们来发电，这样一来就需要额外的备用容量来满足尖峰系统的要求。

（4）评估包括容量抵扣在内的调整后的可再生能源供应曲线。不同的可再生能源电力的实际装机容量与火电的实际装机容量值并不相同，如小水电发电的装机容量很大程度上依赖于它们是否具有库容。因此对于具体的项目需要计算出其折扣容量。

（5）评估可再生能源数量，其调整后的生产成本（即包括容量抵扣在内）要低于化石燃料电厂的生产成本。

（6）评估被替代的化石燃料电厂的环境损害成本。影响损害成本的因素很多，如人口密度、植被、农业形式及收入等。模型采用效益转移的方法计算了与当地大气排放相关的环境损害成本。

（7）评估可再生能源数量，其调整后的生产成本要低于化石燃料电厂的社会成本（即超出生产成本和相应的当地环境外部效应之和）。从中国的整个经济前景出发，讨论应该开发多少可再生能源是合理的。其方法是从煤电的外部价值和成本角度确定各省经济最优的可再生能源电量。

（8）评估由于避免了 GHG 排放而合理增加的可再生能源数量（需要对避免 GHG 排放的成本价值进行评估）。

模型在考虑了经济效益、环境效益和社会效益几部分成本的情况下，分别对已建项目、正在建设的项目和规划中的项目进行评估分析，以分析不同情况下哪些项目是合理的。

由于模型没有考虑不同可再生能源的技术特点，且模型工具尚处于开发过程中，因此需要手工输入的数据较多，并且有一些数据是一种抽象后的数据，需要专家依据经验进行确定。因此，还需要对模型的可操作性进一步优化。

六、几类模型总结

综上，目前在能源和环境政策评价中运用最为广泛的可再生能源模型具有以下优点：

（1）对能源部门的描述非常详细，包括从能源开采端一直到终端利用端的全部过程（一般也被称为参考能源系统，RES），从而可以充分了解能源生产及利用各个阶段的结构变化，并因地制宜地采取相应的政策措施。

（2）对能源相关技术的描述足够详细，不仅包含了技术的经济信息，如技术的投资成本、运行成本、补贴及税收等，还包含了技术的物理信息，如技术的各种投入的份额、利用效率、市场最大占有率等。这样可以充分反映各能源相关部门现有的技术水平及未来的技术选择，了解技术进步对未来能源和环境排放的影响。但与此同时，这也对模型输入数据的数量和质量提出了很高的要求。

该类模型的缺点则主要表现在：

（1）模型的许多参数数据往往由外生给定，一方面容易受到模型运行者主观判断的影响；另一方面也难以反映与其他经济部门的相互反馈关系，特别是当产品价格变化时所带来的这种部门间的相互影响在模型中无法体现。

（2）模型的原理较为复杂，模型目标函数通常是成本最小化，但模型的具体内部动作原理对于省域规划人员来讲具有很大的难度，而原理是规划人员确定输入变量取值优化范围的重要依据。

（3）模型在进行技术选择时仅是基于对成本的比较，并没有考虑其他一些影响因素，如消费者喜好、产品质量、同类技术之间的实际替代性等，相应获得的技术选择分析也会与实际情况产生出入。

（4）技术模型需要大量的输入数据，而且部门及技术分类越是详细，所要求的数据量也越是庞大。但限于模型运算能力以及数据的可获得性，很多数据不得不采取平均化的处理方式，这样可能使得同类技术在不同条件下、不同区域中所表现出的不同特征得不到反映。

表 5–3 能源模型比较分析

名称	开发者	用途	基本原理	优点	缺点
MARKAL 模型	IEA/ETSAP（国际能源署能源技术和系统分析项目）	描述从一次资源到加工转换、运输、分配和终端设备的整个能源系统。以最小的总成本，考虑范围广泛的约束，满足外生给定的终端需求	线性规划	具有优化功能，具有较好的人机对话界面	需优化软件支持，费用较大
AIM/能源排放模型	NIES（日本环境厅国立环境研究所）	对能源服务及其设备的现状和未来发展进行详细描述，对能源消费过程进行模拟	线性规划	具有优化功能	输出结果较为单一，对结果分析较为困难
LEAP 模型	SEI（斯德哥尔摩环境研究院）	长期能源替代规划系统，用于能源政策分析、环境政策分析、项目预投资分析及综合能源规划	模拟	数据比较透明，可直接输出 Excel 图表	无优化功能

续表

名称	开发者	用途	基本原理	优点	缺点
MESSAGE 模型	国际应用系统分析研究所（IIASA）	研究中长期系统规划、能源政策分析和情景发展	线性规划理论和混合整数规划方法	具有优化功能，手工录入数据较少	原理过于复杂
RETScreen 模型	加拿大 CAN-MET 能源多样化研究工作实验室	分析 RET 的能源生产、寿命周期和温室气体排放减少程度	单变量求解	集成数据库，减少数据重复输入	缺少数据集成分析
REEAM 模型	世界银行和全球环境基金	寻求最优的可再生能源规模	线性规划	原理易于理解	界面不友好，需要手工录入大量数据

表 5-3 所列模型应该具有以下几个特点：

（1）简单适应，便于操作，模型应该容易让规划人员易于理解其原理及内涵。

（2）模型可以依据规划内容和级别对具体的功能及数据录入模型进行调整。

（3）模型界面友好，应尽量避免重复的手工录入数据。

（4）能够简化不同可再生能源的技术特征，减少对技术细节的依赖。

（5）能够进行集成分析，可以考虑在不同情景下、不同外部假设条件下的可再生能源发展情景。

第四节　Balmorel 模型和 ReEDS 模型的对比分析

应国家可再生能源中心的要求，研究着重对比分析了 Balmorel 模型与 ReEDS 模型的异同。

Balmorel 模型是丹麦能源署资助，由波罗的海地区的电网运营商、高校和研究机构联合开发的，基于 GAMS 平台的一个多期的线性规划模型。该模型用于能源部门特别是热电联产系统的相关分析，适用于分析能源系统中与经济和政策相关的问题，特别关注电力系统和热电联产系统技术方面的分析。Balmorel 是一个局部均衡的模型，为能源系统寻找最经济调度和容量扩充，计算结果可作为完全自由竞争假设下的高效的市场方案，可作为社会和利益相关者的基础。

区域能源部署系统（ReEDS）模型是一个跨区域、跨时期的应用地理信息系统（GIS），被用作美国电力部门装机容量扩张的线性规划模型。这个模型是由美国国家可再生能源实验室（NREL）的战略能源分析中心（SEAC）开发的，设计这个模型的目的是在充分考虑常规能源和可再生能源在发电技术、电力存储技术方面的潜力后，对当今的电力部门中关键的能源问题进行分析。这些关键问题包括并网和传输成本、可再生资源可获得量和质量、风能和太阳能的出力波动性，以及波动性对电网可靠性的影响。区域能源部署模型通过高度离散的区域结构，对风能和太阳能出力波动随着时间进行精确的定量，并考虑对配套服务需求和成本来研究这些问题。

一、功能特点对比

Balmorel 的功能有：①可以完成可再生能源发电系统和热电联产系统的短中长期规划；②可以分析可再生能源各类技术按时间、机组、燃料划分的在不同地区的发电量和集中供热量；③可以分析可再生能源并网和输电成本、可再生能源资源开发潜力及质量（成本）、风能和太阳能发电波动性及其对电网可靠性的影响；④可以分析新增可再生能源机组的资本开支、燃料成本、运营和维护成本、排放成本、税收和补贴的影响；⑤可以分析 CO_2、NO_X、SO_2 在不同情景下的排放量和成本；⑥可以分析动态（频率，电压稳定性等）的整合问题；⑦可以分析每小时的电力、热力传输分配问题。由于 Balmorel 采用组件式建模、编程，模型具有较强的伸缩性、可移植性、可定制性、通用性和透明性等特性，适合二次开发，能根据用户的需求定制和拓展功能模块。

ReEDS 的功能有：①能够以地图集形式，形象地展示未来能源部署优化方案，包括技术类别、建设时间、容量和位置；②可以通过刻画不同传输技术（直流/交流/电压等级）经济参数，结合区域间距离矩阵，在已有线路不可用时，为新发电厂优化得出电网建设概念方案（位置、数量），分析网间运营影响；③能够分析弃风、弃光问题，并在优化容量扩展方案时作为重要的经济性因素加以考虑；④能够对机组退役过程进行分析；⑤可以从提高电网整体安全性角度出发，进行地区间可再生能源电力出力波动相关性分析，确定边际 ELCC——有效负荷承载能力；⑥可以分析 CO_2、SO_2、NO_X、H_g 在不同情景下的排放量和成本。ReEDS 比较细致入微地刻画了美国的市场结构、电网结构、资源结构，是专注于美国电力部门中关键的能源问题的规划部署模型，模型的伸缩性、可移植性、可定制性、通用性和透明性相对较弱，不便于二次开发。

ReEDS 与 Balmorel 功能对比如表 5-4 所示。

表 5-4 ReEDS 与 Balmorel 功能对比

功能及功能特性比较	Balmorel	ReEDS
中长期资源规划部署	√（能对电力系统和热电联产系统在各个地区的装机容量进行规划部署）	√（能对电力系统在各个地区的装机容量进行规划部署）
热电联产系统的考虑	有	无
电网间的运营影响	√（数量）	√（数量和质量）
每种情景的排放量及成本	√（考虑 CO_2、NO_X、SO_2 的排放量和成本）	√（考虑 CO_2、SO_2、NO_X、H_g 的排放量和成本）
并网和传输成本的分析	单一"度电传输成本"参数矩阵，优化测算送端输出电量及受端落地电量	刻画不同传输技术（直流/交流/电压等级）经济参数，结合区域间距离矩阵，在已有线路不可用时，为新发电厂优化得出电网建设概念方案
可再生资源可获得量和质量	单一满发利用小时数和资源可开发上限	通过供应成本曲线，建立开发成本与开发总量之间的合理联系。风能和太阳能的供给曲线被分解为五类，分类基于资源质量——风能或者太阳辐射的强度和可靠性
风能和太阳能波动性对电网可靠性的影响	无可靠性影响分析——出力曲线只服务于电量平衡约束	能够进行不同地区间风能及太阳能出力波动曲线相关性分析，从经济和电网安全的双重维度进行电力系统扩展方案优化设计。而相关系数也被用于有效负荷承载能力（ELCC）的估算
弃风/弃光问题的分析	无	ReEDS 使用风力发电总和的方差，在负载时间曲线和常规技术的强迫停运率的联系中，统计计算预计不能并网的风大出力情况。当 ReEDS 通过不同发电技术之间选择来扩大总发电量时，弃风损失也被考虑在内

续表

功能及功能特性比较	Balmorel	ReEDS
风电场选址	风资源特性	不仅考虑风资源质量，还有其他很多因素，如传输线路可用性、建设成本、线损，根据相邻风场纠正风电输出、环境敏感度、人口密度等
电厂的规划调度	√（能够进行小时级电厂的规划调度模拟）	无
对其他行业的影响（交通运输、燃料等）	无	无
功能的伸缩性	较强	较弱
功能的可移植性	较强	较弱
可定制	较强	较弱
通用性	较强	较弱
透明性	较强	较弱

二、模型方法比较

Balmorel 模型算法的目标是寻求成本的最小化：目标 = {燃料费用、运行维护成本（固定的和可变的）、传输费用、排放税收、燃料/能源税收、资本成本（新机组）、水电自上向下校准、与消费名义效用有关的消费者效用}。模型中主要的约束类型有：

（1）电力和热的提供和消耗需要平衡；

（2）生产技术的电力/热的工作区域；

（3）可调和不可调机组的出力（包括热电机组、水电、风电和光伏发电等）；

（4）存储平衡；

（5）关于装机容量和能源的生产约束；

（6）传输受容量的限制；

（7）排放限额。

ReEDS 模型算法的目标也是寻求成本的最小化，但它考虑了 20 年的现值成本，同时考虑了扩建和经营的成本。目标= {新可再生能源技术成本、新的传统技术成本、燃料成本、热电联产的投资运营成本、热电联产的新传输成本、传统电厂的投资成本、新传输成本、新存储技术的投资成

本、存储技术的燃料与运营成本、CO_2 碳税成本}。ReEDS 使用了各类技术的成本绩效数据，如 Gas–CC、Gas–CT、Old Coal（煤电）、Modern Pulverized Coal（现代煤粉锅炉发电）、IGCC Coal（超临界发电）、nuclear（核电）、Hydro（水电）、Geothermal（地热发电）、Biopower（生物质能发电）、Bio/coal Cofiring（生物质能混燃发电）、Wind（风电）、Concentrated Solar Power（聚光太阳能发电）、燃料价格预期、区域供应曲线、系统约束，特别是传输约束、各种能源和容量的需求、政策（如可再生能源配额制）以及 CO_2 约束等。该模型中主要的约束类型有：

（1）发电量+进口–出口=负载；

（2）安装容量≥ 发电量；

（3）（装机容量）×（容量保障系数）≥Peak Load + Reserve Margin（峰值负荷）；

（4）传输容量≥能源传输；

（5）运营储备≥储备需求；

（6）排放限值、燃料限制；

（7）风能的约束：风资源约束、风能供应曲线、风传输约束、风能增长约束、风能安装增长约束、Wind Curtailments；

（8）CSP 约束：CSP 资源限制、CSP 供应曲线、CSP 传输约束、CSP 增长约束、CSP 安装增长约束；

（9）可再生能源约束：国家/地区可再生能源需求、现存的传输约束、区域平衡约束、传统的传输约束、合约的输电约束、输电增长约束；

（10）系统运营约束：发电需求、储备保证金要求、运营储备需求、旋转备用约束、容量调度约束、调峰约束、最小负荷约束；

（11）存储约束：能源平衡、存储调度约束、存储增长的约束；

（12）水电能源约束：煤炭的限制、低硫煤发电、二氧化硫净化器的约束、排放的约束、地热约束、生物燃料的限制。

ReEDS 考虑了 20 年的现值成本，同时考虑了扩建、退役和经营的成本；强调新增可再生能源技术纳入目标优化范畴；模型系统规范、完备，考虑了美国可再生能源的各种可能性。Balmorel 灵活、可拓展性强。具体比较如表 5–5 所示。

表 5-5　Balmorel 和 ReEDS 模型方法比较

模型方法	Balmorel	ReEDS
建模方法	自底向上结合	自底向上结合
研究方法	优化方法、情景分析、局部均衡	优化方法、情景分析、局部均衡
优化函数	线性规划	线性规划
优化目标	成本最小化	成本最小化
成本考虑要素	可以拓展对时间的考虑	考虑了 20 年的现值成本，同时考虑了扩建和经营的成本
约束条件	1. 电力和热的提供和消耗需要平衡； 2. 生产技术的电力/热的工作区域； 3. 可调和不可调机组的出力（包括热电机组、水电、风电和光伏发电等）； 4. 存储平衡； 5. 关于装机容量和能源的生产约束； 6. 传输受容量的限制； 7. 排放限额	1. 发电量+进口-出口=负载； 2. 安装容量≥ 发电量； 3. 装机容量 × 容量保障系数 ≥ Peak Load + Reserve Margin（峰值负荷）； 4. 传输容量≥能源传输； 5. 运营储备≥储备需求； 6. 排放限值、燃料限制

三、数据需求比较

ReEDS 的数据需求包括经济/财务数据、区域数据、资源数据、负荷数据、现存电厂、新电厂、现存传输、存储技术、运营技术、发电变量、燃料成本、项目、政策数据。Balmorel 的数据需求包括区域数据、燃料排放约束数据（SO_2、NO_X、CO_2）、分地区的燃料价格、技术特征描述（效率、运营成本等）、每个地区每一年的发电量（2010~2050 年）、电力需求、热需求、区域之间的电力传输容量、每个地区的资源约束参数、政策数据（税收、补贴、环境限制、处罚）、电源数据、投资数据。ReEDS 与 Balmorel 的数据需求比较如表 5-6 所示。

表 5-6　ReEDS 与 Balmorel 的数据需求比较

数据需求	Balmorel	ReEDS
经济/财务数据	无	通胀率、权益成本、利率、债务份额、税收结构、投资周期等
区域数据	国家、地区、地方三层	发电区、资源区、电力控制区、运营规划中的市场和平衡区、政策区
资源数据	每个地区的资源约束参数（无地理位置）	来自地理信息系统（地理位置为实量）

续表

数据需求	Balmorel	ReEDS
负荷数据	小时级负荷数据	时间段负荷数据、未来的负荷预测、负荷变异、可中断负荷（供给曲线）
需求数据	区供热需求、区供电需求	外生需求预测
技术数据	燃料、CV、CB、FE、CH_4、NO_X、SO_2、投资成本、固定成本、变动成本、起始年、终止年	资金成本、固定运营维护成本、变动运营维护成本、绩效、监管度、快速起停设备时间
传输数据	区域之间线路传输容量	区域之间线路传输容量，线的长度、损耗
电厂数据	可以具体到每一台机组的数据，没有位置信息	包括已有电厂和新建电厂信息
政策数据	税收、补贴、环境限制、处罚	排放约束、配额、能源强度、水资源约束
投资数据	对 bb2，有投资判断数据需求	无（通过资源约束、成本判定）
输入格式	文本文件	Excel 文件

从时间粒度上，Balmorel 时间粒度更细。Balmorel 的信息可以细化到小时级，ReEDS 按照负荷变化特征，将全年时间概括为 17 个时间段，如图 5-2 所示。

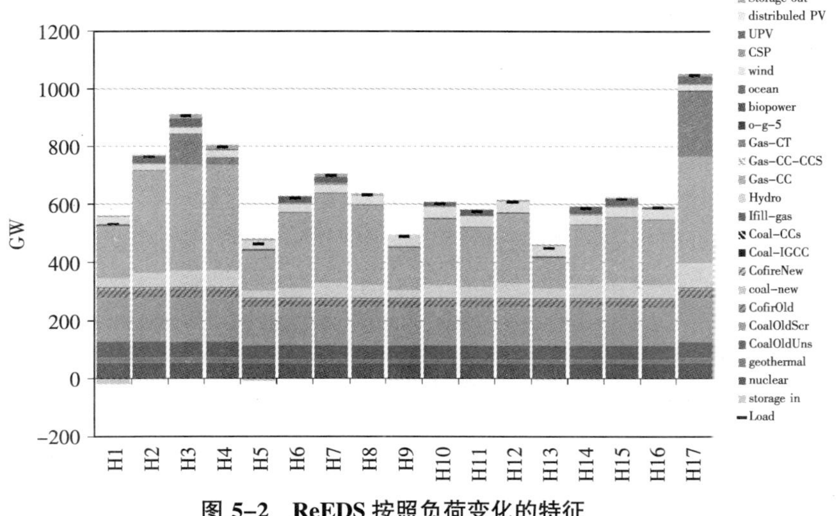

图 5-2　ReEDS 按照负荷变化的特征

从信息粒度上，ReEDS 的信息粒度更细。尽管 Balmorel 可以描述单元机组信息，但是每类信息的属性描述比较粗略；ReEDS 可以区分在建电厂及项目信息，而且每一类信息的属性描述比较详尽。例如，传输和互连成本，ReEDS 的描述如表 5-7 所示，而 Balmorel 仅用互联成本一个指标表示。

表 5-7 成本与互联传输损益

成本	值
线性成本（$/MW-mile）	1140~5270 美元
维护成本（$/MW）	10700~24000 美元
变电成本（AC-DC-AC）（$/MW）	230000 美元
网间互联成本（$/MW）①	110000 美元
传输损益	1%每 100 千米

另外，Balmorel 需要更多的外生假设数据，而 ReEDS 把经济信息、地理位置信息内生到模型。

四、数据输入输出比较

Balmorel 的数据输入分布在不同的 inc 文本文件中，非常不方便，ReEDS 的数据输入在 Excel 表中，相对 Balmorel 的输入要好一些，但是，这两个模型的输入不适于真正使用此模型的专家，更不适于使用此模型的决策者。

Balmorel 的输出有文本、Excel、Access 三种方式，具有灵活的数据图形呈现；ReEDS 的输出在 Excel 中，图形的表达力强。ReEDS 的输出包括每种资源的部署（数量和位置）和电网间运营影响，包括新传输的数量和位置、每种方案的成本和对排放（CO_2 和 SO_2）的影响、2010~2050 年分时间的装机容量和发电量、17 个时间片的调度容量、每种方案的燃料使用情况，以及变异参数，如统计新建电厂的新分配的容量值、运营资金需求及削峰（Curtailment）能力、新需求的容量值。Balmorel 的输出包括：与机组的地理位置和每个模拟的时间步长相关的电力和热力的出力；按地理位

① 新建的煤、核能、水能、压缩空气蓄能、抽水蓄能电厂的网间互联成本是老厂的两倍，因为这些电厂涉及更多的搬迁安置费用。分布式光伏、建筑物的热能储存，电池的网间互联成本为零，因为假定它们仅在分布网络内使用。

置、各电源（燃料）和模拟的时间步长来区分的电力、热力和一次能源（燃料）的消耗；根据在模拟中按区域和时间来设定的电力价格得到相互连接的区域之间电力传输；通过运行容量扩展模型计算电力和热的容量、传输和储能容量的投资；按地理位置、电源和时间步长来区分的电力和区域热力的生产产生的气体排放，如表 5-8 所示。

表 5-8　Balmorel 与 ReEDS 数据输出比较

模型	Balmorel	ReEDS
输入形式	文本，不方便	Excel，较方便
输出形式	文本、Excel、Access，具有灵活的数据图形呈现	Excel，实现图形呈现
输出内容	与机组的地理位置和每个模拟的时间步长相关的电力和热力的出力；按地理位置、各电源（燃料）和模拟的时间步长来区分的电力、热力和一次能源（燃料）的消耗；根据在模拟中按区域和时间来设定的电力价格得到相互连接的区域之间电力传输；通过运行容量扩展模型计算电力和热的容量、传输和储能容量的投资；按地理位置、电源和时间步长来区分的电力和区域热力的生产产生的气体排放	每种资源的部署（数量和位置）和电网间运营影响，包括新传输的数量和位置、每种方案的成本和对排放（CO_2 和 SO_2）的影响、2010~2050 年分时间的装机容量和发电量、17 个时间片的调度容量、每种方案的燃料使用情况，以及变异参数，如统计新建电厂的新分配的容量值、运营资金需求及削峰（Curtailment）能力、新需求的容量值

五、处理过程比较

1. 时间的处理

ReEDS 的时间被分为两年一个周期，每一年被分为 4 个季节，每个季节中的每一天又被分为 4 个时间片，加上夏季高峰时期的时间片，总共有 17 个时间片。在 Balmorel 模型的时间区分为描述输入数据的时间和模拟时间两类，其中，对于输入数据，与时间相关的输入数据是按年、星期和星期中的小时进行不同的数据给定的。为保持简单性，数据被限制为 52 周的 168 小时，这些延长的持续时间也可以代表 24 小时。对于模拟时间，定义为三种设置年、星期和小时步骤的子集。年是 Y，星期是 S，小时步骤是 T。数据和模拟的时间分离是很有好处的，可以在很小的时间段里运行模拟或者在一个已经建立好数据设置的短时范围内运行。除非运行小时级的模型，时间整合是被推荐使用的方法。一种常见的方法是希望整合的小时有相似的特性，如电力负荷的水平。小时级的模拟相比于被整合的每年的模拟有一个不同的执行时间表。一年中每个小时（或星期）代表的是用户所给定的数据。有大系统的模型则因为太大而不能在一个模拟中求解一年中所有的小时，该模型是每次运行一周来进行迭代的。

2. 地理位置的处理

ReEDS 分区处理包括负载中心、现存平衡区、供应区、现存传输线路和路径、已知的拥堵点。Balmorel 在地理上使用分层来描述。模拟的系统被分为各个地理实体：第一层是国家，其可以在这个范围内制定政策和目标；第二层是地区，在这里电力系统和传输被定义；第三层是区域，描述的区域连接着区域供热与本地的电源和其他技术。该实体可以是抽象的或由具体的名字来代表地理名称。这样细分的方法使建模的范围与电力和区域供热系统的结构变得灵活，这样可以在任何应用中进行定制。这种地理上灵活的定义可以进行下面的应用：通过适当范围的模型可以评估特殊兴趣的瓶颈；相似的国家可以制定范围来包括共同政策的区域；“虚拟地区”可以被引进来提高更加复杂的传输情况的描述性；地理的细分还在国家之间的区分、与它们有联系的数据和特定模拟中包括的国家方面引入了灵活的概念。

六、开发商对比

在模型选择上，除了模型功能的实用性外，模型软件开发商的实力以及能提供的售后服务也很关键，表 5-9 对 Balmorel 与 ReEDS 的开发商背景、研发经验、研发实力、行业专注度、实施经验、口碑与商誉、售后服务保障、产品线是否完整齐全、产品是否方便扩展与升级等方面做了比较。

表 5-9　Balmorel 与 ReEDS 开发商实力比较

模型	Balmorel	ReEDS
开发商背景	Balmorel 模型是丹麦能源署资助，由波罗的海地区的电网运营商、高校和研究机构联合开发的，由 EA 公司负责实施和运营	由美国国家可再生能源实验室（NREL）的战略能源分析中心（SEAC）开发，由 NREL 实验室负责实施运营
研发经验	从 20 世纪 60 年代末就开始从事能源与可再生能源系统方面的研究，研发经验丰富	从 20 世纪 70 年代末开始从事能源与可再生能源领域的研究，研发经验丰富

续表

模型	Balmorel	ReEDS
研发实力	研发实力强。有丹麦 RISO 实验室、丹麦科技大学、丹麦奥尔堡大学组成的专家团队的支持，2009 年投入研发的预算是 6.2 亿丹麦克朗，研发预算逐年递增	研发实力强。是直属美国能源部的国家实验室，有 2000 名工作人员为其服务，在 2010 年的经费预算是 5 亿美元，研发预算逐年递增
行业专注度	专注度高。主要开展生物质能源、燃料电池和氢能、气候与能源系统、风电、新兴能源技术的研究	专注度高。研发主要有四个主要领域：可再生能源发电、可再生能源燃料、能源系统工程设计与监测、战略能源分析
实施经验	面向波罗的海地区，在不同国家和地区中有较丰富的实施经验	主要服务于本国能源系统，该系统在国外的实施经验较少
口碑与商誉	EA 公司是企业，有较好的商誉	NREL 是实验机构，在国际上有较好的口碑
售后服务保障	有比较成熟的售后服务团队，与中国已经开展了紧密的合作（中丹合作项目）	有较强的研发团队，但没有形成商业化的售后服务团队，正在争取美国能源基金会的支持
产品线是否完整齐全	较齐全	齐全
产品是否方便扩展与升级	较方便	不方便

七、结论与建议

（1）ReEDS 与 Balmorel 同属运筹优化软件 GAMS 开发平台。ReEDS 与 Balmorel 基本原理相同，均使用 cplex 求解器进行线性优化。主要输出同为不同发电技术在迭代周期内的装机容量和发电量。同样具备资源、传输、负荷限制、排放限值、RPS 约束。

（2）在功能上，ReEDS 比 Balmorel 更强大、更完备。首先，ReEDS 因可再生能源而生。虽然 ReEDS 主要作为美国电力部门装机容量扩张的线性规划模型。但是由于其从 WinDS 发展而来，因而能够更加细致地刻画和描述可再生能源资源及技术。问题描述也更加贴近实际需求。其次，ReEDS 目标性更强。虽然 ReEDS 同样包含了所有主要的发电技术类型，但是由于设计它主要是为了解决在碳排放限制约束下的市场问题，包括可再生能源配额/强制性市场份额（RPS）、碳税和碳排放。因此，可再生能源和无碳能源技术是其重点。最后，ReEDS 更加注重与 GIS 技术的结合。虽然同为跨区域、跨时期优化决策模型，但是 ReEDS 通过应用地理信息系统（GIS）技术，在数据输入及结果输出方面都具备较强的优势——ReEDS 模型的输入数据（风能和太阳能资源状况、区域间传输距离、输电网现状、现有发电厂数据）都通过 GIS 工具与地区进行绑定。

（3）在模型的可伸缩性、可移植性、可定制性、通用性和透明性等以及开发商的售后服务保障上，Balmorel 比 ReEDS 更具有优势。Balmorel 在模型构建上，考虑了模块化、组件式设计，考虑了系统之间的接口规范，模型工具只需要对模型参数进行调整和模型结构的稍加改动就能够满足新的需求，通用性和可重用性强，能够根据用户需求定制功能模块，比较适合二次开发，而 ReEDS 在这一方面就处于劣势。可以这样做一个形象的比喻，ReEDS 是现房别墅精装修，直接服务于目标群体，无论适应与否，整体功能架构难以或者说不适宜进行大范围修改。Balmorel 提供毛坯解决方案，初始架构相对简单，但是可以基于项目引导进行二次开发。并且 Balmorel 商业化运作模式成熟，较易满足最终使用者的需求——前提是使用者明确知道自己想要什么。另外，Balmorel 是有专业的商业公司在负责实施运营，建立了比较好的售后服务团队，能够提供比较稳定的、优质的售后服务支持。而 ReEDS 是依托实验机构实施运营，欠缺商业化运作经验，稳定的售后服务难以保障。

因此，在模型选择上，建议以 Balmorel 为基础，将 ReEDS 模型具有优势的地方引入模型工具架构中。其中，需要引入的主要方面是：①与 GIS 相结合，系统地、形象地储存各类模型参数，同时以供应曲线的形式刻画资源输入参数。②通过刻画不同传输技术（直流/交流/电压等级）经济参数，结合区域间距离矩阵，在已有线路不可用时，为新发电厂优化得出电网建设概念方案（位置、数量），分析网间运营影响。③能够分析弃风、弃光问题，并在优化容量扩展方案时作为重要经济性因素加以考虑。④能够对机组退役过程进行分析。⑤能够以地图集形式，形象地展示未来能源部署优化方案，包括技术类别、建设时间、容量和位置。⑥使用供应曲线描述煤炭、天然气等常规能源资源价格变化情况。⑦从提高电网整体安全性角度出发，进行地区间可再生能源电力出力波动相关性分析，确定边际

ELCC①，即有效负荷承载能力。⑧建立更加便捷的数据输入方式。⑨完善BB2与BB3的衔接问题。⑩建立完善的数据手册及单位转换工具。⑪解决模型稳定性运行问题，增加系统的容错能力。

第五节　关于我国模型研究的思考

在国际上，美国、丹麦等国家有关研究机构从20世纪60年代末至70年代初就开始投入能源系统、可再生能源系统方面的研究，比较成熟的能源模型很多，研究内容涵盖了能源的各个领域。我国对能源系统模型的研究起步较晚，借鉴国际上研究机构的先进经验，把运用成熟的、经典的模型工具"拿来"学习、消化、吸收是非常有必要的。但是，由于各个能源模型都是为实际问题提供决策支持，各类模型都是基于特定国家或区域的具体背景开发的，每个模型都是在一些特定假设的前提下运行的，模型参数的设定和基本情景的各种假设不一定符合我国或我国地区能源系统的实际。在模型的引用和借鉴其他国家成熟的模型过程中，要深入思考我国可再生能源决策支持要解决哪些问题，要根据实际，不能盲目照搬。"拿来"模型进行"本土化"二次开发的同时，也要开展新构模型的工作，减少对外的依赖程度，因为可再生能源决策支持系统中的数据信息及有关分析结论涉及国家战略和机密，在"拿来"学习消化过程中，思考并构建属于我国自主知识产权的模型工具是非常必要的。

"拿来"模型进行二次开发时，应当重点考察模型是否满足功能需求，本土适应程度如何，可伸缩性、可移植性、可定制性、通用性和透明性怎么样，开发商的研发与实施经验、技术实力、口碑与商誉、服务质量情况怎样，以及产品和后期服务价格是否合理等多种因素。

新构建模型时，第一，应当把握可再生能源模型构建的发展趋势。能

① 边际ELCC是风利用率和已有电站与新建电站间相关系数的强函数，这样ELCC可以被测算出来。它也是区域持续负荷曲线和规模、常规机组容量事故停机率的弱函数。这种边际ELCC被假设为风力供应区域中在下一期增加的风等级每MW容量价值，当扩大风机容量，ReEDS将挑选区域内下一风场选址，使其和已有的地址之间具有最低的相关系数，为下一个风电站确保最好的ELCC。

源模型的发展趋势是“综合”。能源（可再生能源）系统是涉及政治、经济、社会、环境、气候等多领域的复杂系统。仅考虑能源（可再生能源）经济、环境、技术等单一问题的模型存在着很大的局限性；综合考虑对经济、社会、环境、气候的影响，是未来能源系统模型的发展趋势。因此，我国可再生能源决策支持系统的构建，应研究综合集成的方法，把能源、经济、社会、环境、气候纳入系统中综合考虑。第二，充分考虑模型的可移植性、可重用性，为模型的拓展和可重用打下基础。第三，重视重要的基础工作——数据。主流模型的数据输入通常是依据其他国家的统计年鉴和统计指标来设定的，我国统计年鉴的数据结构与其他国家的统计年鉴结构完全不同，相关数据很难找到。如何从管理层面和技术层面加强对模型数据工作的建设，是当前重中之重。第四，重视人机接口。人机接口是模型构建的重要环节。目前的模型通常是处于研究阶段的模型，而不是商业化或者普及型的决策支持系统，使用主体通常是专门的研究机构，还不是真正的决策者。表现在：模型界面缺乏友好性，数据输入量较大，专业性强、易出错；较多重要参数需要人为指定，缺乏相关方法支撑。第五，充分考虑不确定性问题。传统的情景分析及敏感性分析是处理不确定性的一种方式；通过随机规划与组合理论发展出的不确定性内化逐渐成为研究热点；提出基于不确定性的可再生能源系统建模观，把不确定性纳入系统范畴，内化为关键要素进行处理和模拟。

无论是“拿来”改进，还是新构模型，尽可能将模型的数据和应用分离，将接口、参数标准化处理，充分考虑模型的可移植性、可重用性、可扩展性，为构建模型库做准备。

第六章　国家可再生能源决策支持系统的构建方案

第一节　系统目标

（1）构建可再生能源基础数据库，为国家统计可再生能源相关资源、技术、产业发展、政策法规等相关数据提供系统规范的信息管理平台，为可再生能源发展指标数据的监测和考核工作提供信息报送及发布平台。

（2）构建可再生能源区域优化部署模型系统，该系统服务于国家可再生能源中长期发展规划的决策过程。决策模型研究主要关注于可再生能源电力，是建立在整体电力系统的“发、输、用”模型基础上，通过模拟电力系统生产过程来优化可再生能源电力规划布局方案，并提出提高接纳可再生能源电力能力的合理化建议。资源利用优化、区域均衡发展、发电企业和电网协调等原则，使可再生能源开发和利用更科学、更具有效率。

（3）构建国家项目管理系统，为国家重大可再生能源项目的申报、评审、进展信息汇报、项目进度管理和验收等提供统一的信息上报和输入端。

（4）构建可再生能源发展宏观经济影响评价模型系统，该系统基于可计算一般均衡模型、投入产出模型等宏观经济模型，服务于定量预测和评价国家可再生能源政策、规划、产业发展对宏观经济整体、传统能源部门和其他经济部门的影响，以及对宏观经济指标（如 GDP、CPI、就业率等）的贡献。

（5）构建可再生能源政策后评价模型系统，该系统基于多种经济计量模型，服务于识别和评价可再生能源政策实施后的净效果和净影响，即排除社会经济发展等其他影响因素后特定政策实施地区的产业发展、居民收入、能源价格等是否产生了推动或抑制作用。并通过比较该政策产生的成本和效益，为政策效果评价、进一步修订和完善提出具体建议。

（6）构建可再生能源技术经济评价系统，该系统服务于定量评估风能、太阳能、生物质能具体技术的经济成本、发展潜力、产业适应性、全生命周期评价等。

（7）构建决策建议报告报送系统，为国家能源主管部门提供常规、定期、专线等多种信息报送路径，及时、规范、系统地报送以上决策支持系统产出的研究报告、调研报告和政策建议报告等。

通过以上系统的构建，为可再生能源近、中、远期总量目标确定与总量目标分解提供决策支持；为中远期可再生能源份额确定及技术路线选择提供决策支持；为可再生能源近、中、远期规划部署提供决策支持；为可再生能源发展政策的制定提供决策支持。

第二节　系统功能分析

一、区域优化部署决策功能

该功能模型主要在研究中国电力系统和热电联产系统特性的基础上，综合考虑可再生能源的区域可获得量、结构、分布、电力运输成本等因素，建立资源、环境、供给、消费约束下的可再生能源电力接入系统市场消纳成本最优的数学模型和经济运行模型，可以研究分析可再生能源电力接入后电力系统总成本最低的发电模式。研究分析不同情景下按时间（2020 年、2030 年、2040 年、2050 年）、机组、燃料划分的发电量和集中供热量。研究分析提高可再生能源电力接纳能力的措施产生的额外投资和运营成本。研究分析并网和输电成本、可再生能源资源开发潜力及质量（成本）、风能和太阳能发电波动性及其对电网可靠性的影响，从而为可再生能源“十三五”规划及中长期规划提供决策支持，为下一步分布式能源规划和可再生能源区域部署提供决策支持，为电价决策、配额制的研究提供决策支持。

二、宏观经济影响评价功能

该系统功能是：①预测可再生能源政策或规划对宏观经济的整体影响，如预测对国家“十二五”期末 GDP 增长率、CPI 年均增长率的影响等；②预测可再生能源发展对国家能源行业布局和发展的影响，如对能源部门整体规模、传统能源（煤、石油、天然气）需求及能源价格变化的影响；③预测产业结构变化的影响，尤其是对高耗能、高耗电行业产出的影响，以及国民经济能源强度和碳强度变化；④评价已经实施的可再生能源发展战略和规划对宏观经济的贡献。

三、政策后评价功能

政策后评价模型系统基于计量经济学政策评估模型的中观和微观模块，识别和评价可再生能源政策实施后的净效果和净影响，与宏观经济影响评价模型中的 CGE 模型一起，对国家可再生能源规划和政策实施后的效果和影响进行综合评价。中观和微观的计量经济模型系统的优势在于，应用项目实施地区实证数据，能够灵活、具体、有效地评估政策效果，并给出非常具体的政策建议，特别是通过政策示范项目和非政策地区的对比研究，对政策设计早期和不断完善过程有显著和针对性地提供建议。例如，对配额制政策的实施是否进一步推动了中国可再生能源发电各个能种行业的发展。一般的描述性研究很难剥离出政策实施的净效果，从而难以说明产业发展结果或地区社会经济变化是由该政策的实施而直接产生的，计量模型系统通过配额制试行地区，与非试行地区数据进行回归，得出如带来的风力发电装机容量、发电量的净增加，产生的直接经济效益，对该地区人均收入、风电电价变化的净影响等。

四、技术经济评价功能

实现对可再生能源技术全寿命周期的技术经济评价。主要包括风电、太阳能、生物质能技术经济评价模块。主要分析影响风能、太阳能、生物质能发电技术的经济成本因素。在不同资源条件、税收政策情景下，将不同技术的可再生能源成本影响因素作为决策输入，利用技术经济评价模型测算不同可再生能源发电技术的实际成本曲线。

针对不同能源技术（可再生和火电）层面采用国民经济评价，针对项目层面采用财务评价。通过对技术和项目的成本及收入分析，计算不同技术或项目的内部收益率、净现值等财务指标，评价技术和项目的经济可行性。主要功能如下：

1. 技术经济评价模型

“单项可再生能源技术”经济效益及环境效益评价以 RETScreen 模型为参照蓝本。①完成风能、太阳能、生物质能主流技术产品信息库（技术参数和经济参数）建设工作。②国内分地区（省级、重点地区到市级）风能、太阳能、生物质能资源数据信息库。③经济分析功能——建立起“产品信息库”与“资源数据库”之间的关联关系，在不同资源状况下，量化测算相应技术产品的开发成本、有效能量输出和二氧化碳减排情况。

2. 宏观经济及环境影响计量模型

建立基于“风能、太阳能、生物质能开发规模”的宏观经济效益、补贴资金需求、环境经济效益评价模型。

3. 供应曲线模型

建立能够进行多个可再生能源项目比较分析及单项目不同因素的敏感性分析的系统模型。输出“资源总量—开发目标—开发成本”之间的对应关系，为可再生能源总量目标决策提供支持。

五、信息报送发布功能

建成决策建议报告报送系统，为国家能源主管部门提供常规、定期、专线等多种信息报送路径，及时、规范、系统地报送以上决策支持系统产出的研究报告、调研报告和政策建议报告等。建成信息公开和发布平台，建立政策公告、行业和产业发展预测报告、有偿信息服务等信息发布平台。

第三节　系统总体设计

一、设计思想

系统的结构是系统功能的基础，系统的功能是通过系统结构来实现的。根据可再生能源发展的实际，在充分考虑到方法集成及信息集成的基础上，提出了图 6-1 所示的层次结构，将可再生能源决策支持系统分为三个层次。

第一层次：信息支持，建立可再生能源资源数据库、可再生能源产业数据库、可再生能源项目数据库、可再生能源政策数据库。实现可再生能源基础数据、信息的收集和加工，为国家统计可再生能源相关资源、技术、产业发展、政策法规等相关数据提供系统规范的信息管理平台，为可再生能源发展指标数据的监测和考核工作提供信息报送及发布平台。

第二层次：管理支持，为国家重大可再生能源项目的申报、评审、进展信息汇报、项目进度管理和验收等提供统一的信息上报、审批、处理、管理。

第三层次：决策支持，集成区域优化部署、宏观经济影响评价、政策后评价、技术经济评价四类决策模型系统，为可再生能源法规、规划、政策的制定提供综合决策依据和建议。

在信息平台、管理平台的基础上，由四个决策模型系统集成国家可再生能源决策支持系统建设，共同组成可再生能源决策支持系统，由信息平台提供输入和输出，由模型决策系统平台分别提供区域优化部署、宏观经济影响、政策后评价和技术经济分析四个决策功能，几个模型系统之间又相互提供支持，综合决策过程示意图如图 6-2 所示。

二、构建原则

在进行系统设计时必须遵循一定的设计原则。可再生能源决策支持系

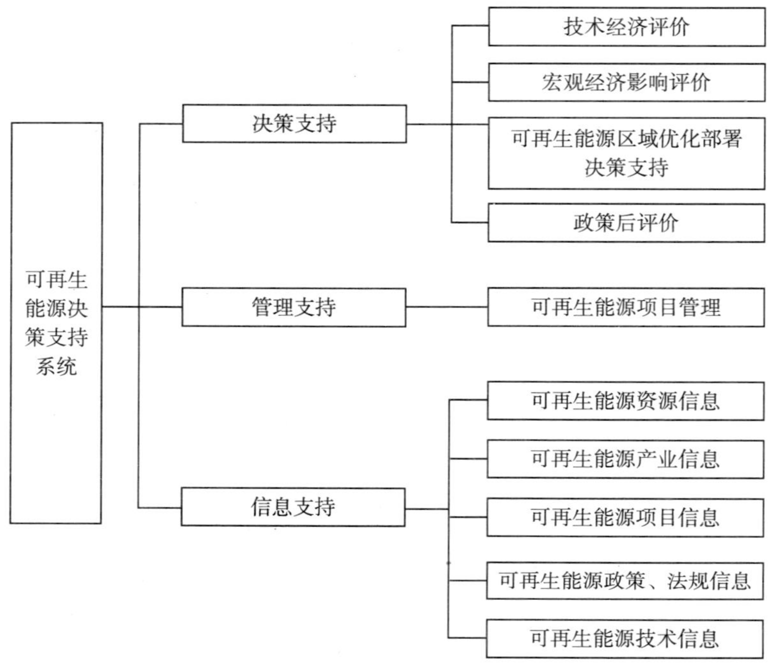

图 6-1 可再生能源决策支持系统层次结构

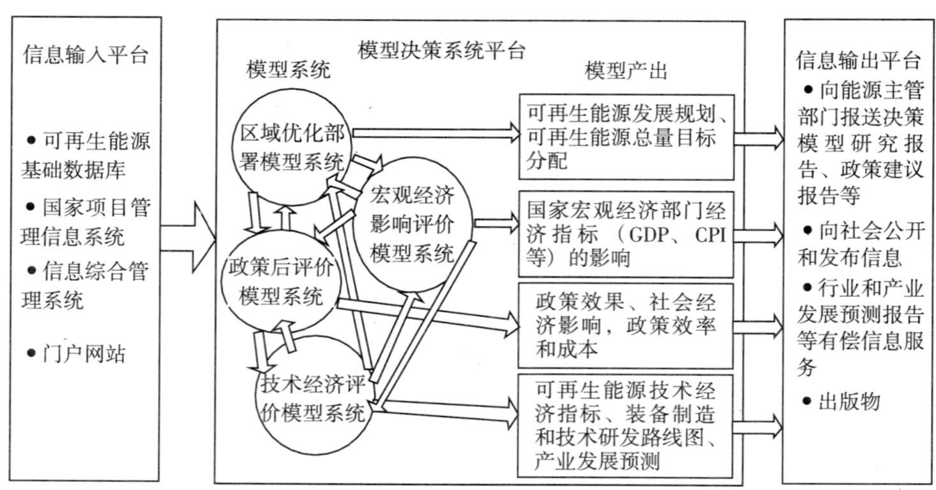

图 6-2 综合决策过程

统设计时遵循的原则如下：

（1）系统性原则。也称为整体性原则，它要求把决策对象视为一个系统，以系统整体目标的优化为准绳，协调系统中各分系统的相互关系，使系统完整、平衡。因此，在决策时，应该将各个小系统的特性放到大系统的整体中去权衡，以整体系统的总目标来协调各个小系统的目标。在可再生能源决策支持系统中，将可再生能源融入整个能源、经济、环境、社会的大系统中，与之协调一致。

（2）满足决策者需求原则。根据决策者需求构建决策支持系统。

（3）实用性原则。系统真正解决决策者所关心的问题，并通过友好的用户界面和人机交互过程，实现系统的辅助决策功能。

（4）有限合理性原则。要注重决策支持的"有限合理性"。系统建立的最终目的是为政府决策服务，以能够满足实际需要为原则，改变那种认为"信息储存得越多越好、具备的功能越强越好"的观念。

（5）用户友好性原则。设计应考虑普通工作人员的需要，界面尽可能简单易懂、可操作性强；增强人机交互能力以增加对模型的控制及调整，使分析及决策的结果尽量贴近实际。

（6）可扩展性原则。考虑系统的发展，系统结构设计时，采用了模块结构设计。它的特点是各个模块的独立性较强，模块的增加、减少或修改均对整个系统的影响很小，这样就便于对系统进行改进和扩充，使系统处于不断完善的过程中。

三、系统架构

关于决策支持系统的结构，国内外文献有多种观点，一般认为，必须具备至少三个部分：①友好的人机界面；②数据库（提供决策信息）；③模型库（信息分析、方案制定及模拟）。经反复研究和调研，本书提出可再生能源决策支持系统由人机接口系统（人机界面）、问题处理系统、数据库系统、模型库系统、方法库系统五部分组成，如图 6-3 所示。

1. 人机接口系统

人机接口系统负责接受和检验用户的请求，协调数据库系统和模型库系统之间的信息传输，具有为决策者信息收集、问题识别以及模型构造、使用、改进、分析和计算等功能。人机接口系统通过人机对话，使决策者

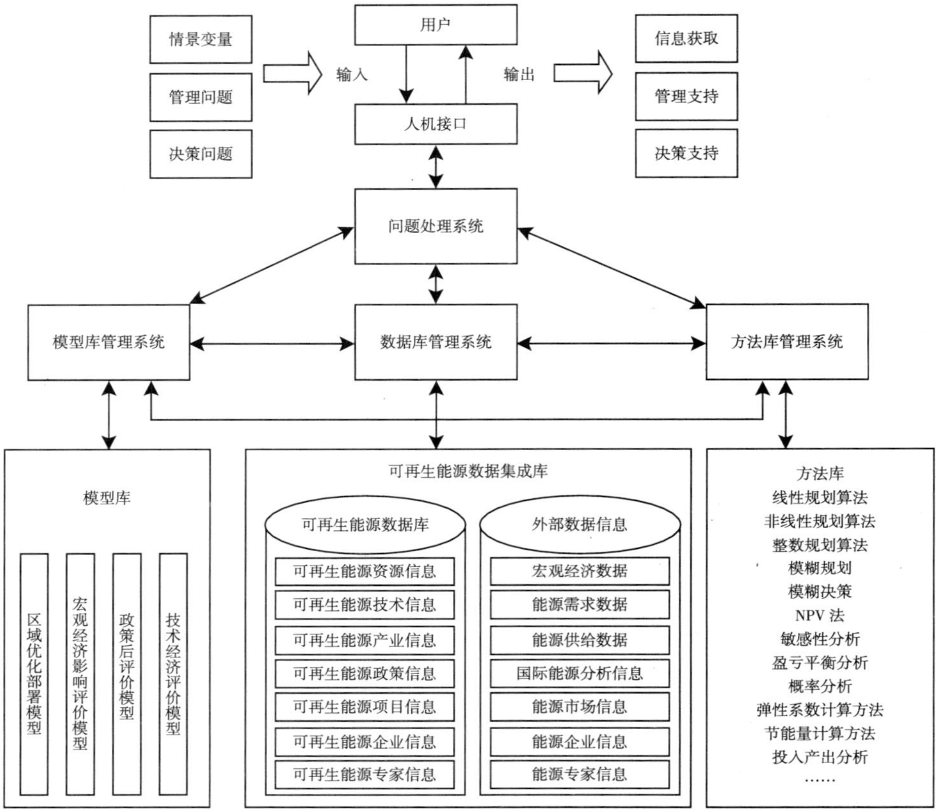

情景变量
管理问题
决策问题
输入
用户
人机接口
输出
信息获取
管理支持
决策支持
问题处理系统
模型库管理系统
数据库管理系统
方法库管理系统
模型库
区域优化部署模型
宏观经济影响评价模型
政策后评价模型
技术经济评价模型
可再生能源数据集成库
可再生能源数据库
可再生能源资源信息
可再生能源技术信息
可再生能源产业信息
可再生能源政策信息
可再生能源项目信息
可再生能源企业信息
可再生能源专家信息
外部数据信息
宏观经济数据
能源需求数据
能源供给数据
国际能源分析信息
能源市场信息
能源企业信息
能源专家信息
方法库
线性规划算法
非线性规划算法
整数规划算法
模糊规划
模糊决策
NPV 法
敏感性分析
盈亏平衡分析
概率分析
弹性系数计算方法
节能量计算方法
投入产出分析
……

图 6–3　系统架构

能够根据个人经验，主动利用系统提供的各种支持功能，反复学习、分析、再学习，以便选择一个最优决策方案。显然，对话决策方式应充分重视和发挥认识主体——人的思维能动性，必然使管理决策质量大幅度提高。由于决策者大多是非计算机专业人员，他们要求系统使用方便、灵活性好。所以，人机接口系统硬件和软件的开发和配置是决策支持系统成败的关键。它的好坏标志着该系统的水平。

2. 数据库系统

数据库系统主要包括由可再生能源数据库和外部数据信息集合成的可再生能源数据集成库，所有进入数据库的数据都要经过认真的筛选和确认，并提供随时追加新数据的功能，保护数据的现时性，能为决策者提供

连续的数据。数据库管理系统由检索、查询、修改更新、统计转换、数据库结构维护和报表打印输出五个模块组成，其中，查询模块提供了按记录顺序查询、按记录随机查询及排序等功能。数据转换模块可用于数据库中的数据转换成模型运行或用户所需的数据文件。

3. 模型库系统

该部分是可再生能源决策支持系统中最复杂、最难实现的部分。模型库中包括多种决策应用模型。目前主要考虑区域优化部署、宏观经济影响、政策后评价和技术经济分析四大决策功能。

4. 方法库系统

方法库系统是存储、管理、调用及维护 DSS 各部件要用到的通用算法、标准函数等方法的部件，方法库中的方法一般用程序方式存储。方法库系统由方法库和方法库管理系统组成，方法库内存储的方法程序一般有排序算法、分类算法、最小生成树算法、最小路径算法、计划评审技术、线性规划、整数规划、动态规划、各种统计算法、各种组合算法等。

5. 问题处理系统

问题处理系统是联系人与计算机及所存储的求解资源的桥梁，主要由问题分析器与问题求解器两部分组成，如图 6-4 所示。

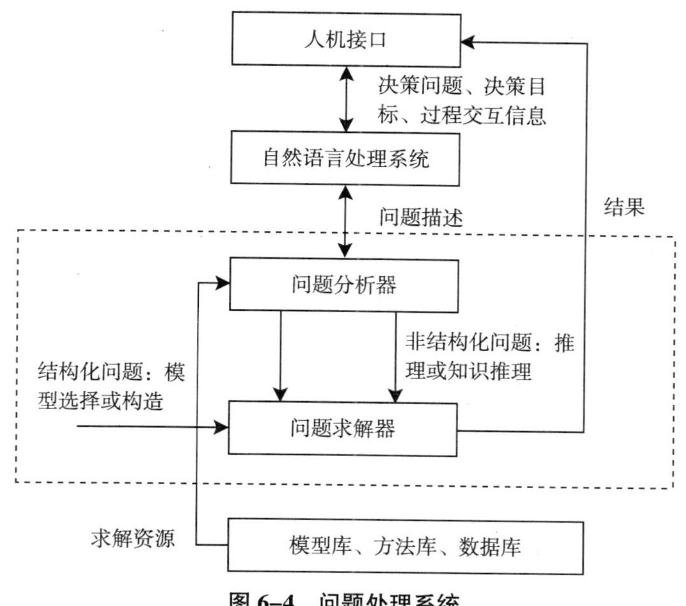

图 6-4　问题处理系统

第四节　数据库的设计

数据库是决策支持系统的重要组成部分，它的设计好坏直接影响到系统分析、辅助决策的能力。

一、数据库系统的设计原则

可再生能源决策支持系统数据设计就是给定研究任务，采用最优数据预处理模式的逻辑设计及一个有效的数据存储结构和存储方法的物理设计，精确反映研究任务的各类信息及其联系，建立能实现系统目标，并能有效存取数据的数据库。

可再生能源决策支持系统数据库设计的目标和要求如下：

（1）满足用户要求。采用较好的数据模型，精确表达研究对象各方面的信息，存储用户需要的各种数据，并且设计功能完善的应用程序，支持用户对这些数据的处理，如查询、检索、排序、组合、更新、输出等。

（2）良好的数据库性能。易于理解、维护、移植、升级，方便数据存取，工作效率高等。

（3）能被某通用 DBMS 接受。这是因为数据库设计的最终结果是确定在 DBMS 支持下运行数据模型预处理模型，建立起可用、有效的数据。

其设计原则是：

（1）提供统一的规范数据。所有设计入库的数据无比准确，而且其数据口径、指标内涵要有明确的定义。新加入的数据也必须与原有数据具有相同的口径与格式。数据编码应尽量与国家规范的编码相匹配，同时考虑计算机处理和工作人员的记忆方便。

（2）对所有采集入库的数据应进行科学分类。信息分类应有统一的分类体系，应尽可能地采用国家或国际的分类标准，或采用已经为大多数人接受或通过实践检验的合理的分类体系，以便于系统间的数据联结和共享。同时要尽可能地减少分类的级别和数量，分类体系中低一级的必须能归并和综合到高一级的体系中去，此外，要求尽量减少重复分类，要求有最小的冗余度。

（3）系统数据组织应考虑是否有利于和其他系统（如模型库系统）进行数据交流，以保证整个系统的协调统一。合理组织数据，设计功能完善的应用程序，力求达到系统设计的目标和要求，保证高质量、高效率、可变性和可靠性。

二、数据库系统设计与建立的一般步骤

根据可再生能源决策支持系统的目标，确定需要使用的数据后，按照建库目标对这些数据进行分析整理，弄清数据之间的关系，按照关系数据库的概念确定数据结构，进行数据库结构设计和数据库的建立。

在数据库结构设计时，不仅要考虑到前面提到的各种各样原始数据，还要考虑这些原始数据之间相互作用而产生的衍生数据。由于计算机技术的发展，计算机存储介质的容量限制对于一般的信息系统不再是一个非常值得考虑的问题，为了提高检索、查询的速度，适应 DSS 对数据的各种各样要求，在进行数据库结构设计时，经常要增加数据冗余量，不仅要存储那些原始数据，同时也要存储那些衍生数据。由于数据量大而复杂，在进行数据库结构设计时，首先要进行一个完备的、便于维护的代码设计，同时建立一个十分详细的数据字典。

根据数据库的结构设计，考虑到数据量的大小以及能获得的硬件设备支持，选择一种功能强大的、易于操作的、提供多种数据接口的关系数据库语言开始建库。

数据库设计与建立的一般步骤，如图 6-5 所示。

例如，风能资源信息子数据库提供全国风能及其相关数据和产品的服务，是集数据收集、处理、存储和服务一体的信息管理与服务的系统。国家级汇总经过各省本地范围收集和加工处理的风能资源相关信息，进行质量控制、统计计算。同时风能资源调查形成的区域风能资源长期和短期数值模拟结果和评价成果也进入国家风能资源数据库中，其数据库建设的总体流程如图 6-6 所示。

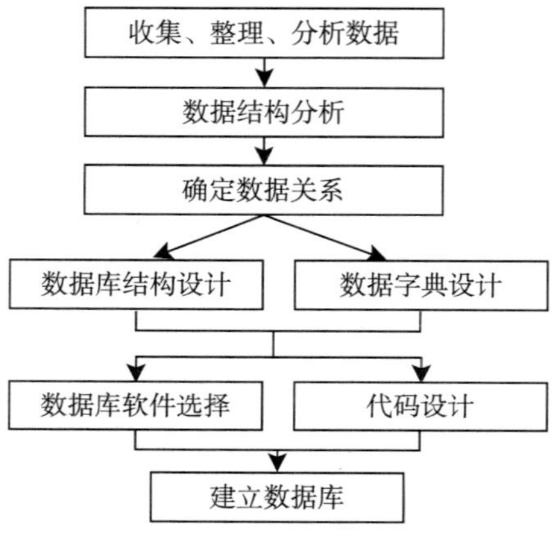

图 6-5 数据库设计与建立的一般步骤

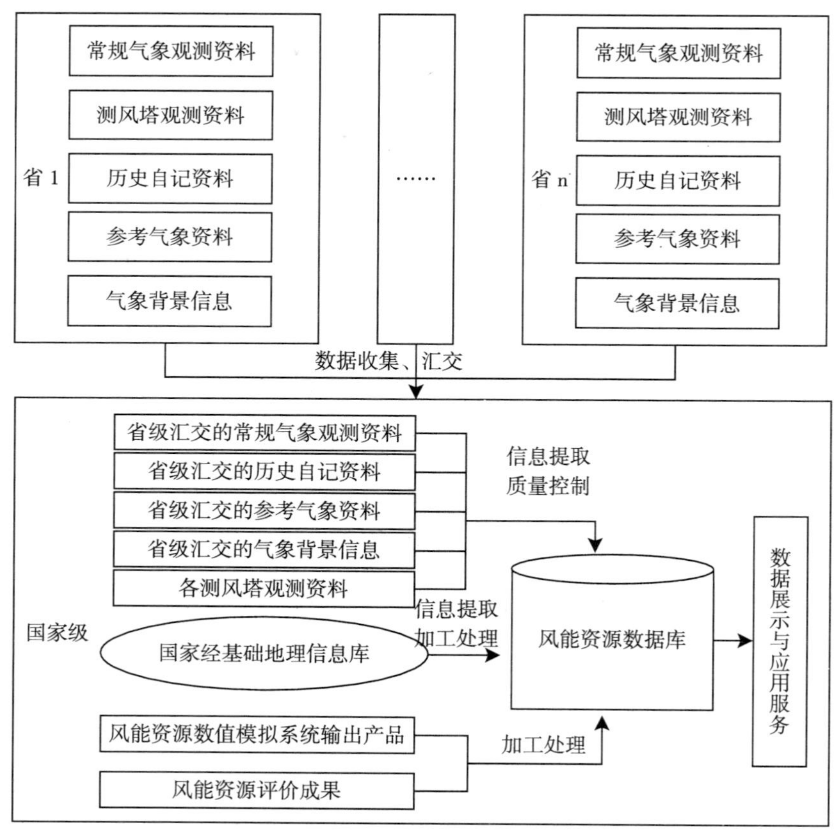

图 6-6 风能资源数据库建设的总体流程

三、数据库系统的总体结构设计

可再生能源决策支持系统的总目标是为国家级决策部门提供决策信息服务与专家级的决策咨询。同时，考虑模型库的系统分析、预测、评价功能的数据需求，可再生能源决策支持系统需要分析和处理大量的可再生能源资源数据、产业数据、项目数据、可再生能源政策法规数据、企业数据、专家信息数据、宏观经济数据。根据可再生能源决策支持系统的数据需求分析，可再生能源集成数据库的构建应当包含可再生能源资源数据库、可再生能源产业数据库、可再生能源项目数据库、可再生能源政策法规数据库、可再生能源企业数据库、可再生能源专家信息数据库，以及外部信息，如宏观经济数据库、能源需求数据库、能源供给数据库、国际能源分析，其构成如图 6-7 所示。通过抽取、集成，形成一个面向主题的（Subject Oriented）、集成的（Integrate）、相对稳定的（Non- Volatile）、反映历史变化的（Time Variant）可再生能源综合集成数据库。

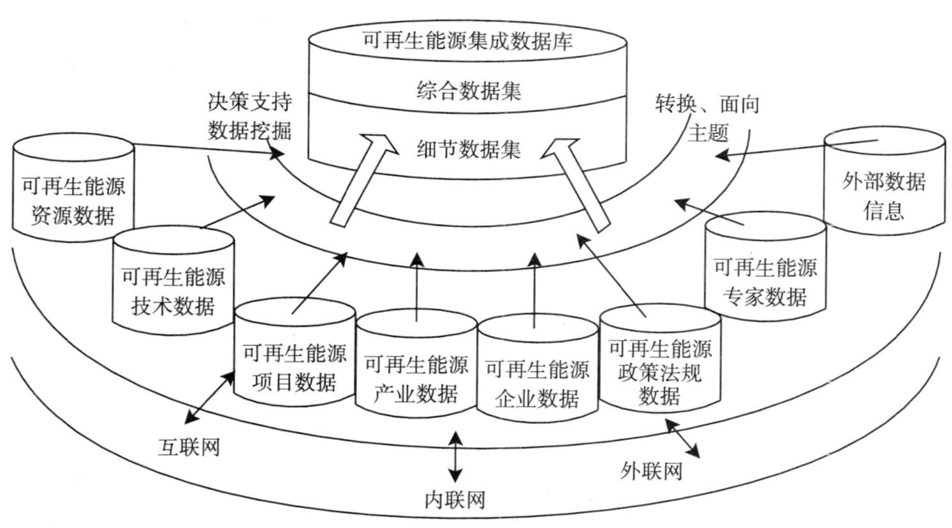

图 6-7　可再生能源集成数据库

数据库设计包括数据（文件）设计和应用程序设计。数据库文件设计主要是解决如何科学地存储和管理各种指标数据的问题，应用程序设计是设计各种应用程序，以实现数据库的各项管理功能。数据库系统设计应首先进行数据库结构设计，在此基础上，再进行应用程序设计，而以数据库结构设计为重点。数据库结构设计一般分三步进行，即首先进行概念设计，用一个概念模型把用户的需求明确地表示出来，为选择合适的数据结构提供依据；其次进行逻辑结构设计，即把概念结构转换成系统设计选择的具体 OBMS 所支持的数据结构；最后进行物理结构设计，即在具体 OBMS 环境下，确定具体数据库的基本结构、存取路径、存取方法以及索引等。根据可再生能源决策支持系统信息需求的特点，结合可再生能源信息统计现状，我们设计了数据库结构和表结构，给出了各关系表的名称、数据信息的来源和可能获得的渠道（见表 6-1）以及部分表的字段名、类型、是否关键字、填写规范等（见附录 1）。

表 6-1 数据库结构

数据库名	数据库代码	表名	表代码	数据来源及获得渠道
可再生能源资源数据库	Zydb	小水电资源情况表	zy_hy	由国家发改委与水电水利规划设计总院协调，实现数据共享
		风能资源信息表	zy_wind	由国家发改委与国家气象局进行协调，实现风力资源数据信息共享
		太阳能资源信息表	zy_sun	由国家发改委出面协调，解决与国家气象局的信息共享工作，建立一套信息共享机制
		薪柴资源信息表	zy_cx	—
		农作物秸秆资源信息表	zy_jg	与农业部规划设计研究院能源环保研究所联系，建立信息共享机制
		人畜粪便资源信息表	zy_rx	可根据《中国畜牧业年鉴》和《畜牧业生产及畜牧专业统计监测报表制度》为基础，联合专业的调查公司进行一次专项调查，摸清大型养殖场的分布、饲养规模及畜禽粪便利用情况，对现有的统计体系进行补充和细化
		林业生物质能资源信息表	zy_ly	第七次全国森林资源清查
		工业有机废弃物信息表	zy_gyw	《中国城市年鉴》
		地热能资源信息表	zy_dr	—
		可再生能源利用综合信息表	zy_ly	—

续表

数据库名	数据库代码	表名	表代码	数据来源及获得渠道
可再生能源企业数据库	Qydb	风电整机制造企业信息表	qy_fd	该类信息目前主要通过中国风能协会向其会员单位发放调查问卷的形式收集，可以通过加强与中国风能协会的联系，在其现有的调查体系基础上共同建立一套完整的调查和信息采集体系
		小风机制造企业信息表	qy_xfj	
		风电零部件企业信息表	qy_flbj	
		光伏制造企业信息表	qy_gf	目前光伏制造企业信息采集和统计工作相对空白，并未形成完整的体系，因此获得国家能源局信息收集的正式授权，在国家统计局建立统计报表备案、建立信息直报系统是完善太阳能光伏产业信息采集方式的最好方式
		光热制造企业信息表	qy_zz	提供包括资金、人力和技术支持，帮助中国农村能源行业协会太阳能热利用专业委员会建立和完善数据采集渠道，建立太阳能光热利用行业的信息报送系统和相关 IT 系统
		生物质能液体燃料生产企业信息表	qy_swyt	目前国内的液体燃料的生产企业，主要是依托国家政策支持，由中石化、中粮集团等大型国有企业掌控，企业数量并不多，液体燃料的信息主要掌握在个别专家手中，可与这类专家合作，以课题研究的方式，对液体燃料行业企业展开比较分析，进而获取相关信息
		生物质能固体燃料生产企业信息表	qy_swgt	生物质能成型燃料的信息主要集中在财政部，需要与财政部方面进行协商，以获取相关信息
可再生能源项目信息库	Xmdb	风电场项目基本地理信息表	xm_fdmapinfo	应在国家能源局的支持下，综合协调中国水电工程顾问集团、中国电力企业联合会和中国风能协会三家数据拥有方，建立信息共享机制，对数据信息进行整合、分析、处理，获得有效数据
		风电场项目核准信息表	xm_fdhzinfo	
		风电场建设信息表	xm_fdcinfo	
		风电场风况信息表	xm_fdxwxinfo	
		风电场机组信息表	xm_fdcjzinfo	
		风电场项目财务信息	xm_fdcjzinfo	

续表

数据库名	数据库代码	表名	表代码	数据来源及获得渠道
可再生能源项目信息库	Xmdb	太阳能热发电项目信息表	xm_tynrfdinfo	取得国家发改委授权，获得太阳能光热电站核准文件；取得国家能源局的授权，将太阳能光热电站的日常运行信息的统计纳入国家可再生能源中心的直报系统中
		光伏电站信息表	xm_gfdzinfo	需要国家发改委和省级发改委核准，立足于现有太阳能光伏产业信息统计现状，要建立完善权威的信息统计体系，主要以太阳能光伏电站为切入点，建立太阳能光伏电站信息直报系统
		生物质能发电项目信息表	xm_swzfdinfo	协助国家发改委价格司建立相关的价格补贴申报系统，以此获取生物质能发电项目的信息内容
		生物质能气体燃料项目信息表	xm_swzqitiinfo	与财政部方面进行协商，以此获取相关信息
		水电站信息表	xm_sdzinfo	由国家发改委与水电水利规划设计总院协调，实现数据共享
		BIPV 信息表	xm_BIPVinfo	与住房和城乡建设部协调，参考《民用建筑能耗和节能信息统计报表》
可再生能源技术信息库	Jsdb	风能发电技术信息表	js_fnfdjs	丹麦 RISO 实验室，风能专家
		太阳能热发电技术信息表	js_tynr	太阳能专家
		生物质能发电技术信息表	js_swzd	生物质能专家
		水能发电技术信息表		水能专家
		生物质能气体燃料技术信息表	js_swzq	生物质能专家
		热存储技术信息	js_rcc	专家
		储氢技术信息	js_cq	专家
		压缩空气储能信息	js_ys	专家
可再生能源发电运营数据	Yydb	风电场机组基本信息表	yy_fdjzinfo	中国水电工程顾问集团
		风电场机组负荷信息表	yy_fdjzfhinfo	中国电力企业联合会
		风电场在建电网信息表	yy_fh	中国水电工程顾问集团
		风电出力信息表	yy_dw	中国电力企业联合会
		省内联络线信息表	yy_dcl	中国电力企业联合会
		省间送出线信息表	yy_snll	中国电力企业联合会

续表

数据库名	数据库代码	表名	表代码	数据来源及获得渠道
可再生能源发电运营数据	Yydb	太阳能发电出力信息表	yy_sjsc	各电网公司
		水电（径流式）出力信息表	yy_sd	各电网公司
		水电（水库式）出力信息表	yy_h_jl	各电网公司
		水电（抽水蓄能）出力信息表	yy_h_cs	各电网公司
指标代码数据库	Zbdb	省代码表	zb_scode	根据国标
		市代码表	zb_scode	根据国标
		技术类型代码表	zb_jscode	根据编码标准
		燃料类型代码表	zb_rlcode	根据编码标准
		各类能源资源的一次转换系数表	zyxs_first	根据编码标准
		二次能源转换系数表	zyxs_second	根据编码标准
经济、能源信息数据库	Jjdb	经济指标信息表	jj_index	《中国统计年鉴》
		终端能源消费量信息表	jj_nyzd	《中国统计年鉴》、《中国能源统计年鉴》
		工业终端能源消费量信息表	jj_gyzd	《中国统计年鉴》、《中国能源统计年鉴》
		建筑业能源消费量信息表	jj_jzzd	《中国统计年鉴》、《中国能源统计年鉴》
		第三产业分类终端能源消费量信息表	jj_scy	《中国统计年鉴》、《中国能源统计年鉴》
		生活消费分类能源消费信息表	jj_shxf	《中国统计年鉴》、《中国能源统计年鉴》
		终端电力消费量信息表	jj_dlxf	《中国统计年鉴》、《中国能源统计年鉴》
		终端热力消费量信息表	jj_rlxf	《中国统计年鉴》、《中国能源统计年鉴》
		燃料价格信息表	jj_shxf	根据规划、文件
		CO_2 排放价格信息表	jj_co_2	欧盟
		NO_2 排放价格信息表	jj_so_2	欧盟
可再生能源政策数据库	Zcdb	技术限制政策表	zc_js	规划、文件
		排放限额政策表	zc_emit	规划、文件
		配额制信息表	zc_oo	规划、文件
		能源强度信息表	zc_eq	规划、文件
		水约束	zc_w	规划、文件
		投资政策	zc_inverst	规划、文件
		税收政策	zc_tax	规划、文件

四、数据库管理功能设计

数据库系统管理功能设计是在具体 DBMS 环境下，设计一系列应用程序，以实现数据库的各种管理功能。为使程序结构清晰，易于设计、阅读和维护，RSDDSS 数据库系统的数据管理功能设计采用结构化和模块化的设计方法，所设计的系统功能模块包括数据检索查询模块、数据修改更新模块、数据统计转换模块、数据库结构维护模块、报表打印输出模块。

1. 数据检索查询模块

数据检索查询模块主要具有数据检索查询功能，此外，还具有排序、求和、求平均值、求极端值、转换数据格式和输出统计图表的功能。为方便用户查询，我们可以采用关键字模糊查询和条件查询的方法。

2. 数据修改更新模块

数据修改更新模块主要具有完成数据输入、添加、删除、修改等功能，此外，还具有数据变换功能，如热值的数据单位换算等。为使数据安全可靠，本模块采取加密措施，仅限数据维护人员和系统维护人员使用。为使用户输入、修改的数据规范化，系统设计有数据自动检查模块，当用户输入或修改的数据不合要求时，系统会自动显示出错信息，并不予存盘。

3. 数据统计转换模块

数据库统计转换模块主要是完成数据库系统与模型库系统的成功联结。在可再生能源决策支持系统中，为了使查询模块能被直接调用。在 DBMS 环境下，主要方法是把数据库文件转换成模型库系统中的高级语言程序所能接受的数据文件格式（一般为 *.TXT 文件）。同样，模型库子系统生成的数据也只有转换成数据库文件格式，才能被数据库系统所调用并管理。

4. 数据库结构维护模块

数据库结构维护模块主要完成建立新库和修改原有库的功能。由于数据库结构的改变会直接引起数据库中数据的丢失，因此，本模块也采取加密措施，仅限系统维护人员使用。

5. 报表打印输出模块

报表打印输出模块是对数据库中的各类数据，按一定的组合，选择一定的表格格式打印输出或转换成能被其他软件（如 Excel 等）调用的数据

格式，以便被其他软件调用数据制表输出。

例如，中国风电场工程数据库的数据分为两类，一类是基础数据；另一类是统计、汇总数据、GIS 浏览。数据库系统主要包含系统管理、数据字典维护、数据维护以及查询统计部分，如图 6-8 所示。

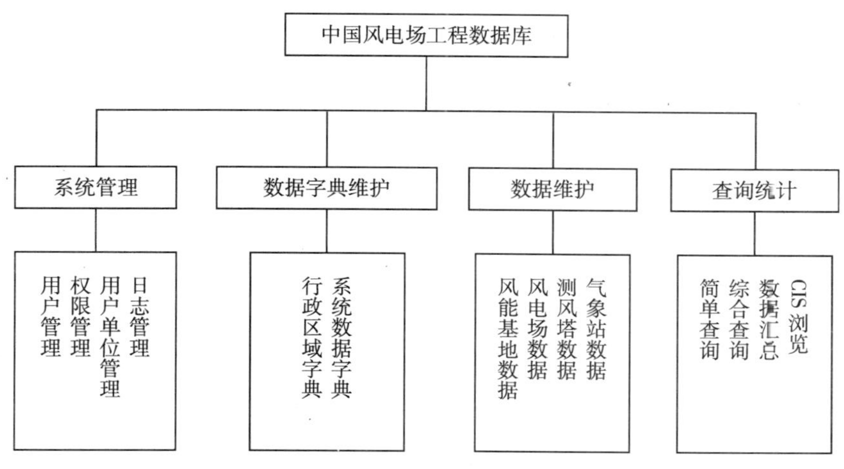

图 6-8　中国风电场工程数据库

其中，系统管理主要包括用户管理、权限管理、用户单位管理以及日志管理；数据字典维护包括行政区域字典和系统数据字典；数据维护包括风能基地数据、风电场数据、测风塔数据以及气象站数据；查询统计分为简单查询、综合查询、数据汇总、GIS 浏览。

第五节　模型库与方法库的设计

一、模型库与方法库的统一

一般把方法库看成由基本方法和标准算法的组成，它为模型提供基本模块和程序。一个模型有多个不同方法，例如，线性规划模型可以有单纯形法、改进单纯形法、两阶段算法三种不同的方法。多个方法可以组成一个模型，如可再生能源技术评价模型可以是某些统计方法和评价方法的组合与集成。模型接近于实际问题，方法接近于基础和求解算法，模型是由方法组成的。从宏观上看，可以把模型和方法统一看成是模型，特别是在计算机中，模型的方程式不是主要的，模型的算法才是主要的。计算机中的“库”不是单纯的“库”，而是含有一个“库”的管理系统。该管理系统要具有对“库”进行有效的管理功能。模型库和方法库都存在时，不断增加了各自管理系统的工作，而且也为两库之间的联系增加了困难，因为模型和方法之间要通过两个库管理系统来联系，因此，本书将模型库和方法库合为一个。

二、模型库与方法库的建模过程

模型库子系统是构建和管理模型的计算机软件系统，它是 DSS 中最复杂、最难实现的部分。一个典型的建模过程可以分为以下六步，如图 6-9 所示。

（1）明确建模目标。所建立的模型将被用来解决什么问题？

（2）对象分析。模型所要描述的研究对象的结构要素及相互联系，以什么参数作为模型变量？这些变量是否能反映对象特点？是否容易获取？哪些是决定研究对象行为的关键变量？关键变量与一般变量之间的关系如何？

（3）假设确立。建模时，哪些条件被认为是确定的？哪些条件将随时间变化？这种变化遵循什么规律？对模型结构、结果将有何影响？

（4）模型及参数确定。选择采用现有模型，或建立新模型，或将现有模型结合使用，确定模型关键参数。

（5）数据与算法。收集模型所需数据，这些数据的可靠程度如何？设计具体算法，根据数据特点及建模要求等因素确定算法精度。

（6）模型计算与检验。完成模型计算，并结合对研究对象的分析检验模型结果，有时根据需要进行效应分析——模型中关键变量和参数的改变将如何影响模型结果。

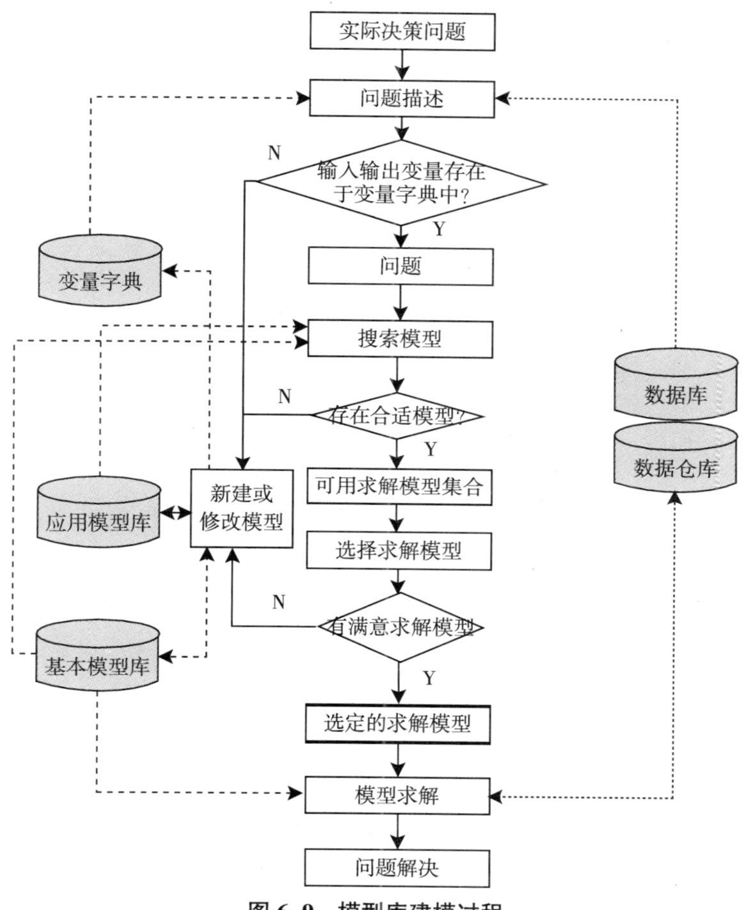

图 6-9　模型库建模过程

三、可再生能源决策支持系统的模型体系

可再生能源决策支持系统要对可再生能源发展决策过程中涉及的各种问题提供决策支持，由于可再生能源发展决策过程中涉及的问题复杂多样，如要实现 2020 年非化石能源消费比重提高到 15%的目标，选择哪一种可再生能源技术路线组合才能使经济、能源、社会、环境等的协同效益最佳呢？我们期望通过加强研发增加太阳能发电技术（光伏发电或太阳能热发电）的能效，降低系统投资成本。那么，如果我们想把这些技术融入

电力系统中，这些技术的潜力怎样呢？我们打算在某个地区部署5000兆瓦的风力发电，这会对现有的热电联产电厂产生什么样的影响？为了确保集成（热储存、热泵、新的输电线路、水力泵货仓等），需要采取哪些措施最具成本效益呢？

可再生能源决策支持系统需要解决不同类型问题，有目标规划类的问题、有市场设计分析的问题、有政策影响/监管设计类的问题、有技术—经济—环境效益评价类的问题、有优化调度类的问题、有最优投资决策类的问题；关注范围涉及项目、部门、区域、国家、国际不同层面；在时效上，又有近期、中期、长期不同类型的问题。所以，可再生能源发展决策支持系统所需的模型也就较为丰富，这样才能满足辅助决策的要求。按照模型的主要功能，可再生能源发展决策支持系统所包括的模型大致可分为以下四类：

1. 分析模型

主要用于对可再生能源资源和其他相关要素的综合分析，包括可再生能源、常规能源，以及社会、经济、环境、政策要素之间及各自内部子要素之间关联程度分析、主成分分析、因子分析、优势分析、投入产出模型等。分析模型是预测模型、优化模型、决策模型的应用基础。

2. 预测模型

主要用于对可再生能源发展变化趋势的预测。预测模型的预测结果是制定和选择科学的发展方案，确保可再生能源发展目标顺利实现的重要基础。根据预测模型自身的特点，预测模型通常又可分为定性预测和定量预测两种。在定量预测中，可以通过某要素与其他要素（一个或多个）之间的相互作用规律来预测该要素的发展趋势，如一元回归、多元回归模型等；也可根据该要素自身的发展规律推出未来的发展趋势，如一阶（或多阶）自回归模型、灰色预测中GM（1，1）模型、时间序列平滑预测模型等。

3. 优化模型

主要针对可再生能源一定的发展目标（一个或多个，多个目标之间可按重要性排序），在一定的约束条件下（资源、环境、经济容量等各方面约束），合理地配合有限的资源，使收益最大、成本最低。需要指出的是，上述的所谓最优只是一种相对的概念。在实际的工作中，由于各种条件的约束，同时要实现高效益、低成本的发展目标，往往是很困难的。这时只

能适当地降低要求，根据可再生能源最重要的发展目标和阶段发展任务，由决策者进行适当的取舍，得到若干并非最优但仍满意的解。常用的优化模型有线性规划、目标规划、动态规划等。

4. 评价和决策模型

参照一定的指标体系，利用科学的评价方法，对可再生能源技术潜力、政策等方面进行评价。评价的结果往往是决策者选择方案的重要依据之一。一般有常规多指标综合评价模型、模糊综合评判模型和应用多元统计方法的多指标综合评价模型等。

需要强调的是，上述模型分类方法主要是基于模型的主要功能和决策过程的特点（分析现状、预测发展趋势、制定方案、方案评价、方案选择实施）来进行的。而在利用系统进行实际辅助决策过程中，对使月模型的选择并非机械地按上述分类方法进行，对同一个问题可以用不同的模型解决，如能源需求即可用专门的能源需求模型进行较精确的预测，也可在信息不全的状况用灰色预测模型 GM（1，1）进行预测。同样，同一个模型也可用来解决不同的问题，如灰色关联模型即可用来分析经济结构的相似性，经济系统内各子系统的相互联系程度也可用来进行优势分析。根据实际需要，不同的模型也可以组合使用，完成更加复杂的分析功能。如投入产出模型可以和线性规划模型组合使用，以确定最佳经济结构；灰色预测模型可以与线性机制模型结合使用，构成预测型规划模型，可用于宏观经济结构的优化研究。

图 6-10 是可再生能源决策支持系统模型框架。

四、模型库与方法库系统设计

模型库系统的主要功能是致力于进行有效的模型调用和构建，即模型库更是一个“产生”模型的基地，而不仅是预先建立的模型集合。因为可再生能源决策支持系统处理的对象多为半结构化和结构化问题，且是经常变化的，计算机的存储容量又使模型库受到局限而不可能包罗万象，所以可再生能源决策支持系统用户须根据环境的变化，及时地构造出适应新环境的模型。

模型库系统包括以下几个部分：模型库、模型管理系统、模型语言、模型字典、模型运行。有效的决策模型应该能把决策者的经验知识和各种

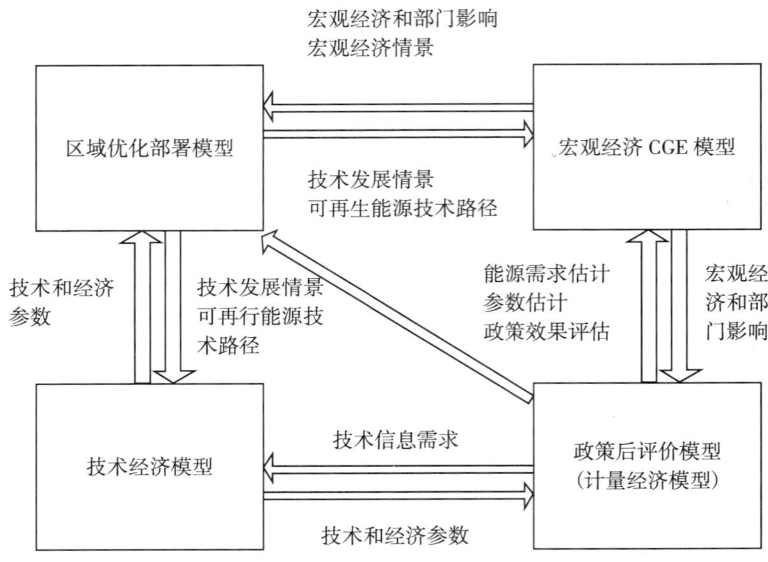

图 6–10　可再生能源决策支持系统模型框架

判断与科学的决策方法集成在一起，构成一个有层次的知识网络。模型库中包括许多子程序，这些子程序应包括各子系统发展状况，以及统计、经济、管理学（运筹学）和其他专业的定量和定性计算模拟程序，以便为可再生能源决策支持系统提供分析功能。具有模型的构造、调用、运行、改造、组合和分解功能是 DSS 与其他计算机信息系统的差别所在。模型库不应是包罗万象，它应是针对系统需要存储必要的、基本的模型。通过模型重组和构建可以产生新的模型。

与数据库管理系统相似，模型管理系统主要的功能有以下四点：①迅速、方便地构造模型。②用户能直接操作模型、控制模型而不需要做编程工作。因此，可以高效地完成敏感性分析。③能将大量不同类型模型有机、有序地组织和存储起来，并可以方便地访问、运行、更新、查询等。④能详尽地记录模型运行状况、输入、输出，从而能够实现大量不同决策方案的模拟仿真试验，确保决策者能够分析出正确的结果。模型管理主要包括模型的表示和操纵。

模型表示有如下的要求：

（1）独立性。模型应独立存放，以便修改和资源共享。

（2）一致性。模型表达应与数据表示一致，以便使用统一的方式进行管理。

（3）通用性。模型表示应使同一模型能够适应多种不同的环境。

（4）模块化。模型应表示为知识，能按要求进行动态的、非过程式的操作。

模型的操纵是对已有模型进行以下操作：

（1）模型检索。显示需要使用的模型集。

（2）模型组合与建模支持。通过模型操纵的推理机制将已有的模型改建和组合以产生序列化模型。

（3）模型选择。对不唯一的求解路径，按照一定的准则消解冲突，在不同结果中进行选择。

（4）模型实例化。确定下来的求解路径是所建立的序列化模型的一个实际案例。

（5）模型运行。应用经验证、确认后的模型（序列）进行问题求解。

模型库的建立和管理始终是决策支持系统开发过程中的一个重点和难点。对模型库而言，最重要的如何存放模型，以便能够有效地利用模型，并使模型便于管理。一般来说，模型可以三种方式存放，即数据形式、子程序形式和模型语句形式。数据形式即符合模型规范的数据集合，这种形式适用于数据来源确定、针对性较强、结构较简单的模型，修改模型时，修改模型规范即可。但模型的这种存放形式实质上是一种数据/模型合一的形式，利于数据的频繁更新和模型的多方面应用，尤其是对于具有独立的数据库系统的决策支持系统而言，这种形式不利于数据的规范化管理，因而较少采用。子程序形式即将模型本身以体现其具体算法的子程序形式存放。模型相对于数据是独立的，修改模型及算法只需修改相应的子程序即可。模型与数据库之间以数据交换的形式进行通信。数据库提供的数据有时需要经过一定的格式转换以符合模型要求，模型的运算得出的数据也需要经过一定的格式转换，才能为数据库所接受。这种存放方式适用面广，数据来源也多样化，因而目前国内外应用较多，技术手段上也比较成熟。

模型语句形式则是上述形式的进一步发展。模型的结构和规范以特定的模型语句来描述，在模型运用过程中，难题定义、问题求解策略的选择、具体的算法形式的确定、数据准备、模型计算与结果检验均由建模者通过操作模型语句来实现。这种方法事实上实现了模型数据、模型体、模型算法之间的独立，因而可以分别修改管理模型数据、模型体和模型算法，使模型的构建和计算具有更大的灵活性，模型的适用面也更广。算法上可以根据问题本身和建模者的具体要求，选择不同的精度和运算速度。但是这种方法要求有一套完整的模型语句，这对系统和建模者本身都有较高的要求，这在一定程度上将延长系统的开发周期和限制系统的推广使用，所以在实际应用中会受到一定的限制。但模型语句的应用将是决策支持系统模型库子系统今后的发展方向。

第六节　系统构建方法

一、“全生命周期+快速原型法”构建方法的提出

生命周期法的基本思想是把软件的整个生命期分为需求分析、设计、开发、运行维护等阶段，并严格规定各阶段工作的任务、目标、提交的成果，甚至规定了工作的步骤和采用的工具，如图 6-11 所示。

快速原型法的基本思想是首先建立系统的基本结构，实现基本功能；其次，在使用过程中逐步补充数据，修订与增添有关模型和方法，满足使用者的进一步要求，如图 6-12 所示。

生命周期法运用系统工程的思想和方法，按照信息系统的生命周期规律划分阶段，明确定义各阶段的活动，自顶向下地对系统进行分析设计，保证用户需求的贯彻执行。使用生命周期法对系统的每个微小情况都能给予更多的注意；强调了用户的参与，最大限度地满足用户的需求；整个开发过程的规范和严格定义，常常能生产出高质量的系统；完整的文档也使系统日后的维护工作更为方便。但是，生命周期法的缺点也显而易见：①开发时间长；②成本高；③需要用户提供完整的需求，对于需求不确定情况不适应；④强调用户的参与，但用户与开发人员的交流不够直接；⑤开发过程较为复杂，不易适应环境的变化；⑥生命周期法的开发是分阶段进行的，某阶段出现的错误将被带到下一阶段，并被扩大。

快速原型法通常更能满足用户需求，适应需求不确定的情况，能较快地实现系统基本结构，且开发成本低。但是为了加快系统开发的逗度，常常导致系统质量的下降，此外，没有严格的开发文档，维护较困难。

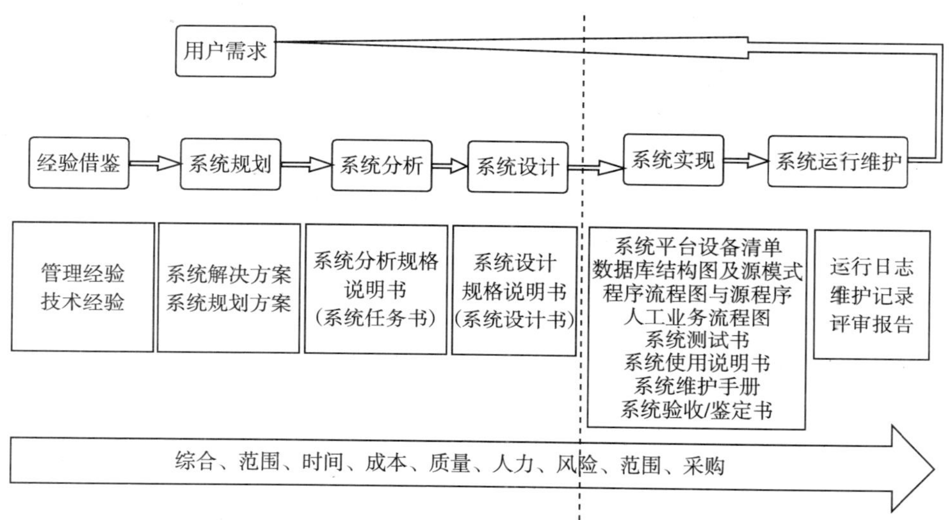

图 6–11　生命周期法

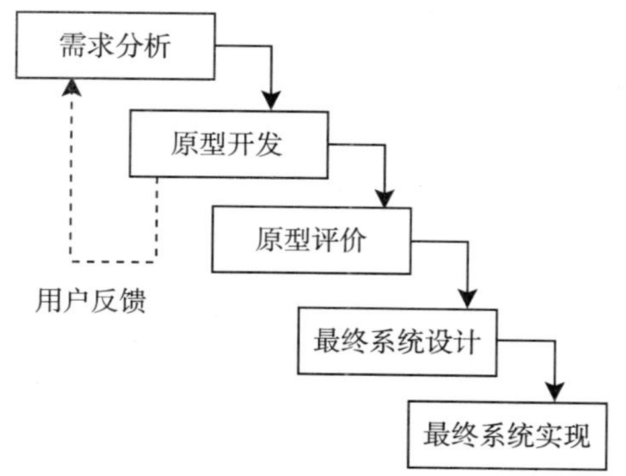

图 6–12　快速原型法

通过以上的简单对比，我们可以看出，若以快速原型法为基础，有选择地把生命周期法的成功做法和工具渗透到快速原型法之中，即所谓两者的结合，采用“全生命周期+快速原型法”的构建方法，能更好地扬长避短，适应可再生能源决策支持系统开发的实际。

二、“全生命周期+快速原型法”的构建思路

根据上述“结合”的含义，其结合点主要是指如下内容：

（1）在快速原型法所列的需求分析之前，加上“系统建设规划”一框，“结合”后的开发过程、做法和工具如图 6-13 所示。

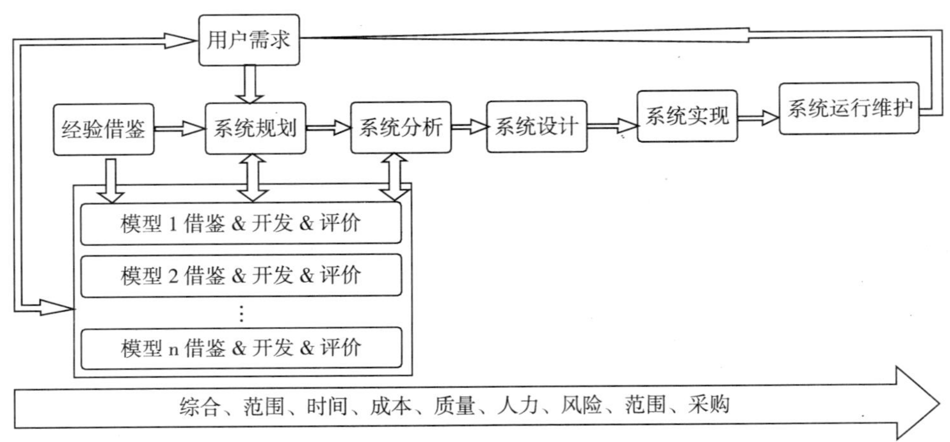

图 6-13　全生命周期与快速原型法结合

（2）在需求分析过程中，运用生命周期法的“周密调查”、“改进分析”和“抽象描述”来完成：①划清人机界面（处理业务的人机分工）。②确定新系统功能。按照总体目标的要求确定新系统所包含的子系统以及各子系统的具体功能，并绘出新系统功能分解图。③对数据流进行合理分析，提出新系统的数据流程图。④数据量的估计。根据信息的总需求，确定计算机存储的数据格式、内容及数量（通常以 MB 表示）。⑤确定组建系统应选购的计算机型号、性能、软件配置，特别是针对开发原型所需要的支持系统，并写出系统设备选型报告。

（3）在开发工作原型过程中运用生命周期法的成熟做法和工具。所谓“工作原型”，一般是指在需求分析的基础上，确认一个比较重要的部分，如一个子系统。如何确定某个子系统为工作原型呢？其原则是：①被确认的子系统应具有典型性。②管理急需，预计会有明显的效益。③原始数据比较齐全。工作原型确定之后，应快速对它进行设计和实施，具体做法如

下：①设计数据库模式，由于关系数据库的结构容易修改，因此可先设计一组原型数据库。②采用自顶向下、由粗到精的分解方法，将原型进一步分解为若干功能模块和程序模块，并用模块结构图予以描述。③设计应用系统开发结构，通常是设计主菜单和各个子菜单。④以选定的数据库管理系统为背景，利用它提供的数据库语言，根据原型的功能要求，编制应用程序，实现对库的建立、修改（增加、删除、更新）、查询、统计、分析、报表输出等具体功能。

（4）在系统测试和评价中，沿用传统的有效方法。系统测试的关键在于准备好测试资料，一般应包括：①有代表性的数据。②错误和异常情况的测试方案。③输入真实数据，进行试运行。系统初步评价应侧重于两个方面：①原型所具功能是否满足用户要求，操作是否方便、可靠。②原型的适应能力如何。所谓适应能力，是指快速原型对运行环境的适应能力。例如，原型处理对象有所增减，处理方法需做某些变动时，系统是否易于调整。

在决策支持系统构建的过程中，应将 IT 项目管理思想贯穿系统建设的生命周期，如图 6–14 所示。

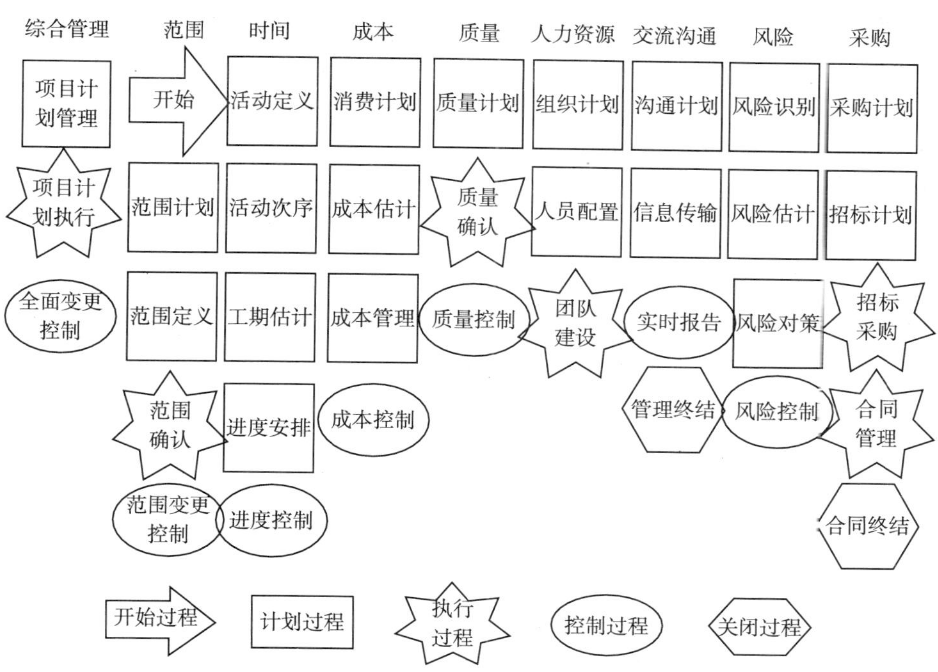

图 6–14　IT 项目管理思想贯穿系统建设的生命周期

第七节　系统构建的关键要点

系统构建的关键要点有以下四点：

（1）重视数据信息平台的建设，建立可再生能源数据库。实现数据共享，这是可再生能源决策支持系统发挥辅助决策功能的必然要求。在可再生能源决策支持系统中，各个模型的功能虽然不同，但所用到的基础数据却往往有相当一部分是相同的。某一模型的计算结果即为另一模型输入数据的情况就更为多见。因此，如果仍采用过去那种按每一模型特定的输入格式建立专用数据输入文件的办法就很不方便，解决这些问题的最好办法就是在可再生能源决策支持系统中建立一个数据库，实现数据共享。把数据库纳入可再生能源模型中，不仅使模型本身获得了可靠和方便的数据支持，而且使过去通常只作为一般查询工具的能源数据库在可再生能源决策支持系统中起到了更大作用。因此，这已成为近年来的一个发展方向。

（2）加强模型方法的研究，构建适合我国可再生能源实际背景的系统模型。

（3）建立尽可能方便的用户界面，向用户提供良好的操作环境，以便使用户能够更方便地操作使用模型系统提供的各个模块，完整准确地输入所需数据、方便直观地分析模型运算结果。计算机技术的发展和应用为实现这种要求奠定了基础。一般来说，方便的用户界面应具备如下特征：①要有合理组织的菜单引导体系，以及较强的在线帮助功能，以指导用户更好地选择、组合和运行模型，使用户更接近模型。②系统的数据输入表格体系，即利用计算机自动提供的表格引导用户输入各个模型所需的全部数据，并自动地进行初步校核，以保证数据的完整、准确和协调。③方便、实用、直观的表格报告和图形报告发生系统，应能根据用户的要求将有关数据和计算结果自动组织形成直观的表格和图形，以便于用户分析计算结果和各规划报告。就用户界面而言，我国目前的大部分能源规划模型都较落后。主要原因是过去不够重视，而现在则也已开始重视这个方面。

（4）总项目组、数据信息组与模型方法组协同配合。我国过去对能源规划模型和能源数据库的研究大都是相互独立的，建立能源数据库没有考虑对规划模型的支持，使数据库不能发挥更大作用。另外，能源规划模型所需要的数据大都依靠直接输入，重复工作量大，也不便于提高数据质量，这种状况有待改善。

第七章 区域优化部署模型的开发与实现

第一节 问题描述

可再生能源是我国未来保证能源安全、实现经济转型、应对气候变化的重大战略举措，涵盖了政策机制、能力建设、技术进步、产业发展等多个层次，涉及领域广、时间跨度大、研究难度高。欧盟、丹麦、美国等都已制定或者正在制定本地区的2050年能源发展路线图，可再生能源均占据很高比例，是未来能源体系的核心组成部门。我国在保持经济高速发展的同时，以煤为主的传统能源结构暴露出严重问题，国家已经明确提出控制能源消费总量，可再生能源发展面临历史机遇。研究我国2050年高比例可再生能源投资策略将是一个重要的课题。

本次开发的区域优化部署模型是可再生能源决策支持系统的组成部分，在研究中国电力系统和热电联产系统特性的基础上，综合考虑可再生能源的区域可获得量、结构、分布、电力运输成本等因素，建立资源、环境、供给、消费约束下的可再生能源电力接入系统市场消纳成本最优的数学模型和经济运行模型。该模型主要用于分析东北地区乃至全国的2050年可再生能源高比例发展情景。通过对可再生能源各种发电、发热、热电联产技术的成本分析，对各种可再生能源发电、发热技术进行经济比较分析、优化组合，为政府制定2050年可再生能源发展路线图，以及配套的政策、管理方案提供决策支持。

第二节　系统分析

一、使用对象分析

该系统的使用对象为可再生能源研究人员和政府有关决策者。

二、功能需求分析

本系统将满足如下功能需求：

（1）分析可再生能源各类技术按时间（2020 年、2030 年、2040 年、2050 年）、机组、燃料划分的在全国及各省的发电量和集中供热量；

（2）分析可再生能源并网和输电成本、可再生能源资源开发潜力及质量（成本）、风能和太阳能发电波动性及其对电网可靠性的影响；

（3）分析新增可再生能源机组的资本开支、燃料成本、运营和维护成本、排放成本、税收和补贴；

（4）分析我国电力市场机制对可再生能源产业发展的综合影响；

（5）分析 CO_2、SO_2 等污染物减排对可再生能源产业发展的综合影响。

作为分析区域层面的可再生能源分析决策平台，该模型系统将以详细的技术信息为基础，对各种技术、工艺流程有比较详细的描述，在评估资源生产、技术替代效应上有较高的可信度，清晰地说明资源消耗、能源转换和污染物排放的机理。模型对能源系统进行全局优化，从资源开采、中间转换到终端用能，以供能成本最小化作为目标函数，以资源潜力、能量流动平衡、生产能力和系统动态变化速度为约束条件。该模型系统的优化变量数据收集和整理量即模型产出是各种能源技术的发展规模即容量水平，输入参数是各类能源技术的成本、效率和污染排放等特性参数，终端能源需求作为外生变量输入。模型构建工作的框架如图 7-1 所示。

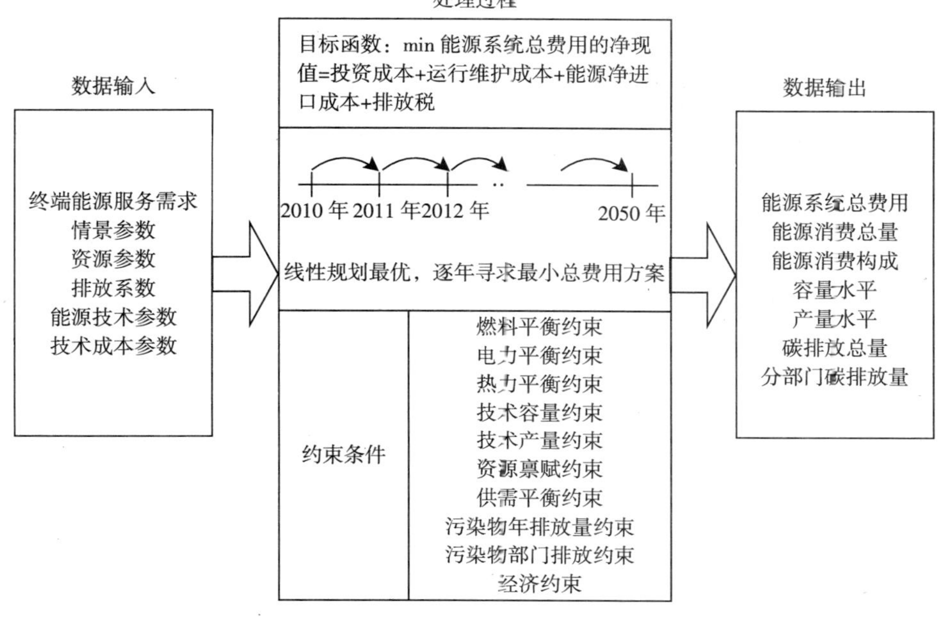

图 7-1　模型构建框架

三、数据需求分析

数据需求主要包括两大类内容：一是对可再生能源数据的需求，包括资源数据、技术数据和经济数据等；二是常规电力、热力行业数据的需求，包括经济数据、技术数据及环境数据。具体如下：

（1）设定情景下每个省（2010~2050 年）的电力需求；

（2）设定情景下每个省（2010~2050 年）的热力需求；

（3）各类燃料（核能、天然气、煤炭、褐煤、燃料油、清油、废料、稻草、木、风、水、太阳、电、热、成型颗粒、沼气、波、基于 CCS 的褐煤、基于 CCS 的天然气、基于 CCS 的煤等）的排放特性，包括 CO_2 排放、SO_2 排放、NOx 排放、CH_4 排放；

（4）设定情景下每个省（2010~2050 年）各种燃料（核能、天然气、煤炭、褐煤、燃料油、清油、废料、稻草、木、风、水、太阳、电、热、成型颗粒、沼气、波、基于 CCS 的褐煤、基于 CCS 的天然气、基于 CCS

的煤等）的价格信息；

（5）每个省已有的各类技术在正常耗损下（2010~2050年）的发电容量；

（6）可再生能源技术数据，包括技术类型、燃料类型、燃料效率、CO_2排放、SO_2排放、NOx排放、CH_4排放、投资成本、固定运营维护成本、可变运营维护成本、技术启用时间、技术过期时间、经济时间周期、每年发电容量、可组合技术、组合技术的最大容量份额、组合技术的最大生产份额、组合技术的最小生产份额；

（7）不同地区每种技术的发电容量、不同技术的机组在不同地区的满负荷数；

（8）现有的电网结构（包括传输容量、损耗、价格）；

（9）现有的发电数据；

（10）传输投资信息；

（11）生产、存储信息。

四、系统流程分析

模型目的是根据不同能源系统的推广和投资所带来的后果进行技术分析，来制定国家或区域层面的能源规划战略。这个模型包括了整个国家或区域的能源系统，包括供热、供电，以及交通和工业领域。在电力供应方面，主要分析不同管理策略，尤其关注热电联产和可再生能源的波动性之间的互动。

第一步，数据准备。

（1）确定参照的能源需求，主要包括电力需求和热力需求；

（2）确定燃料类型和参照的燃料价格；

（3）确定参照的技术数据；

（4）确定参照的CO_2价格；

（5）确定参照的投资；

（6）确定当前电力系统结构（产能、传输能力、存储能力、寿命、损耗）。

第二步，分析能源系统（电厂、热厂、存储）中数据库中的现有技术。

第三步，设定不同的可再生能源情景。

第四步，构建2010~2050年最优的能源系统结构。

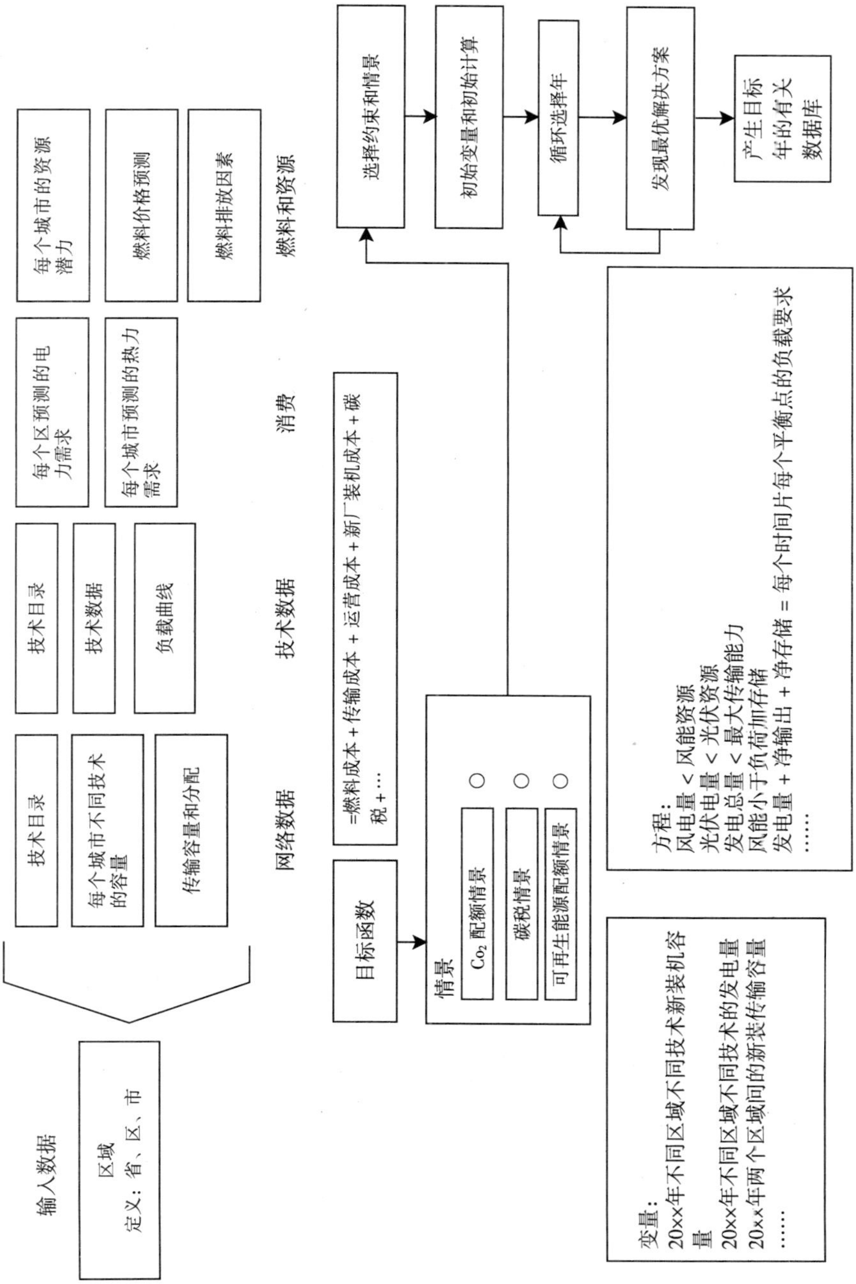

输入数据

区域
定义：省、区、市

网络数据
- 技术目录
- 每个城市不同技术的容量
- 传输容量和分配

技术数据
- 技术目录
- 技术数据
- 负载曲线

消费
- 每个区预测的电力需求
- 每个城市预测的热力需求

燃料和资源
- 每个城市的资源潜力
- 燃料价格预测
- 燃料排放因素

目标函数

=燃料成本 + 传输成本 + 运营成本 + 新厂装机成本 + 碳税 + …

情景
- Co_2 配额情景 ○
- 碳税情景 ○
- 可再生能源配额情景 ○

选择约束和情景 → 初始变量和初始计算 → 循环选择年 → 发现最优解决方案 → 产生目标年的有关数据库

变量：
20××年不同区域不同技术新装机容量
20××年不同区域不同技术的发电量
20××年两个区域间的新装传输容量
……

方程：
风电量 < 风能资源
光伏电量 < 光伏资源
发电总量 < 最大传输能力
风能小于负荷加存储
发电量 + 净输出 + 净存储 = 每个时间片每个平衡点的负载要求
……

图 7-2　系统流程

第五步，评估2010~2050年的能源系统结构。

第六步，调整参数，设定新的情景，返回第一步，考察新能源系统结构的改变情况。

第七步，分析不同可再生能源情境下能源系统对经济、环境的影响。

系统流程图如图7-2所示（丹麦EA公司：Lars绘制）。

第三节　系统设计

一、模型功能设计

系统主要包含基本信息模块、发电量预测模块、供热量预测模块、成本分析模块、可靠性分析模块、政策分析模块六大功能模块。

（1）基本信息模块：对东北三省的发电量、燃料信息、燃料价格信息、技术信息、每年的安装容量、区域和技术类型、排放政策信息（CO_2、No_x和SO_2税，价格，限额）、电力需求、热力需求、区域间的传输容量、包含地理信息的参数等基本信息进行增加、删除、更新、维护。

（2）发电量预测模块：分析可再生能源各类技术按时间（2020年，2030年，2040年，2050年）、机组、燃料划分的在东北三省的发电量。

（3）供热量预测模块：分析可再生能源各类技术按时间（2020年，2030年，2040年，2050年）、机组、燃料划分的在东北三省的集中供热量。

（4）成本分析模块：分析可再生能源并网和输电成本、可再生能源资源开发潜力及质量（成本）、分析新增可再生能源机组的资本开支、燃料成本、运营和维护成本、排放成本、税收和补贴等。

（5）可靠性分析模块：分析风能和太阳能发电波动性及其对电网可靠性的影响。

（6）政策分析模块：分析我国电力市场机制对可再生能源产业发展的综合影响；分析CO_2、SO_2等污染物减排对可再生能源产业发展的综合影响。

二、数据库设计

目前采用的是文本数据库，并考虑将其存放在 Access 数据库中，主要有如下数据信息。

（1）系统信息；

（2）燃料信息；

（3）燃料价格信息；

（4）技术信息；

（5）每年的安装容量、区域和技术类型；

（6）排放政策信息（CO_2、NO_x 和 SO_2 的税、价格、限额）；

（7）电力需求；

（8）热力需求；

（9）区域间的传输容量；

（10）包含地理信息的参数；

（11）每年的数据文件。

三、输入输出设计

输入主要采用 Excel 电子表格形式输入。输入的主要数据信息有：电力和集中供热技术的数据、安装成本、经营和维护成本（固定和可变）、所用燃料、效率、经营灵活性、投资选项（何时何地）、适用容量、输送能力、输送损失率、输送成本、负荷数据（发电量和集中供热量）、年度负荷估算、年度内每小时负荷、资源数据、可供安装和运行的潜在技术类型以及风力、水力、太阳能和潮汐的时间变量、按区域划分可再生能源技术的满负荷小时数。输出主要采用 Access 和 Excel 表格两种形式输出，分别如图 7-3 和图 7-4 所示。

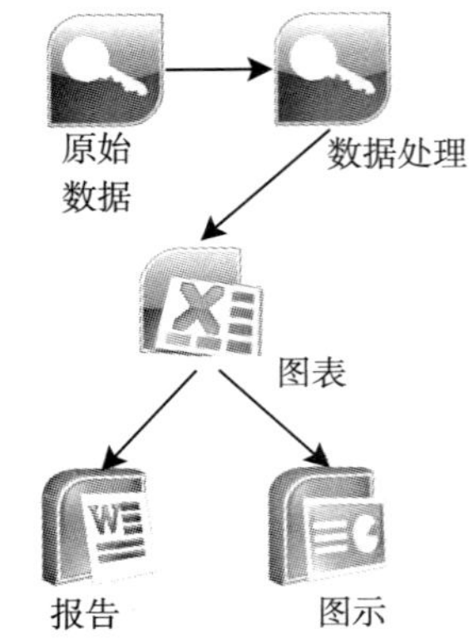

图 7–3　数据输入输出载体

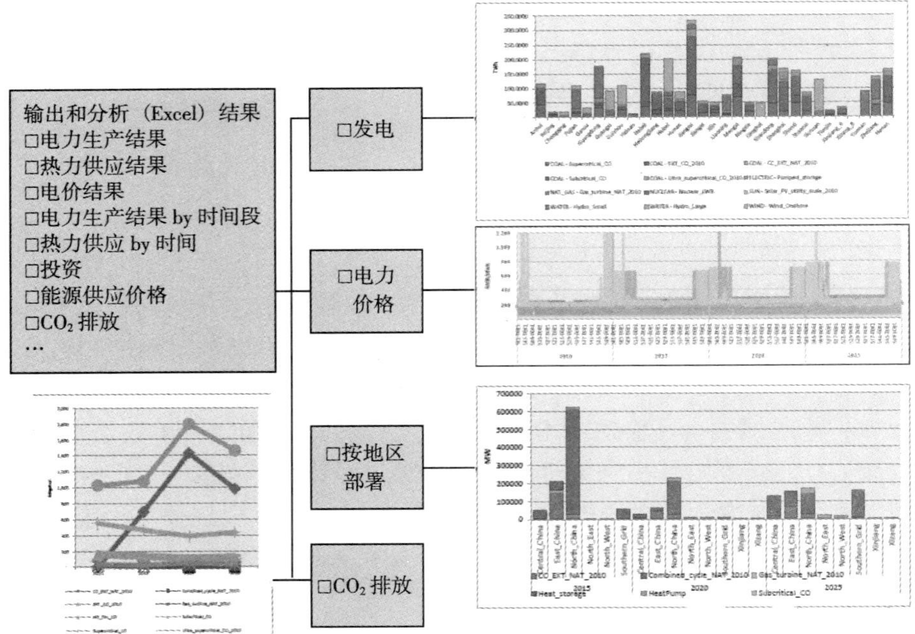

图 7–4　数据输出形式

第四节 系统实现

一、开发方法

本次模型开发的工作思路是以丹麦 EA 公司的 Balmorel 模型为基础，吸收美国 NREL（国家可再生能源实验室）的 ReEDS 模型优点，结合中国电力系统和电力市场的实际情况，修改模型决策过程和运行约束，来实现中国的区域可再生能源部署模型的构建。系统开发环境是 Windows 操作系统，开发语言是 GAMS 建模语言，数据库基于文本数据库，拟移植到采用 Access 数据库。

二、情景假设

情景是不可控制的不确定性和可控制的选项的组合（从决策者的视野），技术可选项和战略与不确定性组合成为未来不同的情形，见图 7-5 和图 7-6。

制定情景的步骤如下：

（1）制定情景分析目标，定义所要研究的能源发展情景。

（2）界定构筑目标情景的主要社会经济目标范围，对目标情景进行定性描述：能源发展在社会经济发展模式、技术、结构、节能政策等发展因素方面的发展方向和相对水平。

（3）量化能源发展情景相对应的社会经济活动指标，设定经济增长速度、结构、各具体部门的活动水平和结构变化、人口等。

（4）自下而上地定量设定各部门的经济和技术情景，根据以上社会经济活动情景定量设定条件，确定各社会经济部门具体的与能源相关的活动水平、结构、技术变化，以及对能源品种需求的变化。

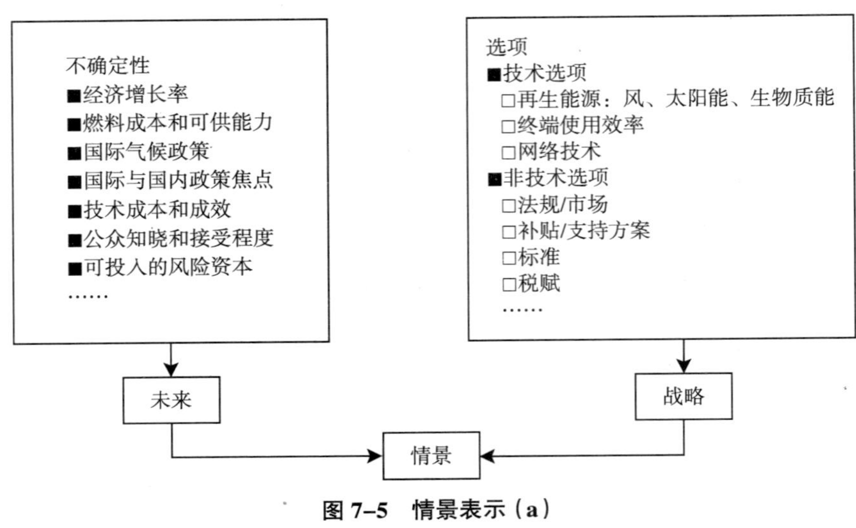

图 7-5　情景表示（a）

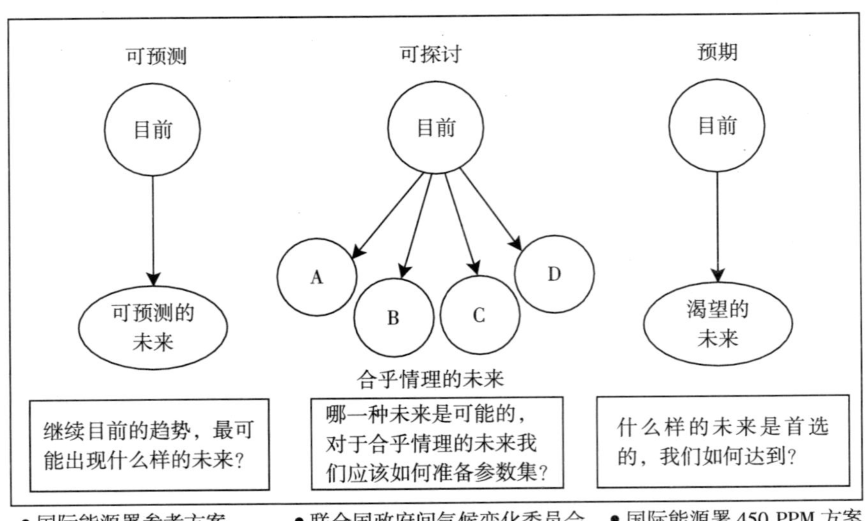

- 国际能源署参考方案
- 欧盟委员会基准
- 丹麦能源局商业政策
- 联合国政府间气候变化委员会
- 壳牌公司
- Energinet.dk（文件名称）
- 国际能源署 450 PPM 方案
- 国际气候变化丹麦委员会

图 7-6　情景表示（b）

（5）建立按各终端能源消费部门划分的终端能源需求计算模型和加工转换计算模型。

（6）各期数据校验，系统合理性、一致性调试。校验各部门的能源使用途径、经济活动、能源需求、能源品种结构的设定条件和计算结果之间的协调性、内部一致性。

本次系统实现设定了三个情景（见表 7-1）：

（1）基准情景。全社会投入成本最低，没有政策约束。对外依存度：石油 70%，全部能源 20%。设定统一能效改进率。

（2）碳排放总量约束情景。增加了碳排放总量约束，2030 年前采用强度目标，2030 年后采用绝对量减排，如 2020 年碳强度减排 45%，2050 年减排 150 亿吨，其他假设同基准情景。

（3）可再生能源高比例情景。根据专家判断或其他模型的优选结果，设定可再生能源高比例情景，例如，2030 年电力消费中 20%来自于可再生能源，2050 年电力消费中 60%来自于可再生能源。

表 7-1　情景假设

情景	基本政策	政策界定	举例
基准情景	对外依存度：石油 70%，全部能源 20%，设定统一能效改进率	—	对外依存度：石油 70%，全部能源 20%，设定统一能效改进率
碳排放总量约束情景	同基准情景	2030 年前为强度减排目标，2030 年后为绝对量减排目标	2020 碳强度减排 45%，2050 年减排 150 亿吨
可再生能源高比例情景	同基准情景	选用优化方案（其他模型结果、专家判断）	2030 年电力消费中 20%来自于可再生能源，2050 年电力消费中 60%来自于可再生能源

三、模型方法

1. 区域优化部署模型的数学特性

模型的数学本质是多时期线性动态规划，优化过程是最优解。决策变量可以分为两类，热力容量变量和电力变量；模型的输入参数包括三类，与目标函数（效用最大、成本最低）计算相关的参数、与平衡条件（电力供需平衡、热力供需平衡）相关的参数和与约束条件（投资约束、排放约束等）相关的参数。最小化目标 = {燃料成本，运营和维护成本（固定和可变)，输送成本，废物排放税费，燃料/能源税费/补贴，资金成本（新单位)，季节性用水值（校准)，用水值（仅 BB3)，用水没有限制，有关名义消费效用的消费者效用}。

$$\max_{e,h,e^ih^i}\left[U^e(e)+U^h(h)-\sum_{i=1}^{1}C^i(e^i,\ h^i)\right]$$

s.t.

$$g^i(e^i,\ h^i)\leqslant 0,\ \ \forall i$$

$$\sum_{i=1}^{1}e^i=e$$

$$\sum_{i=1}^{1}h^i=h$$

$$\Phi^m\ (e^i,\ h^i)\leqslant m$$

（1）效用目标函数。

$$\max\Big[\sum\nolimits_{t\in T}\Big\{\sum\nolimits_{c\in C}\Big\{\sum\nolimits_{r\in R(c)}U^{e,r,t}(e_d^{r,t})+\sum\nolimits_{a\in A(c)}U^{h,a,t}(h_d^{a,t})-$$
$$\sum\nolimits_{r\in R(c)}t^e e_s^{r,t}\ (1-\xi_r^e)-\sum\nolimits_{a\in A(c)}t^h h_s^{a,t}(1-\xi_r^h)-\sum\nolimits_{p\in A(c)}K_P^t\ (e_{s,p}^t,\ h_{s,p}^t)-$$
$$\sum\nolimits_{(\rho,r):\rho\in R(c),\rho\neq r}\beta^{x(r,\rho)}x^{(r,\rho)}-\sum\nolimits_{(\rho,r):\rho\in R(c),\rho\neq r}X^{x(r,\rho)}-$$
$$\sum\nolimits_{r\in R(c)}\beta_r^e\ e_d^t/(1-\xi_r^e)-\sum\nolimits_{a\in A(c)}\beta_a^h\ h_d^t/(1-\xi_a^h)\Big\}\Big\}\Big]$$

第一、第二两项是消费者效用，第三项表示消费者能源税及其他相关税赋，第四项表示发电成本，包括燃料和排放税，还包括运营维护成本及投资成本。第五项表示传输运营成本及传输投资成本，第六项表示配送成本。

其中：C：国家集合；

R：区域集合；

R(c)：国家 c 中的区域；

A：地方集合；

A(c)：该地方属于国家 c；

A(r)：该地方属于区域 r；

G：发电机组集合；

G(c)：国家 c 中的发电机组单元；

G（r）：区域 r 中的发电机组单元；

G（a）：地方 a 中的发电机组单元；

T：一年的时间周期；

M：排放类型；

a：地方；

r：区域；

c：国家；

t：1 年的时间周期；

s：供应；

d：需求；

m：排放类型；

$e_{s,g}^{t}$：机组 g 在时间周期 t 内的发电量；

$h_{s,g}^{t}$：机组 g 在时间周期 t 内的发热量；

K_{g}^{t}：机组 g 在时间周期 t 内的发电成本；

g_{g}^{t}：机组 g 在时间周期 t 内的技术约束；

Φ^{m}：排放类型 m。

（2）电力平衡。

$$\sum_{g\in G(r)} e_{s,g}^{t} + \sum_{\rho\in R,\rho\neq r} x^{(\rho,r)}(1-\xi^{x(\rho,r)} = e_{d}^{r,t}/(1-\xi_{r}^{e}),\ \forall r\in R,\ \forall t\in T)$$

（3）热力平衡。

$$\sum_{g\in G(a)} h_{s,g}^{t} = h_{d}^{a,t}/(1-\xi_{r}^{h}),\ \forall a\in A,\ \forall t\in T$$

（4）每个发电机组的燃料、环境、经济、技术约束。

$g_{g}^{t}(e_{s,g}^{t},h_{s,g}^{t})\leqslant 0,\ \forall g\in G,\ \forall t\in T$

不同热电技术生产的可能组合考虑的要素主要有：①能源效率，一个单位一次能源输入经过不同技术有多少热电产生。②燃料方面，考虑每一机组使用哪种燃料。③环境方面。一个单位的一次能源输入产生多少排放物。④经济方面，主要考虑运营维护成本，以及新增容量的投资成本。⑤技术方面，考虑技术进步，淘汰落后产能。g_i 是热力 h_i 和电力 e_i 的线性表达式。

（5）排放约束。

$$\sum_{g \in G(r)} \sum_{t \in T} \Phi^m(e_{s,g}^t, h_{s,g}^t) \leq \overline{m_c}, \quad \forall c \in C, \quad \forall m \in M$$

m 表示排放类型，CO_2 或 SO_2 等。

2. 风能资源潜力估算

（1）风速分布。采用威布尔概率密度函数来评估风速的分布：

$$p(x) = \left(\frac{k}{C}\right)\left(\frac{x}{C}\right)^{k-1} \exp\left[-\left(\frac{k}{C}\right)^k\right]$$

其中：k 为风力的稳定性的度量，越大越稳定，又称风的形状因子，风的带状宽度为 1~3，C 为风力的规模，C 可以采用以下公式来计算（Hiester and Pennell，1981）。

$$C = \frac{\bar{x}}{\Gamma\left(1 + \frac{1}{k}\right)}$$

其中：$\bar{x}$ 为平均风速，Γ 为 gamma 函数。

在一些案例中，也可以采用以下方式估算风速分布。风力密度 WPD 与平均风速 $\bar{v}$ 的关系是：

$$WPD = \sum_{x=0}^{x=25} 0.5\rho x^3 p(x)$$

$$\bar{v} = \sum_{x=0}^{x=25} x\,p(x)$$

其中：ρ 表示空气密度，p(x) 为风速为 x 的概率。

（2）能源曲线。

$$E_{\bar{v}} = 8760 \sum_{x=0}^{x=25} P_x p(x)$$

其中：$\bar{v}$ 是风速均值，p_x 是风速为 x 时所产生的电能，p(x) 为风速为 x 的威布尔概率密度函数。

（3）基准发电量。未调整的产能量是指根据给定的平均风速和轮毂高度，风场在标准温度和气压情况下的年产能量。由于风剪因素，风机在轮毂高度处的风速通常要显著高于测定的平均风速。模型利用以下公式来计算轮毂高度处的平均风速（Gipe，1995）：

$$\frac{\bar{V}}{\bar{V}_0}=\left(\frac{H}{H_0}\right)^{\alpha}$$

其中：$\bar{V}$ 是在毂高为 H 处的平均风速，$\bar{V}_0$ 是在高为 H_0 处的风力计速器风速，α 为风力修正指数。$\bar{V}$、H_0、H 和 α 为用户指定值。

一旦计算出在高度为 $\bar{V}$ 处的年平均风速，在 $\bar{V}$ 处的基准发电量 E_u 就可以通过计算能源曲线的函数来求出。

总发电量是在不考虑任何损失的情况下，通过风能设备生产出的总的年发电量。这个指标通常用来决策可再生能源的输出。

总发电量计算公式为：

$$E_G=E_U c_H c_T$$

其中：E_U 为基准发电量，c_H 为压力调整系数，$c_H=\frac{P}{P_0}$；c_T 为温度调整系数：$c_T=\frac{T_0}{T}$。

（4）可用电量。可再生能源可用电量是风能设备的净发电量：

$$E_C=E_G c_L$$

式中：E_G 为总发电量，c_L 为能量损失系数。

$$c_L=(1-\lambda_\alpha)(1-\lambda_{s\&i})(1-\lambda_d)(1-\lambda_m)$$

其中：λ_α 为阵列损失（Array Losses），$\lambda_{s\&i}$ 为翼形损失（Airfoil Soiling and Icing Losses），λ_d 为停工损失（Downtime Losses），λ_m 为杂项损失（Miscellaneous Losses），λ_α、$\lambda_{s\&i}$、λ_d、λ_m 由用户在能源模型表格中指出。

（5）上网率。模型依据下式计算上网电量：

$$E_D=\mu E_C$$

其中：E_C 是可再生能源可用电量，μ 为风能上网率。

风能上网率是指可以被中央电网、独立电网利用的风能发电量。

独立电网和离网应用模型计算风能上网率：

$$WPL=\frac{WPC}{PL}100$$

其中：WPC 是风电容量，PL 是由用户指定的峰荷。

（6）剩余能量。剩余能量 E_x 是指可用风能 E_C 与上网电量 E_D 之间的不同：

$$E_x=E_C-E_D$$

（7）单位产量。

$$Y = \frac{E_c}{NA}$$

其中：E_c 为可用电能，N 为涡轮机的数量，A 为单个涡轮机转子的面积。

（8）风电容量要素。风电容量要素表示平均发电率，可以采用下式来表示（Li and Priddy，1985）：

$$PCF = \frac{E_c}{WPC \times h_Y} 100$$

其中：E_c 是可再生能源可用发电量 kWh，WPC 是风电装机容量，h_Y 是年可用小时数。

3. 太阳能资源潜力估算

（1）基本概念。

1）太阳能的偏差：

$$\delta = 23.45 \sin\left(2\pi \frac{284 + n}{365}\right)$$

其中，n 为一年中的第几天，如 1 月 1 日，n = 1；2 月 1 日，n = 32。偏差在 12 月 21 日是-23.45，在 6 月 21 日是 23.45。

2）光照角度与日落角度。太阳时角指的是太阳相对于当地经线的角位移，上午为负，下午为正，中午为零，每小时变化 15 度，如早上 7 时太阳时角为-75°。日落时角指的是日落时的太阳时角，由以下公式可以计算得出：

光照角度 $\cos\omega_s\delta = -\tan\psi\tan\delta$

其中：ψ 为测量位置的纬度，δ 为偏斜角。

3）地外辐射与晴空指数。地外辐射是指地球大气层外面的辐射。在地平面外每天的地外辐射 H_0 可以采用以下公式计算：

$$H_0 = \frac{86400 G_{SC}}{\pi}\left(1 + 0.033\left(2\pi \frac{n}{365}\right)\right)(\cos\psi\cos\delta\sin\omega_s + \omega_s\sin\psi\sin\delta)$$

其中：G_{SC} 是光照常量，取值 1367W/m²。

月均晴空指数为：

$$\overline{K}_T = \frac{\overline{H}}{\overline{H_0}}$$

其中：$\overline{H}$ 为月均日照辐射，$\overline{H_0}$ 为月均地外辐射。

（2）基本算法。首先计算太阳每小时的直射和漫射，然后计算每小时倾斜面的漫射，然后加总。

1）计算每小时直射和漫射。每天的漫射可以从平均每天的全部辐射得到：

$$\frac{\overline{H}_d}{\overline{H}_0} = 1.391 - 3.560\overline{K}_T + 4.189\overline{K}_T^2 - 2.137\overline{K}_T^3$$

如果日落角度小于 81.4^0，则：

$$\frac{\overline{H}_d}{\overline{H}_0} = 1.331 - 3.022\overline{K}_T + 3.427\overline{K}_T^2 - 1.821\overline{K}_T^3$$

2）计算每小时太阳能平板上的光能：

$$H_t = H_b R_b + H_d\left(\frac{1 + \cos\beta}{2}\right) + H_\rho\left(\frac{1 - \cos\beta}{2}\right)$$

其中：ρ 表示地表漫射（也称地表反射率），β 表示平板的倾斜度。月均气温大于 0℃，则其反射率为 0.2；如果月均气温小于−5℃，则反射率可设置成 0.7。考虑到 β 与温度之间呈线性关系。R_b 是太阳直射在 PV 电池组件上和直射到水平面上的比率，可用下式表达：

$$R_b = \frac{\cos\theta}{\cos\theta_z}$$

其中：θ 是太阳能电池组的一个倾斜角，θ_z 是太阳的正午倾斜角。

四、参数定义

1. 电力及热力平衡区定义

根据实际电网及供热管网架构划分电力及热力平衡区域结构，如表 7−2 所示。

表 7−2 电力及热力平衡区域结构

第一层次	第二层次	第三层次	第四层次	现有跨区域电网通道建设情况
东北	辽宁	辽中、辽西、辽南	辽南：大连、丹东	—
			辽西：朝阳、葫芦岛、锦州、阜新、盘锦	与内蒙古赤峰、华北网间具备跨区输送通道

续表

第一层次	第二层次	第三层次	第四层次	现有跨区域电网通道建设情况
东北	辽宁	辽中、辽西、辽南	辽中：沈阳、抚顺、铁岭、本溪、鞍山、辽阳、营口	与吉林省电网和内蒙古通辽、伊敏电厂间具备跨区输送通道
	吉林	吉南、吉东、吉西、吉中	吉林南：白山、通化	—
			吉林东：延边	与黑龙江电网间具备跨区输送通道
			吉林西：白城、松原	与辽宁电网、黑龙江电网间具备跨区输送通道
			吉林中：长春、吉林、四平、辽源	与辽宁电网、黑龙江电网间具备跨区输送通道，并含丰满水电站
	黑龙江	黑龙江中、黑龙江东、黑龙江西	黑龙江西：大兴安岭地区、黑河、齐齐哈尔、大庆	与吉林电网、内蒙古东部地区电网间具备跨区输送通道
			黑龙江中：伊春、绥化、哈尔滨、鹤岗	与吉林电网间具备跨区输送通道
			黑龙江东：鸡西、牡丹江、双鸭山、佳木斯、七台河	与吉林电网间具备跨区输送通道
	内蒙古东部地区	内蒙古东部南、内蒙古东部北	内蒙古东部南：通辽、赤峰	与辽宁电网间具备跨区输送通道
			内蒙古东部北：呼伦贝尔、兴安盟	与黑龙江电网间具备跨区输送通道

2. 定义发电技术

（1）Coal——亚临界、超临界、超超临界、IGCC、超超临界（含碳捕捉）。

- Subcritical_CO
- Supercritical_CO
- Ultra_supercritical_CO_2010
- Ultra_supercritical_CO_2030
- Ultra_supercritical_CO_2050
- IGCC_CO_2010
- IGCC_CO_2030
- IGCC_CO_2050
- SupercriticalPostCompCapture_CO_2030
- SupercriticalPostCompCapture_CO_2050

（2）Hydro——水电。

- Hydro_Large

- Hydro_Small
- Pumped_storage

（3）Nuclear——核电。

- Nuclear_LWR

（4）Natural Gas ——天然气发电。

- Gas_turbine_NAT_2010
- Gas_turbine_NAT_2030
- Gas_turbine_NAT_2050
- Combined_cycle_NAT_2010
- Combined_cycle_NAT_2030
- Combined_cycle_NAT_2050
- NGCCPostCompCapture_NAT_2030
- NGCCPostCompCapture_NAT_2050

（5）Wind——风电。

- Wind_Onshore
- Wind_Onshore _utility_scale_2010
- Wind_Onshore _utility_scale_2030
- Wind_Onshore _utility_scale_2050
- Wind_Offshore
- Wind_Offshore _utility_scale_2010
- Wind_Offshore _utility_scale_2030
- Wind_Offshore _utility_scale_2050

（6）Solar ——太阳能。

- Solar_PV_utility_scale_2010
- Solar_PV_utility_scale_2030
- Solar_PV_utility_scale_2050
- Solar_roof_top_2010
- Solar_roof_top_2030
- Solar_roof_top_2050
- CSP_NoStorage_2010
- CSP_NoStorage_2030
- CSP_NoStorage_2050

（7）Biomass——生物质能。

- BP_CO_2030
- Bio_ST_cycle
- Bio_ST_cycle_CHP_BP

（8）CHP plants——热电联产。

- BP_CO_2010
- BP_CO_2050
- BP_Industy_CO
- EXT_CO_2010
- EXT_CO_2030
- EXT_CO_2050
- EXT_Industy_CO
- CC_BP_NAT_2010
- CC_BP_NAT_2030
- CC_BP_NAT_2050
- CC_BP_Industy_NAT
- CC_EXT_NAT_2010
- CC_EXT_NAT_2030
- CC_EXT_NAT_2050

（9）Heat only boiler——纯热机组。

- HO_DH_CO

（10）Heat storage ——储热设备。

- Heat_storage
- HeatPump

3. 定义发电技术参数

发电技术参数包括技术类型、运行效率、固定及可变运行成本、建设成本、燃料成本、污染物排放系数、机组寿命、快速启动能力、计划及非计划停运率等，如表 7-3 所示。

4. 分地区、分技术定义装机规模及退出序列

具体如表 7-4 所示。

表 7-3 发电技术参数定义

	GDTYPE	GDFUEL	GDCV	GDCB	GDFE	$GDCH_4$	$GDNO_X$	$GDDESO_2$	GDINVCOSTO	GDOMFCOSTO
*coal										
Subcritical_CO	1	3			0.38				11	229
Supercritical_CO	1	3			0.42				13	267
Ultra_supercritical_CO_2010	1	3			0.47				15	292
Ultra_supercritical_CO_2030	1	3			0.5				15	292
Ultra_supercritical_CO_2050	1	3			0.52				15	292
IGCC_CO_2010	1	3			0.46				17	330
IGCC_CO_2030	1	3			0.5				15	305
IGCC_CO_2050	1	3			0.54				14	280
SupercriticalPoseCompcapture_CO 2030	1	22			0.42				22	658
SupercriticalPoseCompcapture_CO_2050	1	22			0.44				18	553
*Lignite										
Subcritical_LI	1	4			0.35				12	240
Subcritical_LI	1	4			0.4				14	280
Ultra_supercritical_LI_2010	1	4			0.44				15	307
Ultra_supercritical_LI_2030	1	4			0.47				15	307
Ultra_supercritical_LI_2050	1	4			0.49				15	307
IGCC_LI_2010	1	4			0.44				17	347
IGCC_LI_2030	1	4			0.48				16	320
IGCC_LI_2050	1	4			0.52				15	294
SupercriticalPoseCompcapture_LI_2030	1	27			0.36				23	681

续表

	GDTYPE	GDFUEL	GDCV	GDCB	GDFE	$GDCH_4$	$GDNO_X$	$GDDESO_2$	GDINVCOSTO	GDOMFCOSTO
SupercriticalPoseCompcapture_LI_2050	1	27			0.41				20	601
*Natural Gas										
Gas_turbine_NAT_2010	1	2			0.38				4	165
Gas_turbine_NAT_2030	1	2			0.4				3	127
Gas_turbine_NAT_2050	1	2			0.42				3	127
Comblned_cycle_NAT_2010	1	2			0.57				6	159
Comblned_ecycle_NAT_2030	1	2			0.61				6	159
Comblned_ecycle_NAT_2050	1	2			0.63				6	159
NCCCPoatCompCapture_NAT_2030	1	28			0.54				9	222
NCCCPoatCompCapture_NAT_2050	1	28			0.56				7	175
*Nuclear										
Nuclear_LWR	1	1			0.36				29	585

注：该表为 Balmorel 模型截图。

表 7-4　分地区、分技术定义基年装机规模及退出序列

年份	火电总数											
	辽南		辽西					辽中				
	大连	丹东	朝阳	葫芦岛	锦州	阜新	盘锦	沈阳	抚顺	铁岭	本溪	鞍山
2010	6923.899	978.40332	881.112	713.37574	1225.041	508.56	1243.42	6735.1	1201.59	969.33	1154.891	2852.4
2011	6716.182	949.05122	854.6786	691.97447	1188.29	493.31	1206.11	6533.1	1165.54	940.25	1120.245	2766.9
2012	6514.697	920.57968	829.0383	671.21523	1152.641	478.51	1169.93	6337.1	1130.58	912.04	1086.637	2683.9
2013	6319.256	892.96229	804.1671	651.07878	1118.062	464.15	1134.83	6147	1096.66	884.68	1054.038	2603.3
2014	6129.678	866.17342	780.0421	631.54641	1084.52	450.23	1100.79	5962.6	1063.76	858.14	1022.417	2525.2
2015	5945.788	840.18822	756.6409	612.60002	1051.984	436.72	1067.76	5783.7	1031.85	832.4	991.7446	2449.5
2016	5767.414	814.98257	733.9416	594.22202	1020.425	423.52	1035.73	5610.2	1000.89	807.42	961.9523	2376
2017	5594.392	790.5331	711.9234	576.39536	989.8122	410.91	1004.66	5441.9	970.865	783.2	933.1[illegible]25	2304.7
2018	5426.56	766.8171	690.5657	559.1035	960.1178	398.58	974.52	5278.6	941.739	759.71	905.1[illegible]85	2235.6
2019	5263.763	743.81259	669.8487	542.33039	931.3143	386.63	945.285	5120.3	913.487	736.91	877.9844	2168.5
2020	5105.85	721.49821	649.7532	526.06048	903.3749	375.03	916.926	4966.7	886.082	714.81	851.6449	2103.5
2021	4952.675	699.85327	630.2606	510.27867	876.2736	363.78	889.418	4817.7	859.5	693.36	826.0[illegible]55	2040.4
2022	4804.095	678.85767	611.3528	494.97031	849.9854	352.86	862.736	4673.1	833.715	672.56	801.3[illegible]26	1979.1
2023	4659.972	658.49194	593.0122	480.1212	824.4859	342.28	836.854	4532.9	808.703	652.38	777.2783	1919.8
2024	4520.173	638.73718	575.2219	465.71756	799.7513	332.01	811.748	4396.9	784.442	632.81	753.9551	1862.2
2025	4384.567	619.57506	557.9652	451.74604	775.7587	322.05	787.396	4265	760.909	613.83	731.3364	1806.3
2026	4253.03	600.98781	541.263	438.19364	752.486	312.39	763.774	4137.1	738.082	595.41	709.3963	1752.1
2027	4125.439	582.95818	524.9895	425.04784	729.9114	303.02	740.861	4013	715.939	577.55	688.1144	1699.6
2028	4001.676	565.46943	509.2398	412.29641	708.0141	293.93	718.635	3892.6	694.461	560.23	667.471	1648.6
2029	3881.626	548.50535	493.9626	399.92752	686.7736	285.11	697.076	3775.8	673.627	543.42	647.4469	1599.1
2030	3765.177	532.05019	479.1437	387.92969	666.1704	276.55	676.163	3662.5	353.418	527.12	628.0235	1551.1
2031	3652.222	516.08868	464.7694	376.2918	646.1853	263.26	655.878	3552.7	633.816	511.3	609.1828	1504.6

5. 定义与地区相关的分技术满负荷利用小时数等技术参数

PARAMETER WTRRSFLH（AAA）‘Full load hours for hydro reservoir plants’

PARAMETER WTRRRFLH（AAA）‘Full load hours for hydro run-of-river plants’

PARAMETER WNDFLH（AAA）‘Full load hours for wind power’

PARAMETER SOLEFLH（AAA）‘Full load hours for solar power’

PARAMETER SOLHFLH（AAA）‘Full load hours for solar heat’

PARAMETER WAVEFLH (AAA) ‘Full load hours for wave power’

PARAMETER ANNUITYC (CCC) ‘Transforms investment to annual payment’

6. 将热力需求落实到市一级

具体如表 7-5 所示。

表 7-5 热力

	A	B	C	D	E	F	G	H
1	基础数据（专家确定）							2010
2							人口增长率	
3							人均住房面积增长率	
4							GDP 增长率	
5								
6	浅灰色数据为需要输入的数据	2010 年 GDP	2010 年 GDP 占比	2010 年经济活动热力消费量总量及分配	2010 年人口	2010 年人口占比	2010 年生活热力消费量总量及分配	2010 年热力消费总量
7	辽宁（所属各项相加）	20650.82		0.905759387	1488.8		0.094241273	
8	大连	5158.16	0.24979912	0.2262405	207.6	0.139441161	0.013141112	0.239381612
9	丹东	728.89	0.035295935	0.031969624	82.8	0.055615261	0.005241253	0.037210877
10	朝阳	656.41	0.031786147	0.028790601	112.5	0.075564213	0.007121268	0.035911869
11	葫芦岛	531.45	0.025735056	0.023309768	97.1	0.065220312	0.006146445	0.029456213
12	锦州	912.63	0.044193402	0.040028589	103.8	0.06972058	0.006570556	0.046599145
13	阜新	378.87	0.018346487	0.016617503	67	0.045002687	0.00424111	0.020858613
14	盘锦	926.32	0.04485633	0.040629042	47.6	0.031972058	0.003013087	0.04364213
15	沈阳	5017.54	0.242970497	0.220072808	251.3	0.168793659	0.015907329	0.235980138
16	抚顺	895.16	0.043347431	0.039262343	83.3	0.055951102	0.005272903	0.044535246
17	铁岭	722.13	0.034968587	0.031673126	105	0.070526599	0.006646516	0.038319643
18	本溪	860.37	0.041662752	0.037736429	56.7	0.038084363	0.003589119	0.041325548
19	鞍山	2125.01	0.102901967	0.093204423	117.9	0.079191295	0.007463088	0.100667511
20	辽阳	735.43	0.035612629	0.032256473	69	0.046346051	0.004367711	0.036624184
21	营口	1002.45	0.048542867	0.043968157	87.2	0.058570661	0.005519774	0.049487931

7. 确保电力需求变化趋势与国家总电力需求发展趋势一致

具体如表 7-6 所示。

表 7-6　电力需求

A	B	C
	电力需求（MWh）	2010 年
辽中、辽西、辽南	辽中	48904761.53
	辽西	28291583.77
	辽南	94353654.7
吉林南、东、西、中	吉林南	6465326.503
	吉林东	3256957.359
	吉林西	9439739.253
	吉林中	38534976.89
黑龙江中、东、西	黑龙江中	27723326.28
	黑龙江东	32482694.16
	黑龙江西	16058219.56
内蒙古东部南、内蒙古东部北	内蒙古东部南	35917865.58
	内蒙古东部北	14818826.75
辽南：大连、丹东		
辽西：朝阳、葫芦岛、锦州、阜新、盘锦		
辽中：沈阳、抚顺、铁岭、本溪、鞍山、辽阳、营口		
吉林南：白山、通化		
吉林东：延边		
吉林西：白城、松原		
吉林中：长春、吉林、四平、辽源		
黑龙江西：大兴安岭地区、黑河、齐齐哈尔、大庆		
黑龙江中：伊春、绥化、哈尔滨、鹤岗		
黑龙江东：鸡西、牡丹江、双鸭山、佳木斯、七台河		
内蒙古东部南：通辽、赤峰、锡林郭勒		
内蒙古东部北：呼伦贝尔、兴安盟		
规则：按照各省份 2011 年统计年鉴（2010 年数据）读出各省份总 GDP 及地区 GDP，各省电力消费量（能源平衡表实物表）按照各地区占各省份 GDP 比例分摊电力消费量		

8. 分地区定义煤、油、气等常规能源价格

具体如表 7-7 所示。

表 7-7　燃料价格

元/吉焦

年份	系数	辽南		辽西					辽中							吉林
		大连	丹东	朝阳	葫芦岛	锦州	阜新	盘锦	沈阳	抚顺	铁岭	本溪	鞍山	辽阳	营口	白山
2010		28.66801	28.66801	28.66801	28.66801	28.66801	28.66801	28.66801	28.66801	28.66801	28.66801	29.66801	28.66801	28.66801	28.66801	28.66801
2011	1.013654	29.05945	29.05945	29.05945	29.05945	29.05945	29.05945	29.09445	29.05945	29.05945	29.05945	29.05945	29.05945	29.05945	29.05945	29.05945
2012	1.012966	29.43623	29.43623	29.43623	29.43623	29.43623	29.43623	29.43623	29.43623	29.43623	29.43623	29.43623	29.43623	29.43623	29.43623	29.43623
2013	1.013298	29.82767	29.82767	29.82767	29.82767	29.82767	29.82767	29.82767	29.82767	29.82767	29.82767	29.82767	29.82767	29.82767	29.82767	29.82767
2014	1.012632	30.20445	30.20445	30.20445	30.20445	30.20445	30.20445	30.20445	30.20445	30.20445	30.20445	30.20445	30.20445	30.20445	30.20445	30.20445
2015	1.012474	30.58124	30.58124	30.58124	30.58124	30.58124	30.58124	30.58124	30.58124	30.58124	30.58124	30.58124	30.58124	30.58124	30.58124	30.58124
2016	1.007084	30.79789	30.79789	30.79789	30.79789	30.79789	30.79789	30.79789	30.79789	30.79789	30.79789	30.79789	30.79789	30.79789	30.79789	30.79789
2017	1.007069	31.01558	31.01558	31.01558	31.01558	31.01558	31.01558	31.01558	31.01558	31.01558	31.01558	31.01558	31.01558	31.01558	31.01558	31.01558
2018	1.007019	31.23328	31.23328	31.23328	31.23328	31.23328	31.23328	31.23328	31.23328	31.23328	31.23328	31.23328	31.23328	31.23328	31.23328	31.23328
2019	1.00697	31.45098	31.45098	31.45098	31.45098	31.45098	31.45098	31.45098	31.45098	31.45098	31.45098	31.45098	31.45098	31.45098	31.45098	31.45098
2020	1.006889	31.66763	31.66763	31.66763	31.66763	31.66763	31.66763	31.66763	31.66763	31.66763	31.66763	31.66763	31.66763	31.66763	31.66763	31.66763
2021	1.004594	31.81311	31.81311	31.81311	31.81311	31.81311	31.81311	31.81311	31.81311	31.81311	31.81311	31.81811	31.81311	31.81311	31.81311	31.81311
2022	1.005001	31.9722	31.9722	31.9722	31.9722	31.9722	31.9722	31.9722	31.9722	31.9722	31.9722	31.9722	31.9722	31.9722	31.9722	31.9722
2023	1.004976	32.13128	32.13128	32.13128	32.13128	32.13128	32.13128	32.13128	32.13128	32.13128	32.13128	32.13128	32.13128	32.13128	32.13128	32.13128
2024	1.004528	32.27676	32.27676	32.27676	32.27676	32.27676	32.27676	32.27676	32.27676	32.27676	32.27676	32.27676	32.27676	32.27676	32.27676	32.27676
2025	1.004929	32.43585	32.43585	32.43585	32.43585	32.43585	32.43585	32.43585	32.43285	32.43585	32.43585	32.43585	32.43585	32.43585	32.43585	32.43585
2026	1.004779	32.59085	32.59085	32.59085	32.59085	32.59085	32.59085	32.59085	32.59085	32.59085	32.59085	32.59085	32.59085	32.59085	32.59085	32.59085
2027	1.004756	32.74586	32.74586	32.74586	32.74586	32.74586	32.74586	32.74586	32.74586	32.74586	32.74586	32.74586	32.74586	32.74586	32.74586	32.74586
2028	1.004734	32.90086	32.90086	32.90086	32.90086	32.90086	32.90086	32.90086	32.90086	32.90086	32.90086	32.90086	32.90086	32.90086	32.90086	32.90086
2029	1.004711	33.05587	33.05587	33.05587	33.05587	33.05587	33.05587	33.05587	33.05587	33.05587	33.05587	33.05587	33.05587	33.05587	33.05587	33.05587
2030	1.004689	33.21087	33.21087	33.21087	33.21087	33.21087	33.21087	33.21087	33.21087	33.21087	33.21087	33.21087	33.21087	33.21087	33.21087	33.21087
2031	1.004918	33.37419	33.37419	33.37419	33.37419	33.37419	33.37419	33.37419	33.37419	33.37419	33.37419	33.37419	33.37419	33.37419	33.37419	33.37419
2032	1.004701	33.53109	33.53109	33.53109	33.53109	33.52109	33.53109	33.53109	33.53109	33.53109	33.53109	33.53109	33.53109	33.53109	33.53109	33.53109
2033	1.004679	33.68799	33.68799	33.68799	33.68799	33.68799	33.6879	33.68799	33.68799	33.68799	33.68799	33.68799	33.68799	33.68799	33.68799	33.68799
2034	1.004657	33.84489	38.84489	33.84489	33.84489	33.84489	33.84489	33.84489	33.84489	33.84489	33.84489	33.84489	33.84489	33.84489	33.84489	33.84489
2035	1.004636	34.00179	34.00179	34.00179	34.00179	34.00179	34.00179	34.00179	34.00179	34.00179	34.00179	34.00179	34.00179	34.00179	34.00179	34.0017
2036	1.004614	34.15869	34.15869	34.15869	34.15869	34.15869	34.15869	34.15869	34.15869	34.15869	34.15869	34.15869	34.15869	34.15869	34.15869	34.15869
2037	1.004593	34.31559	34.31559	34.31559	34.31559	34.31559	34.31559	34.31559	34.31559	34.31559	34.31559	34.31559	34.31559	34.31559	34.31559	34.31559

五、模型部分结论

（1）基准情景（无任何政策约束）：全社会建设运行投入成本最低。

1）黑龙江、吉林、辽宁、内蒙古东部 2010~2050 年各发电技术年度发电量（见图 7-7）。

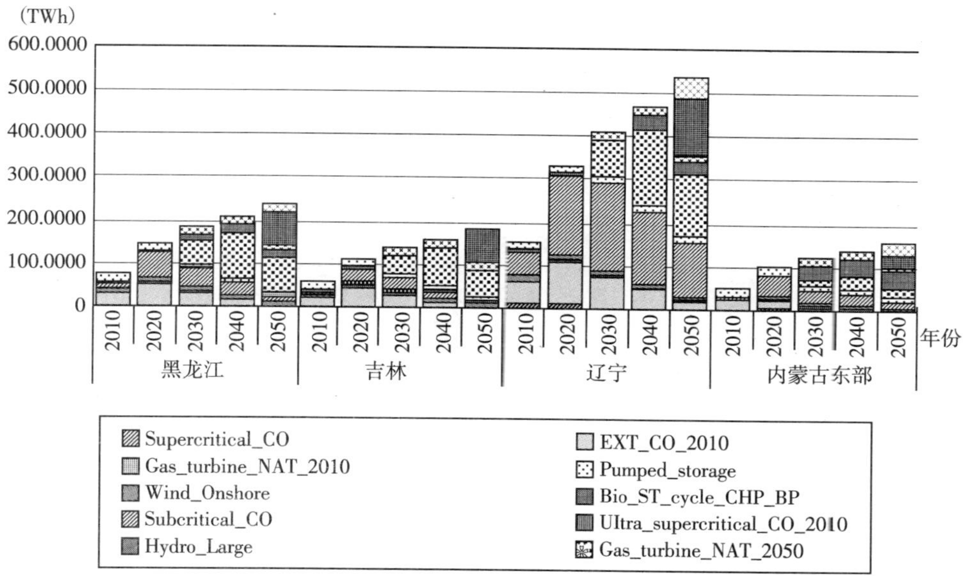

图 7-7 黑龙江、吉林、辽宁、内蒙古东部 2010~2050 年各发电技术年度发电量

2）黑龙江、吉林、辽宁、内蒙古东部 2010~2050 年分不同技术类型的二氧化碳排放量（见图 7-8）。

3）黑龙江、吉林、辽宁、内蒙古东部 2010~2050 年各发电技术容量变化情况（见图 7-9）。

（2）高比例可再生能源情景：2050 年可再生能源电力满足 60%电力需求，考虑到东北已经达到较高的水电开发比例，因此水电不再新增投资。

1）黑龙江、吉林、辽宁、内蒙古东部 2010~2050 年各发电技术年度发电量（见图 7-10）。

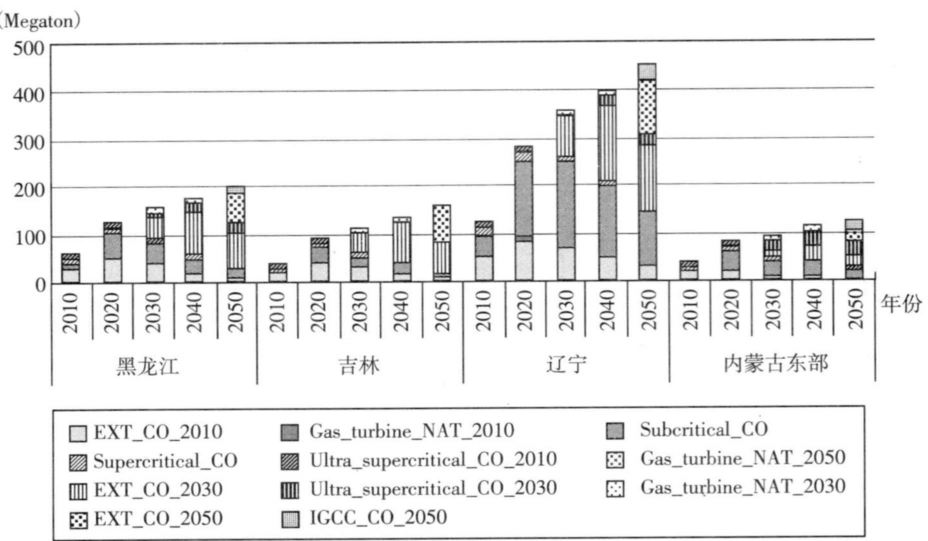

图 7-8 黑龙江、吉林、辽宁、内蒙古东部 2010~2050 年分不同技术类型的二氧化碳排放量

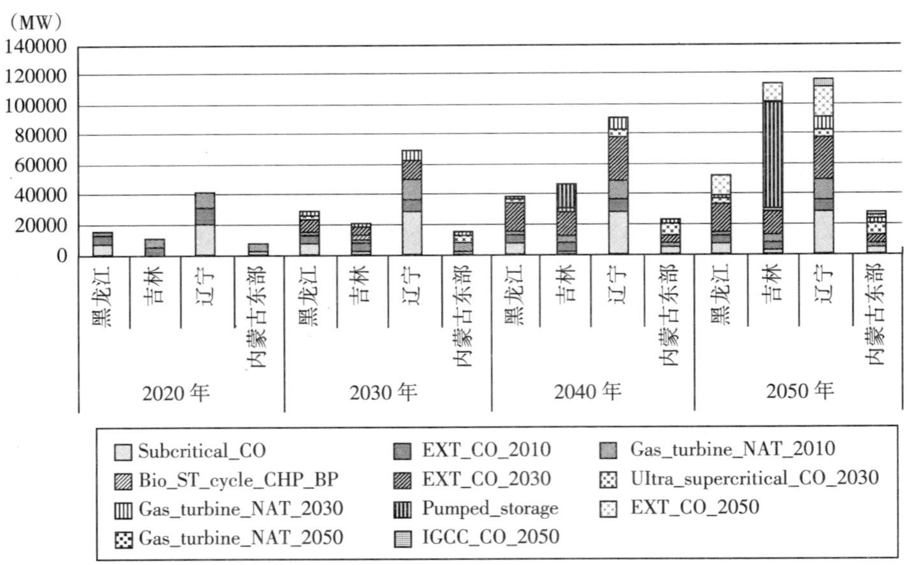

图 7-9 黑龙江、吉林、辽宁、内蒙古东部 2010~2050 年各发电技术容量变化情况

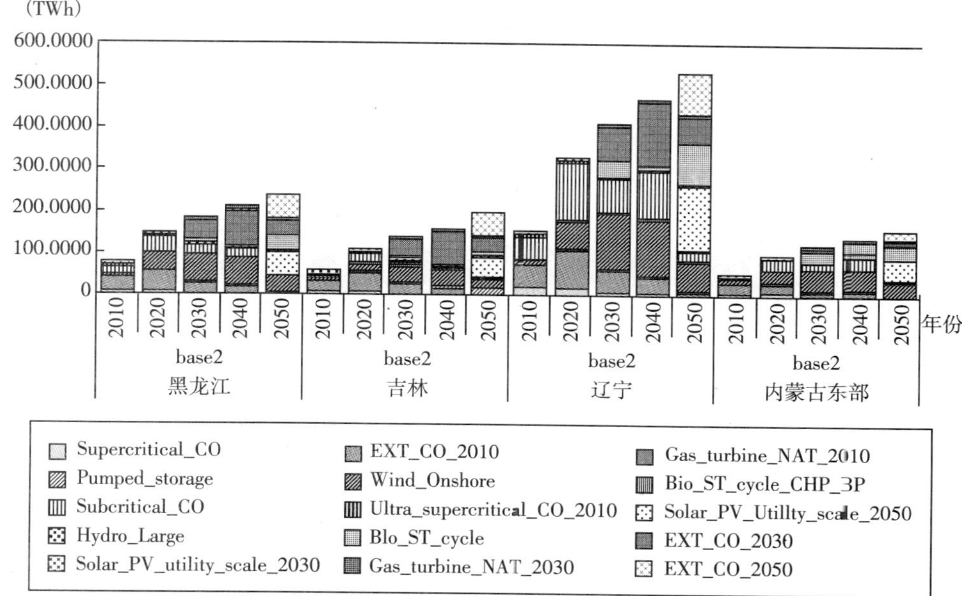

图 7-10 黑龙江、吉林、辽宁、内蒙古东部 2010~2050 年各发电技术年度发电量

2）黑龙江、吉林、辽宁、内蒙古东部 2010~2050 年各发电技术碳排放量（见图 7-11）。

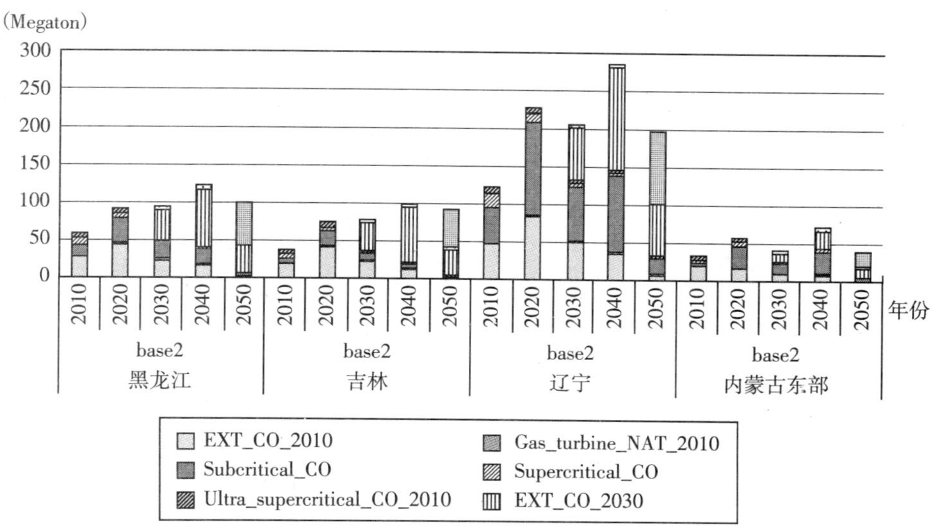

图 7-11 黑龙江、吉林、辽宁、内蒙古东部 2010~2050 年各发电技术碳排放量

3）黑龙江、吉林、辽宁、内蒙古东部 2010~2050 年各技术装机容量变化（见图 7-12）。

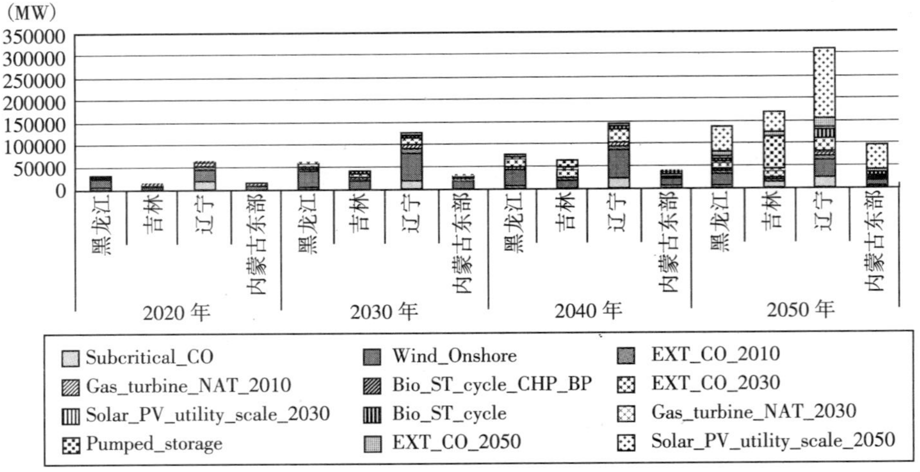

图 7-12　黑龙江、吉林、辽宁、内蒙古东部 2010~2050 年各技术装机容量变化

（3）碳排放约束情景：2050 年全国能源总消费 63 亿吨标准煤，以对应标煤碳排放总量的 80%作为 2050 年碳排放约束情景的 CAP，东北地区占全国碳排放总量的 12%。

1）辽宁、吉林、黑龙江、内蒙古东部 2010~2050 年各发电技术年度发电量（见图 7-13）。

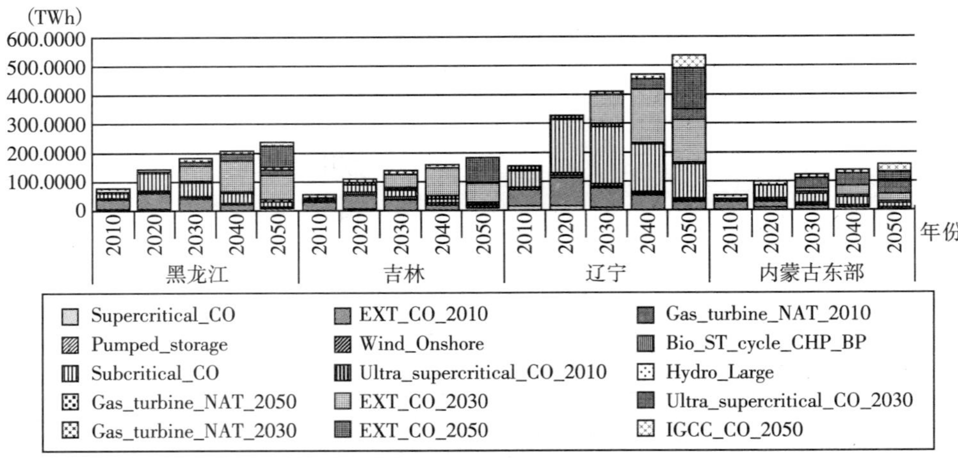

图 7-13　黑龙江、吉林、辽宁、内蒙古东部 2010~2050 年各发电技术年度发电量

2）黑龙江、吉林、辽宁、内蒙古东部 2010~2050 年各发电技术碳排放量（见图 7-14）。

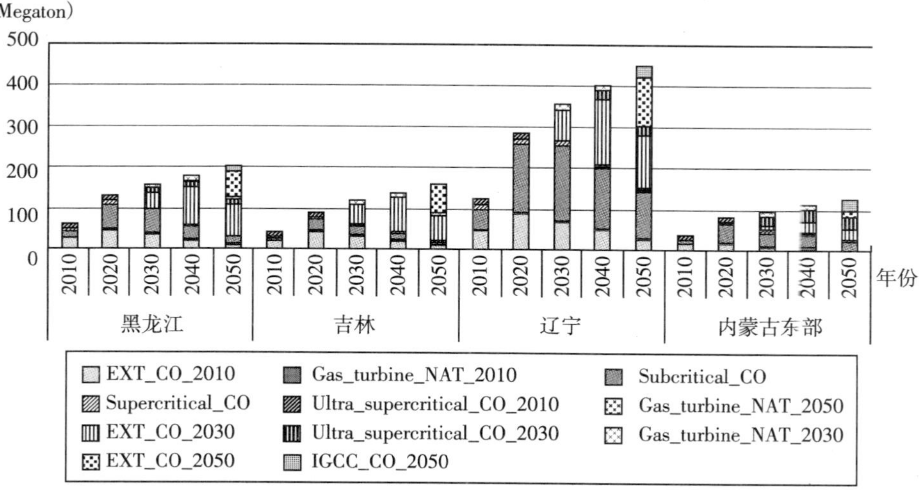

图 7-14　黑龙江、吉林、辽宁、内蒙古东部 2010~2050 年各发电技术碳排放量

3）黑龙江、吉林、辽宁、内蒙古东部 2010~2050 年各技术装机容量变化（见图 7-15）。

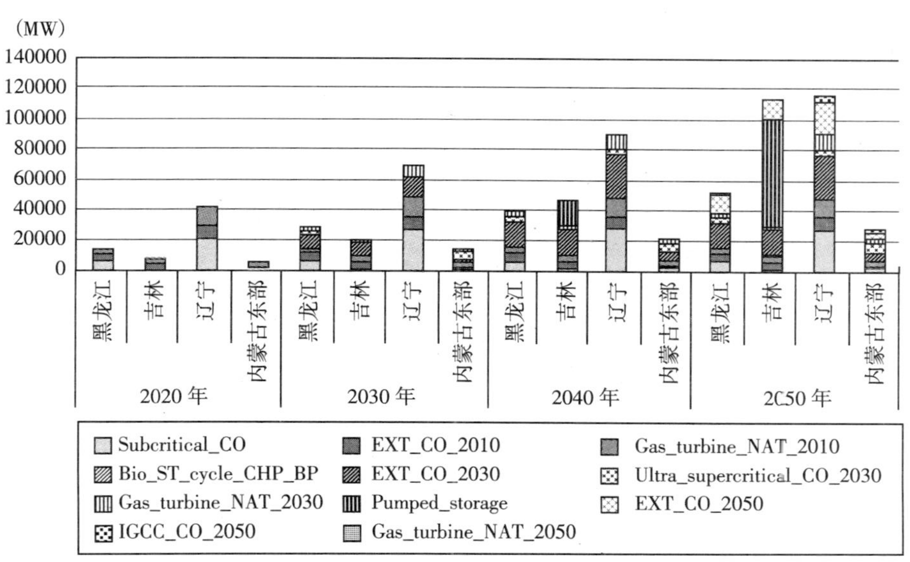

图 7-15　黑龙江、吉林、辽宁、内蒙古东部 2010~2050 年各技术装机容量变化

第五节 系统存在的问题及改进

一、建模方面

本书建立了可再生能源区域部署模型的模型框架，能够对中国可再生能源高比例情景进行基本分析，但是由于本模型主要是在 Balmorel 模型的基础上的本土化改进，还有很多地方没有充分反映中国的国情，具体如下：

1. 模型市场假设方面

该系统模型的市场配置效率是以完全的自由竞争作为严格假设条件，而在中国的市场并不具备这种充分的条件。因而在此基础上计算的成本最优是一种理想状态下的资源配置。今后可在此基础上设置各种市场情景进行模拟。

2. 电价方面

该系统模型在电价福利计算中做了简化处理，主要考虑的是固定电价，没有考虑不同公司、不同地区协商定价情况，也没有考虑最近出台的阶梯电价和未来可能出台的分时电价情况，在未来我们将讨论在模型中设置新的模块，以分析电价政策对未来电力结构的影响。

3. 热电联产方面

因中国的特殊国情，我们很难估计热电联产的分地区需求，本次模型构建没有区分热点联产的地区特性，统一按照省级行政划分。以后模型构建将在总结黑龙江调研数据的基础上，讨论如何在模型中简化热电联产机组在模型中的模拟，在东北、西北等重点供热地区将细化区域的划分，对于其他地区，仍然按照省级行政划分。

4. 化石燃料地域差别方面

本次模型构建没有考虑化石燃料地域差别。而在实际调研中，我们发现不同地区煤价格相差巨大，这将产生“运煤还是运电”的问题，在后续开发中，会尝试引入不同地域煤运输成本和输电成本的对比机制。首先，对各地区煤炭运输上限做出估计，结合现有运输情况提供煤炭运输成本矩阵，尝试在短期情景评估中分析化石燃料运输问题。

5. 可再生能源波动性及供应曲线方面

本次模型构建对可再生能源波动性考虑不充分。在之前完成的计算可再生能源波动性模块中，数据需求包括分地区可再生能源资源禀赋时序数据、不同地区可再生能源相关矩阵等。而在实际调研中，发现此类数据在中国没有被统计。在之后的开发中，我们将结合现有数据对可再生能源波动性进行分析，并结合现有中国电力市场结构和已有供应曲线数据，将连续的风电、光伏供应曲线线性化，为风电优化部署提供数据支持。

6. 化石燃料价格变动方面

本次模型构建对化石燃料价格做了简化考虑。以后建模将建立化石燃料供应曲线，并将其线性化。在确定化石燃料消费量之后，根据曲线信息得到变动的化石燃料价格，从而得到变动的化石燃料供应成本。

二、数据方面

本次研究对模型所需要的数据进行了具体的分类及定义，并针对不同数据制定了数据收集模板，找到了对应的数据来源。目前，已经基本搭建起了可再生能源区域部署模型所需的数据库结构，并建立了主要输入表格（见图 7-16）。

1. 技术数据

发电技术数据主要参考了丹麦能源局（NEA）的技术目录中的参数。电价计算是根据世界银行发布的中国价格指数及实际输电成本进行了重新计算。水电技术及核电技术的投资成本并没有计算在内，如果未来数据可以支撑，可以补充进去，可根据具体电站进行估算。

2. 装机数据

发电厂装机数据主要来源于《中国电力统计年鉴》（以下简称《统计年鉴》），《统计年鉴》中包括了不同发电技术（水电、火电、风电等）6MW以上电站的详细信息，包括装机量、机组数量、效率等（见图 7-17）。目前，省一级的装机量数据来源为《中国电力统计年鉴》。由于《统计年鉴》中没有涵盖发电机组的装机时间，所以目前机组的退役时间为估算结果。其中，火力发电机组以每年总装机量的增长率估算退役时间，风电机组以其工作寿命估算退役时间，没有对水电及核电的发电机组设置退役时间。

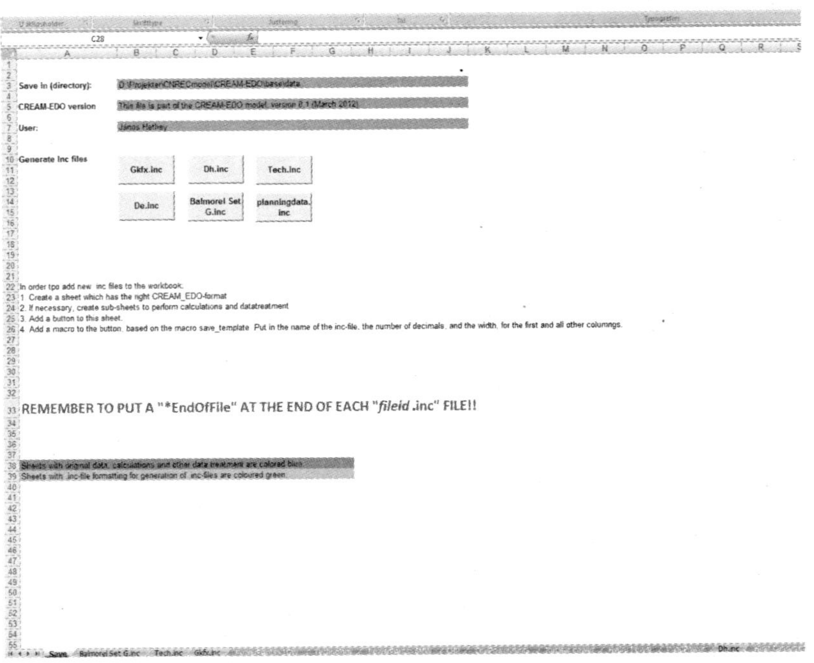

图 7–16　数据输入表格

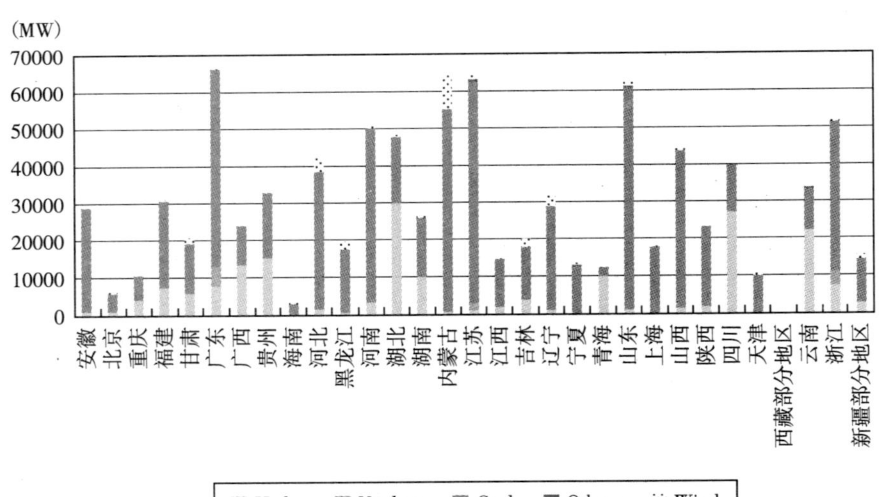

图 7–17　2010 年各省不同发电技术电站装机总量（>6MW）

3. 火电（煤电、油电、气电）

目前火电只考虑了煤电，煤电的发电效率目前只是在电厂建设年代的基础上，按时间推算取平均值。图 7-18 为估算的 1980~2010 年装机容量，装机容量数据是按照 1980~2010 年电消费总量的比例来估算的。缺少火电技术的发电效率，尤其是热电联产发电站的装机容量、供应曲线等详细数据。

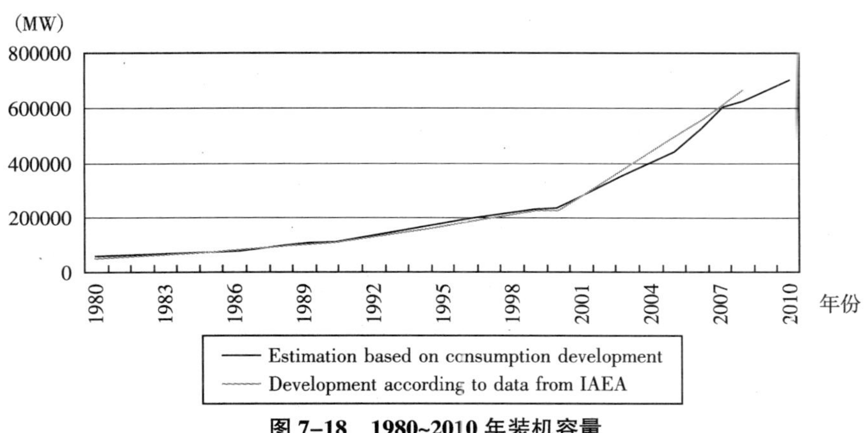

图 7-18　1980~2010 年装机容量

4. 水电（径流式、水库式、抽水蓄能式）

目前，水电装机容量数据同样来自于《统计年鉴》，同样也是省一级数据，但是没有将三种水电方式分开。径流式（FLH）数据是根据《统计年鉴》推算出来的，抽水蓄能电站的储能数据来自于维基百科，没有水库式水电站的储能数据（见图 7-19）。三种水电发电方式的供应曲线及效率不尽相同，需要细化。

5. 风电

风电 2010 年省一级装机容量同样来自于《统计年鉴》，风电场的退役时间是根据电机寿命估算，统一为 20 年。缺少风资源数据，最终需要根据风资源的详细信息对每一个省级单位进行划分。同时，还需要知道某一区域范围内的最大资源限制量以及可能的投资额。

6. 电力负荷

省一级电力负荷数据来自于国家统计局，对于未来负荷增长的数据根据 IEA 风电路线图描述，缺乏负荷曲线以及省级单位的未来电力负荷预

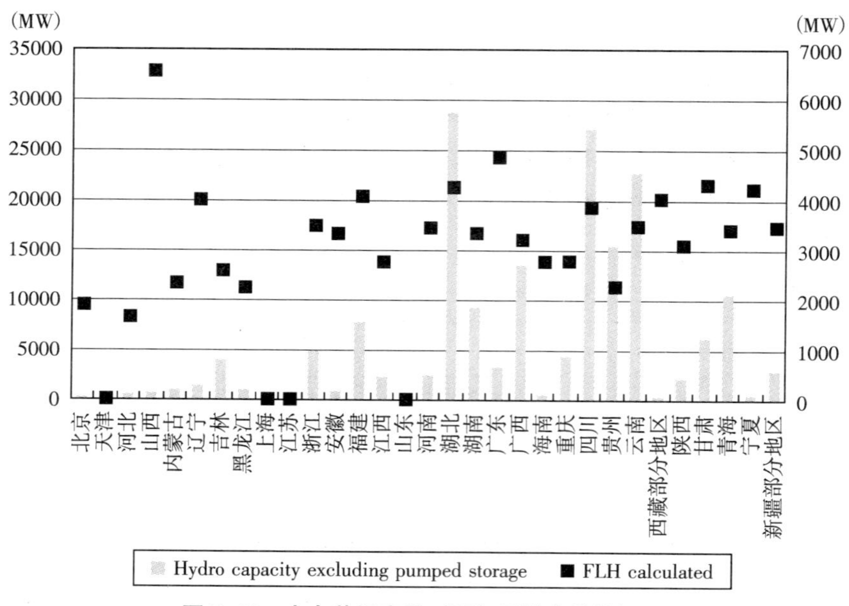

图 7-19　水电装机容量（不包括抽水蓄能）

测，传输过程中的线损率数据也需要收集（区域间传输的线损率需要单独计算，此处为区域内部小范围传输时的线损率）（见图 7-20）。

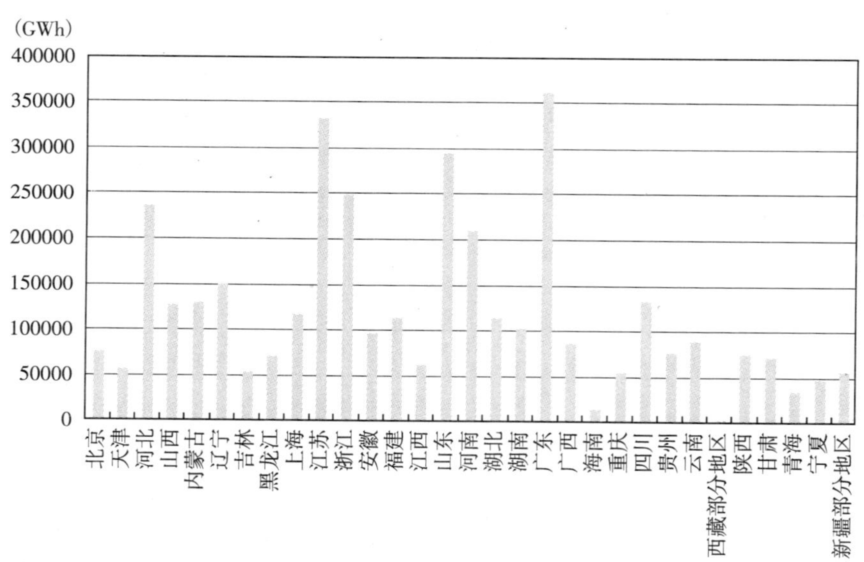

图 7-20　2009 年各省电力负荷

7. 热力负荷

热力负荷数据来自于各省 2011 年《统计年鉴》中的热力消费数据，同样需要热力负荷曲线，以及热电联产发电厂的数据，对未来的预测也需要细化到省一级区域。

在数据方面还存在两个显著的问题：

（1）数据缺失量非常大。模型工作的大多数数据都集中在电力系统方面，对于这方面的数据我们前期预计得不足，所以很多数据都不能及时准备好，缺失最为严重的就是电网传输、可再生能源资源上限、燃料价格、生产及负荷的变化曲线等数据。如电网传输数据，可以说是在划分省内区域时非常重要的参考依据，但是由于数据的缺乏，我们只将所有的数据级别要求到了省一级，实际上，目前我们连省一级单位数据也不能满足，更不要说满足后期模型运转过程中的需要。数据的缺乏所导致的直接结果就是影响模型结果的可信性。

（2）数据推理运算能力。由于我们目前对于可再生能源区域部署模型还处于摸索试验阶段，还不能很好地掌握数据间的互补及推算方式。

因此，我们建议：

（1）先将黑龙江省列为重点区域，最先保证这一地区数据的可靠性及真实性，来对模型的架构进行检验。

（2）目前的数据收集都只进行到了省一级单位，接下来在保证省一级数据可靠性的基础上可继续细化数据，但是这需要建立在风资源、电力传输线路、热力供应等重要数据的基础上对省内区域进行划分，才能更有目的性地进行数据收集及细化。

（3）对现有数据进行分类。由于时间关系，目前对于现有数据资源，如《统计年鉴》等的使用并不充分。下一步工作还将对这些数据资源进行分类，更加细化，在这些资源的基础上总结出更加翔实、可靠的数据，发挥其作用。

（4）目前我们已经制定了针对模型开发所需的数据模板，下一步需要对模板继续细化及丰富，使之成为今后在进行其他省级数据收集时统一、标准的格式。

总之，可再生能源决策支持系统开发是一个长期不懈努力的过程；需要经费的长期与稳定支撑；需要多方、多类人员协同配合参与；需要不同知识背景研发人员的合作、多部门合作与多国合作，充分吸收各国和有关国际组织的研究成果。在构建过程中，重视系统的总体规划、分析、设计；重视数据信息采集、存储、更新、维护各个环节的质量管理；合理选择业务模块外包，选择合适的业务承包商；明确决策支持平台的运行、维护的负责部门，实现信息平台建设和运营管理“无缝”衔接；重视运行维护的机制与制度建设。另外，科研机构扮演的角色很重要：系统规划分析设计者、模型和方法的提供者，是系统开发商与决策者（业主）沟通的桥梁。

第八章 总 结

（1）对可再生能源数据基础进行了摸底，在分析可再生能源产业现有统计资料的基础上，通过现场调查和专家访谈的方式，梳理可再生能源数据采集和统计的现状，分析可再生能源数据采集和统计中存在的问题，然后针对存在的问题和困难，借鉴国际经验，提出指导我国可再生能源信息采集和统计的对策建议。研究指出，目前我国可再生能源数据采集和统计存在的主要困难有：①可再生能源领域涉及的数据量大、覆盖面广、内容多样等自身特点让信息采集和统计工作变得困难。②可再生能源信息收集和统计的基础工作薄弱，很多领域的信息采集和统计工作不系统，甚至是一片空白。③已有的统计信息分散在各个组织机构中，缺乏有效的沟通共享机制。④缺乏信息化的报送手段。⑤缺乏专业的调查统计人员。建议是：①成立一个权威的职能机构负责可再生能源数据信息的收集和统计。②形成一套研究可再生能源系统总体综合数量特征的概念和具体的指标体系，统一统计口径，确定统计时间、范围、空间标准。③设计一套严格的数据核查和评价机制。④发挥各组织机构的力量，建立沟通协调和信息共享机制，健全统计信息来源渠道。⑤充分利用已有工作基础，深化可再生能源信息收集与统计工作。⑥加强信息人才的培训和建设。

（2）对可再生能源决策支持系统中运用到的方法进行了初步探讨，以一种综合评价方法——VIKOR多属性评价方法为例，来说明如何针对可再生能源中实际需要解决的一个或一类问题，进行方法学的研究。研究指出，可再生能源决策支持系统涉及社会经济的各个方面，需要解决的问题与许多学科有关，因而仅靠某一领域的研究是远远不够的，需要借助外脑、集合不同领域的专家，从各个层面和各个角度，对可再生能源决策支持系统中涉及的不同类型的问题，独立或共同展开研究。同时，为了便于方法的比较，尽可能地将方法或方法集的接口、参数标准化处理，为构建方法库做准备。

（3）对可再生能源模型研究进行了综述，并对比分析了 ReEDS 和 Balmorel 模型的功能、数据需求、模型方法、处理过程，指出国际上比较成熟的能源模型很多，各个能源模型都是为实际问题提供决策支持。我国在模型的引用和借鉴其他国家成熟的模型过程中，要根据实际，不能盲目照搬，“拿来”与“新建”并举；构建模型时，应当把握可再生能源模型构建的发展趋势、重视模型数据工作的建设、重视人机接口，并充分考虑不确定性问题。

（4）围绕可再生能源决策支持系统目标，对可再生能源决策支持系统的功能进行分析，提出可再生能源决策支持系统的系统架构，并指出系统构建方法与数据库、模型库、方法库的构建方法。并通过可再生能源区域部署模型的实施案例，指出我国可再生能源决策支持系统构建过程中存在的问题和解决途径。

由于本研究时间仓促，对于可再生能源决策支持系统的研究只搭建了一个研究范式，还没有来得及细化和深入。构建中国可再生能源决策支持系统，并非一人之力，需要组织各个领域的专家，互相协同配合，并且长期不懈地努力才能成功。希望国家和有关职能部门更加重视可再生能源基础信息平台的建设和决策支持系统的构建，投入更多的人力、物力、财力以展开研究和建设。

附　录

附录1　可再生能源决策支持系统数据表（部分）

附表1-1　可再生能源决策支持系统数据表（部分）

数据库名	表名	属性名称	类型	长度	关键字标识	说明
可再生能源项目数据库	风电场项目基本地理(xm_fdmapinfo)	风电场工程编号	文本		Y	以核准的申请报告项目编号为准
		风电场工程名称	文本			以核准的申请报告项目名称为准
		省份（区/市）	文本			按照国标填写全称
		地级市（盟/州）	文本			
		县	文本			使用全称（相当于县的市/旗/区），对跨县的大型风电场，以升压变电站所在县为准
		经度	小数			以风电场范围内几何中心为准，精确到分的小数点后两位
		纬度	小数			以风电场范围内几何中心为准，精确到分的小数点后两位
		海拔高度	整数			
		风电场范围面积	小数			保留一位小数，以风电场最外沿风电机组连线之内的区域面积为准；多个场区时，以各块场区面积之和度计，但需注明
		信息采集日期	日期			

续表

数据库名	表名	属性名称	类型	长度	关键字标识	说明
可再生能源项目数据库	风电场项目核准信息表(xm_fdhzinfo)	风电场工程编号	文本		Y	以核准的申请报告项目编号为准
		风电场工程名称	日期			核准/批复时间，精确到日
		工程批复日期	文本			选择项：授权；招标
		项目公司编号	文本			以营业执照注册号为准
		开发权获得方式	小数			保留两位小数，以审定的国家/省级规划报告为准
		规划装机容量	文本			核准/批复时间，精确到日
	风电场建设信息(xm_fdxwinfo)	风电场工程编号	文本		Y	以核准的申请报告项目编号为准
		风电场子工程编号	文本			根据规划的一期工程、二期工程，采用顺序编码
		项目公司名称	文本			以工商局注册证书名称为准
		风电场开建时间	日期			精确到年月
		风电场建成时间	文本			精确到年月，指全部风电机组完成试运行验收，投入正式运行的时间
		吊装容量	小数			保留两位小数
		投产容量	小数			保留两位小数
	风电场机组信息(xm_fdcjzinfo)	风电场工程编号	文本		Y	以核准的申请报告项目编号为准
		风电场机组编号	文本			采用顺序编码
		机组厂商名称	文本			以工商局注册证书名称为准
		机型	小数			厂商提供的具体机型
		单机容量	小数			
		数量	文本			
		安装日期	文本			精确到年
	风电场财务信息(xm_fdcjzinfo)	风电场工程编号	文本		Y	
		工程静态总投资	小数			保留两位小数，根据审定的可研报告设计概算填写
		工程动态总投资	小数			保留两位小数，根据审定的可研报告设计概算填写
		单位千瓦动态投资	小数			保留两位小数，根据审定的可研报告设计概算填写
		核准批复的上网电价	小数			保留四位小数，以项目核准/批复文件为准

续表

数据库名	表名	属性名称	类型	长度	关键字标识	说明
可再生能源项目数据库	光伏电站项目地理信息	项目编号			Y	
		电站工程名称	文本			以核准的申请报告项目名称为准
		省份（区/市）	文本			按照国标填写全称
		地级市（盟/州）	文本			使用全称（相当于地级市的盟、州）
		县	文本			使用全称
		经度	小数			以电站范围内几何中心为准，精确到分的小数点后两位。
		纬度	小数			以电站范围内几何中心为准，精确到分的小数点后两位。
		海拔高度	整数			
		电站范围面积	小数			多个站区时，以各块场区面积之和计，但需注明
		平均太阳辐射	小数			保留两位小数
	光伏电站项目核准信息	项目编号			Y	
		工程批复日期	日期			核准/批复时间，精确到日
		开发权获得方式	文本			选择项：授权；招标
		规划装机容量	小数			保留两位小数
	光伏电站项目财务信息	项目编号			Y	
		工程静态总投资	小数			保留两位小数，根据审定的可研报告设计概算填写
		工程动态总投资	小数			保留两位小数，根据审定的可研报告设计概算填写
		单位千瓦动态投资	小数			保留两位小数，根据审定的可研报告设计概算填写
		核准批复的上网电价	小数			保留四位小数，以项目核准/批复文件为准
	光伏电站项目电站建设信息	项目编号			Y	
		电站开建时间				
		电站建成时间	文本			精确到年月，指安装验收完成
		实际装机容量	小数			保留两位小数
		是否有跟踪装置	文本			A. 有 B. 否 如果有请选择板轴跟踪、全跟踪和水平轴跟踪

续表

数据库名	表名	属性名称	类型	长度	关键字标识	说明
可再生能源项目数据库	光电建筑项目基本信息	项目编号			Y	
		建筑工程名称	文本			以核准的申请报告项目名称为准
		省份（区/市）	文本			按照国标填写全称
		地级市（盟/州）	文本			使用全称（相当于地级市的盟、州）
		县	文本			使用全称
		建筑详细地址				
		经度	小数			
		纬度	小数			
		装机容量	小数			保留两位小数
		是否并网	文本			A. 是　B. 否
		上网电价	小数			保留四位小数
		工程总投资	小数			保留两位小数
		开建时间	文本			
		建成时间	文本			精确到年月，指安装验收完成
		实际装机容量	小数			保留两位小数
	热发电项目基本地理信息	项目编号	文本		Y	以核准的申请报告项目名称为准
		电站工程名称	文本			按照国标填写全称
		省份（区/市）	文本			使用全称（相当于地级市的盟、州）
		地级市（盟/州）	文本			使用全称
		县	小数			以电站范围内几何中心为准，精确到分的小数点后两位
		经度	小数			以电站范围内几何中心为准，精确到分的小数点后两位
		纬度	整数			
		海拔高度	小数			多个站区时，以各块场区面积之和计，但需注明
		电站范围面积	小数			保留两位小数
		平均太阳辐射	文本			以核准的申请报告项目名称为准

续表

数据库名	表名	属性名称	类型	长度	关键字标识	说明
可再生能源项目数据库	热发电项目核准信息	项目编号	日期		Y	核准/批复时间，精确到日
		工程批复日期	文本			选择项：授权；招标
		开发权获得方式	小数			保留两位小数
		规划装机容量	文本			以工商局注册证书名称为准
	热发电项目财务信息	项目编号			Y	
		工程静态总投资	小数			保留两位小数，根据审定的可研报告设计概算填写
		工程动态总投资	小数			保留两位小数，根据审定的可研报告设计概算填写
		单位千瓦动态投资	小数			保留两位小数，根据审定的可研报告设计概算填写
		核准批复的上网电价	小数			保留四位小数，以项目核准/批复文件为准
可再生能源资源数据库	小水电资源情况表	理论蕴藏量	小数			
		可开发量	小数			
		平均发电利用时间	小数			
		年发电量	小数			
		区域编码	文本		Y	按照行政编码
		信息采集日期	日期			
	风能资源情况表	有效风能密度	小数			
		理论可开发量	小数			
		有效风速累积时数	小数			
		可开发量	小数			
		实际开发量	小数			
		容量系数	小数			
		资源点到负荷中心距离	小数			
		负荷中心利用风电最大电量	小数			
		电网输电能力	小数			
		平均输电成本	小数			
		区域编码	文本		Y	
		信息采集日期	日期			

续表

数据库名	表名	属性名称	类型	长度	关键字标识	说明
可再生能源资源数据库	薪柴资源信息表	林地面积	小数			
		产柴量	小数			
		理论蕴藏实物量	小数			
		理论蕴藏标煤量	小数			
		可取薪柴面积系数	小数			
		可开发实物量	小数			
		区域编码	小数		Y	
		信息采集日期	日期			
	农作物秸秆资源信息表	产量	小数			
		谷草比	小数			
		热值	小数			
		理论蕴藏实物量	小数			
		折标系数	小数			
		可利用系数	小数			
		可开发实物量	小数			
		可开发标煤	小数			
		区域编码	文本		Y	
		信息采集日期	日期			
	人畜粪便资源信息表	数量	小数			
		排泄量	小数			
		干物质含量	小数			
		热值	小数			
		理论蕴藏实物量	小数			
		折标系数	小数			
		收集系数	小数			
		可利用系数	小数			
		可开发实物量	小数			
		可开发标煤	小数			
		区域编码	文本		Y	
		信息采集日期	日期			
	太阳能辐射量的气象指标表	各年平均日照时数	小数			
		月平均日照百分率	小数			
		月平均水汽压	小数			
		所在纬度	小数			

续表

数据库名	表名	属性名称	类型	长度	关键字标识	说明
可再生能源资源数据库	太阳能辐射量的气象指标表	太阳能总辐射能	小数			
		总辐射量	小数			
		发电可开发量	小数			
		发电实际开发量	小数			
		热利用可开发量	小数			
		热利用实际开发量	小数			
		区域编码	文本		Y	
		信息采集日期	日期			
	地热资源信息表	中温地热水温度	小数			
		可采中温地热水量	小数			
		已建地热发电站	小数			
		地热电站输电距离	小数			
		电网输电能力	小数			
		直接热利用地热水温度	小数			
		可采低温热水量	小数			
		直接热利用数量	小数			
		种植面积	小数			
		养殖面积	小数			
		区域编码	文本		Y	
		信息采集日期	日期			
可再生能源企业数据库	风机制造企业基本信息	营业执照注册号	文本		Y	
		企业名称	文本			以工商局注册证书名称为准
		企业地址	文本			
		企业注册时间	文本			
		企业注册资本	文本			
		法人代表	文本			
		企业性质	文本			
		联系人	文本			
		联系电话	文本			
		联系传真	文本			
		联系电邮	文本			
		网站	文本			

续表

数据库名	表名	属性名称	类型	长度	关键字标识	说明
可再生能源企业数据库	风机制造企业基本信息	是否投资风电场	文本			A. 是 B. 否
		是否生产关键零配件	文本			A. 是 B. 否
	风机制造企业生产信息	营业执照注册号	文本		Y	
		机组型号	文本			
		年份	日期			
		生产台数	整数			
		出厂台数	整数			
		并网台数	整数			

附录 2 可再生能源的资源和技术评价指标体系

可再生能源作为一种独立存在的能量载体，不同于常规能源：首先，可再生能源资源可定期再生，其可利用的资源总量不存在上限，因此可采用“年资源总量”（或称理论储量）来表示资源开发利用的潜力（由于生物质能源不同于小水电、风能等，其资源量只能按照“年产量”计算）。其次，可再生能源资源中有多少能够被利用，取决于资源转换成用能的现有工艺技术水平，这部分可有效开发利用的资源量一般用“资源可获得量”（或称可开发量）来表示。最后，由于大部分可再生能源技术尚未商业化，资源分散，开发困难，可获得量要乘以实际可利用系数才能加以利用，这以“实际可使用量”表示。

可再生能源的种类很多，技术也非常宽泛。各种技术的应用情况、商业化发展的潜力各不相同。资源的开发利用依靠成熟的应用技术，因此在省内资源的调查统计过程中，也需要将相应开发技术的情况做出详细调查，包括技术特点，研发、生产能力，市场应用状况，配套设备的生产加工能力，维修服务等。

一、小水电

我国规定装机在25MW以下的水电为小水电。全国各地的水电资源有所差别，小水电开发程度也有很大不同。其中东部开发程度较高，一般在50%以上，广东甚至高达70%以上，开发空间比较有限。但是西部地区小水电资源非常丰富，开发利用程度却很低。

由于小水电资源分散，普查工作量大并且相当复杂，规划编制可利用现有河流勘查、规划、设计时的资料，尤其是最近我国进行的新一轮水电资源普查资料。

我国的小水电技术较为成熟，在世界也处于领先地位。在新建小水电的规划以及对小水电进行技术改造时，要更多地考虑具有调节库容的小水电，以满足电网稳定方面的要求。

统计表如附表2-1所示。

附表2-1 小水电资源和利用情况

项目	计量单位	全省			
		2000年	2005年	2010年	2020年
理论蕴藏量	万千瓦				
可开发量	万千瓦				
实际装机容量	万千瓦				
开发率	%				
平均发电利用时间	小时				
年发电量	亿千瓦时				
折标煤（当年年发电标准煤耗“克/千瓦时”）	万吨				

二、风能

风能是目前利用技术比较成熟的可再生能源之一。我国是世界上风能资源最丰富的地区之一。风能资源主要分布在两大风带：沿海风带，有效风能密度超过200瓦/平方米，辽宁、山东、浙江、广东等沿海地区；北部风带，自新疆经甘肃到内蒙古一线，风能密度为 200~300 瓦/平方米。此外据估计，在中国近海辽阔的大陆架上蕴藏的风能资源超过大陆上的两倍，随着风电技术的进步，开发海上风能已纳入建设日程。

描述风能资源质量状况的参数是“风能密度”，即空气在单位时间里以某一速度流过单位面积产生的动能。当前我国已经开展了几次风能资源普查，但这些工作主要是在对气象站资料数据分析的基础之上。由于风能密度的大小和有效风速年累计时数的数量，还受局部地区的地形、地貌和高度等因素影响，因而必须在宏观层面确定风能资源的基础上，更加细化考虑风电资源的布置。

明确了当地粗略的风能资源，在具体选择场址时需要考虑附表 2-2 中的一些内容。

附表 2-2　风能资源量统计数据

项目	计量单位	全省	省内资源丰富区			
			1	2	3	……
有效风能密度	瓦/平方米					
理论可开发量	吉瓦					
有效风速累积时数	小时/年					
可开发量	兆瓦					
实际开发量	千瓦时					
容量系数						
资源点到负荷中心距离	千米					
负荷中心利用风电最大电量	兆瓦时					
电网输电能力	兆瓦时					
平均输电成本	元/千瓦时					

注：①风能资源储量估算值是指离地 10 米高度层上的风能资源量；
②这个储量称作理论可开发总量；
③实际开发量=(理论可开发总量×0.1)× 风轮面积系数 0.785。

三、传统生物质能利用

传统生物质能包括薪柴和秸秆。薪柴包括薪炭林、经济林、防护林、用材林、灌木林、疏林和四旁林等通过采伐、更新改造和修枝打杈等所取得的薪柴量。秸秆是收获农作物籽粒果实后的剩余物或副产品，如稻秆、麦秆、玉米秆、豆秆等。其中，秸秆产量可能由于粮食作物产量的变动而变化。

薪柴资源根据不同地区和不同林种，按其单位面积一年可提供的薪柴量来计算。秸秆根据各种主要农作物年产量以及相应作物的秸秆产量（谷草比）得到。统计出薪柴和秸秆实际可利用量，并得到直接热利用的规模，以及可用于集中发电的数量比例（见附表 2–3 和附表 2–4）。

附表 2–3 薪柴资源量统计

项目	单位	用材林	经济林	薪炭林	灌木林	疏林	防护林	四旁林	合计
林地面积	万公顷，万株								
产柴量	吨/公顷								
理论蕴藏实物量	万吨								
理论蕴藏标煤量	万吨标煤								
可取薪柴面积系数									
可开发实物量	万吨								

注：①理论蕴藏量 = 面积 × 单位面积产柴量；
②可开发量 = 理论蕴藏量 × 可取薪柴面积系数。

附表 2–4 农作物秸秆资源量统计

项目	单位	稻谷	麦类	玉米	杂粮	豆类	薯类	油料	棉花	蔗渣	统计
产量	万吨										
谷草比											
热值	千焦/千克										
理论蕴藏实物量	万吨										
折标系数											
可利用系数											
可开发实物量	万吨										
可开发标煤	万吨										

传统的生物质能利用技术应逐步向现代生物质能技术转变，如逐步把直接燃烧的秸秆和薪柴转向气化方面应用。

四、现代生物质能利用

1. 沼气（包括热利用及发电）

人畜粪便在农区一般用作肥料，只是在用作沼气原料时才具有能源意义。当有机废弃物经前处理工艺后，进入厌氧消化装置进行发酵，产生沼气。其资源可按能产沼气的月数（月平均气温大于10℃）计。在牧区有直接用牲畜粪便燃烧的习惯，其资源量可按牲畜头数及可收集起来的粪便量计。为了获得比较确切的数据，需要对牲畜种类、饲养方式、饲养规模进行调查分析（见附表2–5）。

附表 2–5　人畜粪便资源量统计

项目	单位	人	猪	牛	羊	驴	骡	马	兔	鸡	合计
数量	万										
排泄量	千克/年										
干物质含量	%										
热值	千焦/千克										
理论蕴藏实物量	万吨										
折标系数											
收集系数											
可利用系数											
可开发实物量	万吨										
可开发标煤	万吨										

大中型工厂的有机污染废水处理后也产生大量的沼气，需要调查各地区工业有机废水（酿造、食品、药品、皮革等）的废水排放量，以及每升工业废水、城市污水的COD、BOD的含量。

在资源调查的基础上，对资源特别是沼气分布的特点和利用价值要进行具体的分析评价。如不同地区沼气资源的丰富程度及其利用效果；沼气发展的现状及存在问题；不同沼气池发酵工艺和投料比例，提高沼气池的产气率和使用率的技术措施；不同地区可产沼气的月数和可解决每户农民燃料的实际月数。

2. 生物质能发电（秸秆气化发电及稻壳、蔗渣、垃圾发电）

在上述秸秆统计之上，要分析：

（1）可用于气化发电的大中型粮站的秸秆产量。

（2）稻谷、甘蔗作物面积及产量；稻壳、蔗渣理论蕴藏量及可利用量。

（3）大中型粮站的稻壳产量，大中型糖厂的蔗渣产量。

（4）城镇垃圾量，垃圾填埋气发电资源量。

（5）秸秆气化、稻壳发电、蔗渣、垃圾发电可利用技术。

国内目前有固定床反应器（上吸和下吸两种）、流化床反应器、气流床反应器和干馏反应器等气化技术。与此同时，国内一些科研单位又相继研制和开发出干馏和裂解法的中高热值秸秆气化技术，并已形成了包括热解气化炉、集中供气输配系统、秸秆燃气专用灶具等多种全套应用技术。

3. 燃料乙醇

需要调查可用于液化的生物质能种类、可获取量等。

五、太阳能发电

太阳能利用包括发电和热利用两种方式，描述太阳能资源的参数为“太阳能总辐射能”和“日照小时数”。年总辐射量的分级以 50（kcal/cm^2）为基数，按级差为 10 分为若干级；年日照小时数的分级以 1000 小时为基数也分为若干级，然后根据分级结果绘制本省（地区）太阳能资源分布图。国家气象局气象科学研究院已绘有成图，可供参考。

计算太阳能辐射量可以按照一定的气象参数计算得到，需要的气象数据如附表 2-6 所示。

附表 2-6 计算太阳能辐射量的气象指标

指标	计量单位	全省	地区			
			1	2	3	……
各年平均日照时数	小时					
月平均日照百分率	%					
月平均水汽压	百帕					
所在纬度						
太阳能总辐射能	瓦/平方米·年					

由于太阳能受地理位置、季节、气候条件和昼夜变化的影响，规划时应注意分析各地太阳能的特征，如太阳能日变化规律、年日照时数和日照

百分率等，分析之后得到附表 2-7。

附表 2-7　太阳能资源量

项目	计量单位	全省	省内资源丰富区		
			1	2	3
总辐射量	瓦/平方米·年				
发电可开发量	吉瓦/年				
发电实际开发量	Wp/年				
热利用可开发量	千焦/年				
热利用实际开发量	万平方米				

根据各地太阳能的资源量确定省内太阳能可利用的位置和数量。太阳能光伏电池分晶体硅和非晶硅电池，需要了解相应的峰瓦数及转换效率；太阳能热水器技术主要是户用热水器，即闷晒热水器、平板热水器和真空管（包括热管）热水器三种；太阳能热利用技术与建筑一体化利用比较少，是以后的发展方向；农村阳光塑料大棚技术也已在农村普及，在农村潜力仍较大。

六、地热能

中国可用于发电的 150℃以上的高温地热资源仅分布在西藏、云南，其他省（区）均为小于 150℃的中低温资源，由于温度不高，适合于各种方式的直接利用，如医疗保健、休闲旅游、温室养殖和采暖等。

地热能资源的调查可着重于地热资源能量的分布规律及其特点，包括地热点位置、热流量、压力、热水平均温度等，绘制本省出（地区）地热流量分布图。按照投资少、收益快、先易后难的原则对地热能的开发利用进行规划，得到附表 2-8。

附表 2-8　地热能资源量

项目	计量单位	全省	省内资源丰富区		
			1	2	3
中温地热水温度	℃				
可采中温地热水量	立方米/小时				
已建地热发电站	处				

续表

项目	计量单位	全省	省内资源丰富区		
			1	2	3
地热电站输电距离	公里				
电网输电能力	万千瓦时				
直接热利用地热水温度	℃				
可采低温热水量	立方米/小时				
直接热利用数量	处				
其中：种植面积	平方米				
养殖面积	平方米				

七、海洋能

海洋能资源的调查范围为装机容量在3MW以下的潮汐能资源（电站和坝址）、总装机容量在100kW以下的波浪能资源（岸段或海域）和潮流能资源（水道或海峡）。资源调查中应主要利用沿海海洋观测站和海洋调查的现有资料，绘制各省沿岸多年平均潮差分布图以及各省潮汐能资源可开发装机容量分布图，对可开发资源的分布特点、开发环境条件、开发技术现状和开发价值进行评估。

附录3 能源产出及转换指标

一、发电利用小时数

发电利用小时数是一年中按照发电设备名义功率运转的平均小时数，反映了设备的利用率，是衡量能源产出效益的最直接的指标之一。国外通常用“容量系数”来反映，即“运行小时数/8760小时”。各种发电技术由于资源的不同、运行方式的差异以及设备效率的不同，发电利用小时数有着很大的差异。

1. 水电

由于存在着水库调节能力的不同，水电的年利用小时数的范围变化幅度也很大。过去 10 年我国水电设备平均利用小时数约为 3440 小时。

今后调节性能好的大型水电站将会逐渐增多，全国水电站年平均发电小时数将会逐步提高。各个省可按照各自的实际情况酌情考虑。

2. 风力发电

风力发电的利用小时数取决于风资源的实际情况、设备利用率等。各个省的实际情况可能会存在着很大的差别。根据我国目前已建成风电场的实际发电量，设备年利用小时数从 1700~2800 小时不等，大部分为 2000 小时左右。

随着风电设备质量和设备可靠性的提高，风电场选址能力的不断加强，以及风电场运行管理水平的逐步提高，风电机组年利用小时数将会有所提高。

3. 光伏发电

光伏发电利用小时数主要取决于光照资源、设备转换效率等。国际上光伏发电平均年利用小时数为 1700 小时。我国各地的太阳能辐照资源差别较大，全国平均约为 1500 小时，其中西藏地区可利用小时数达到 2400 小时，内蒙古、青海达到 2000 小时；东部较为发达地区如上海、江浙一带为 1300 小时左右，广东为 1400 小时左右。全国年有效利用小时数取 1200 小时。

随着光伏发电设备转换效率的提高，光伏发电的年利用小时数还有继续增加的空间。

4. 生物质能发电

生物质能发电中包括蔗渣发电、农林废弃物发电、沼气发电、垃圾发电等。各个技术的运行特点稍有不同。

（1）蔗渣发电一般是热电联产，在榨糖季节运行，每年 4 个月，年利用小时数约 2500 小时。

（2）农林废弃物发电中直燃发电，由于有“全额上网”的政策，所以各电厂尽量多收集资源多发电。目前各直燃发电厂的年利用小时数可达到 6000 小时，预计到 2030 年，直燃发电厂的数量可能减少，但生存下来的电厂年利用小时数基本保持不变。

（3）稻壳气化发电、木材加工废料气化发电，原料来自本企业，年利用小时数平均为4000小时。

（4）工业高浓度有机废水（酒精与酿酒厂、淀粉厂、柠檬酸厂等）、沼气发电的年利用小时数约为6000小时。

（5）垃圾填埋气、城市污水处理系统沼气发电，一般年利用小时数约为4000小时（这两种情况都在露天，所以冬季的发电受到影响）。

（6）畜禽养殖场沼气发电，根据对已有项目的调研，平均年利用小时数为5000小时。

（7）垃圾焚烧发电以处理垃圾为首要任务，全年稳定运行，但一般达不到满负荷，年利用小时数约为6500小时。

二、发电能源产出效益计算

发电是可再生能源产品最主要的形式。除了生物质能发电外，可再生能源发电都是一次能源。国际上在处理非化石一次能源时的能量产出效益不同，在处理水电时多按照电力的实际发热热值计算能源，即860kcal；考虑核电时，按照替代化石燃料来计算。由于我国是一个煤炭大国，可再生能源发电的能量效益按照替代火电的能源量计算，即按火电的发电煤耗计算相应的能源效益。

2007年，我国燃煤电厂平均发电煤耗为332克标准煤/千瓦时，供电煤耗为356克标准煤/千瓦时。“九五”、“十五”期间，发电煤耗都分别下降14克标准煤/千瓦时，而供电煤耗分别下降18克标准煤/千瓦时和15克标准煤/千瓦。

参考过去几年我国发电供电煤耗下降速度，以及当前国际火力发电的煤耗水平，预计2020年平均发电煤耗可下降为0.310千克标准煤/千瓦时，供电煤耗可下降为0.330千克标准煤/千瓦时。

（1）水电、风电、光伏发电厂的自用电率低，按电厂的供电煤耗折算替代一次能源量；

（2）生物质能发电、地热发电等厂用电率与常规燃煤发电相当，按电厂的发电煤耗折算替代一次能源量，不过通常生物质能发电厂的厂用电率高于煤电厂，为11%~13%。

三、各类燃料的能源产出效益

除了发电外，可再生能源可以生产各类燃料，用于供热、取暖或交通燃料。用于供热、取暖等气体燃料的能源效益，主要考虑能够替代煤炭，能源效益按照可以替代煤炭的替代效益计算；固体、液体燃料的能源效益直接按照热值计算。几种主要可再生能源产品的热值如下所示：

1. 太阳能热利用

太阳能热水器是当前太阳能热利用的主要形式。太阳能热水器的计算按照集热面积考虑，集热面积即太阳能热水器接受太阳辐射的有效面积。

太阳能热水器主要提供了热水，目前应用最广泛的是洗澡用热水，太阳能热水器的年节能量应按用户在太阳能热水器使用期内需要的一定温度的热水量来测算。

根据国际上对太阳能热水器与电热水器使用的比较，1 平方米太阳集热器获得的热当量，相当于 0.7kW 的电热水器的热产出，太阳能热水器每天的热采集为 4 小时，年使用天数为 250 天，则每平方米太阳能热水器集热面积年替代电能约 700kWh。

考虑 2006 年供电煤耗为 0.37 千克标准煤/千瓦时，输电损失率为 7.1%左右，折合节约燃料消耗 181 千克标准煤/平方米，预计 2020 年供电煤耗 0.335 千克标准煤/千瓦时，输电损失率为 6.5%，折合节约 163 千克标准煤/平方米（见附表 3-1）。

附表 3-1　太阳能热水器替代能量效益

年份	2006	2010	2020	2030
供电煤耗（克标准煤/千瓦时）	370	365	335	310
输电损失（%）	7.1	7	6.5	6
节能量（千克标准煤/平方米）	181	179	163	150

全国各地群众洗澡的习惯、方式、用水量都有很大不同，以上的计算方式可以依据当地实际情况加以核算。

太阳灶可见于一些偏远地区，用于户用的炊事。太阳灶的节能效益初步估计为：一台太阳灶年节柴约 400 千克，年替代能源 230 千克标准煤。

2. 沼气

沼气发热值为5000千卡/立方米，折合0.714千克标准煤/立方米。

农村典型的户用沼气系统，其发酵池池容为6~10立方米，产气率在0.15~0.3立方米/(池容立方米·天)，全年平均产气量为250~400立方米，产气量与所建地区气温有密切关系。按照农业部统一采用的数据，平均每口沼气池年产沼气约380立方米。户用沼气的使用替代了煤炭或薪柴、秸秆等资源。假设一个池容为8立方米的户用沼气池年产380立方米，再考虑沼气燃烧效率的提高，一年能替代600千克煤炭或1.2吨秸秆。那么在整个10年寿命期内，一个户用沼气池将替代6吨煤炭或12吨秸秆的资源。

大中型禽畜场沼气工程年平均产气约15万立方米。工业和城市污水沼气工程规模较大，平均每座工程年产气约200万立方米。大中型沼气工程生产的沼气可以用于炊事、供暖和发电。用于炊事、供暖的部分可以直接按照热值计算能量效益（需要有较为确切的方式，计算每年可以替代的炊事、取暖用化石能源）；用于发电的部分可以按照发电量，计算火力发电的能源替代效益。

3. 成型颗粒

成型颗粒主要来自于秸秆、薪柴等生物质能废弃物。秸秆中棉花秆、大豆秆、玉米秆的热值较高，一般高于3700千卡/千克，稻秆的热值较低，为3000千卡/千克，麦秆的热值为3500千卡/千克。综合以上数据，秸秆的平均热值取3500千卡/千克，折合0.5千克标煤/立方米。薪柴（包括木材）的致密性高于秸秆，发热值平均为4000千卡/千克，折合0.571千克标准煤/千克。

成型颗粒是通过对农林废弃物进行机械加工，在获得密度、形状等方面比直接利用农林废弃物更易于运输和储存的固体燃料。成型颗粒燃料的发热值约为5000千卡/千克，折合0.714千克标准煤/千克。成型颗粒主要替代煤炭，可以按照热值直接计算能源产出效益。

4. 液体燃料

燃料乙醇发热值约为3万千焦/千克，合7180千卡/千克，折合1.025千克标准煤/千克。生物柴油（即脂肪酸烷基脂）发热值约为9200千卡/千克，折合1.31千克标准煤/千克。

5. 地热能热利用

包括地热采暖和地热供热水，根据能源研究会地热专业委员会的统计，全国地热能热利用设备总容量300万千瓦，年产出能量5000万吉焦，按目前先进的热电联产供热煤耗率40千克标准煤/吉焦测算，折合200万吨标准煤。地热能热利用年增长率近年来平均为12%，2005~2020年，年增长率仍取12%，到2020年时地热能热利用量达到3亿吉焦，相当年替代1100万吨标准煤（1吉焦=0.034吨标准煤）。

6. 各类可再生能源测算方法

为便于各地区进行可再生能源开发利用量测算，并客观对比各地区的可再生能源开发利用情况，按各类可再生能源技术，分别对测算方法和参数选取做了说明，并提供了计算公式（见附表3-2至附表3-6）。

能源量全部折算成标准煤，单位均为万吨标准煤/年。

附表3-2　太阳能利用测算方法

项目	方法说明	参数	计算公式
太阳能热水器	统计总集热面积，按提供同等热水电加热器耗能且燃煤发电测算；考虑不同地区太阳能资源差别	A——总集热面积，万平方米 C——单位集热面积年替代燃煤量 1类地区：0.18吨标准煤/平方米 2类地区：0.15吨标准煤/平方米 3类地区：0.12吨标准煤/平方米 4类地区：0.10吨标准煤/平方米	E=AC
太阳灶	统计总台数，主要在"三北"地区应用，按代柴考虑，折算成标准煤	N——太阳灶总台数，万台 C——单台年替代能源，0.3吨标准煤/台	E=NC
被动式太阳房	按照维持同样室温条件减少的取暖用能测算，统一按照每100平方米建筑面积年替代2吨标准煤计算	A——太阳房总建筑面积，万平方米 C——单位面积替代能源量，0.02吨标准煤/平方米	E=AC
并网光伏发电	根据实际发电量，按照供电煤耗计算；忽略厂用电	Q——年发电量，万千瓦时 C——全国煤电平均供电煤耗，0.345千克标准煤/千瓦时	E=QC/1000
离网光伏发电	按照典型用户规模（千瓦）估算年发电量（Q），根据推广规模进行估算	Q——年发电量，万千瓦时 C——全国燃煤发电平均供电煤耗，0.345千克标准煤/千瓦时 K——输电网损率，0.07	E=QC/（1－K）/1000

附表 3–3　风电测算方法

项目	方法说明	参数	计算公式
并网风力发电	根据年发电量，按替代燃煤火电煤耗计算；忽略厂用电	Q——年发电量，万千瓦时 C——全国燃煤发电平均供电煤耗，0.345 千克标准煤/千瓦时	E=QC/1000
离网风力发电	按照典型用户单位规模（千瓦，台）的年发电量，根据推广规模推算年发电量，忽略厂用电，无输电网损	Q——年发电量，万千瓦时 C——全国燃煤发电平均供电煤耗，0.345 千克标准煤/千瓦时 K——输电网损率，0.07	E=QC/（1–K）/1000

附表 3–4　小水电测算方法

项目	方法说明	参数	计算公式
小水电	根据年发电量，按替代燃煤火电煤耗计算	Q——年发电量，万千瓦时 C——全国燃煤发电平均供电煤耗，0.345 千克标准煤/千瓦时	E=QC/1000
微水电	根据年发电量，按替代燃煤火电煤耗计算，忽略输电网损	Q——年发电量，万千瓦时 C——全国燃煤发电平均供电煤耗，0.345 千克标准煤/千瓦时 K——输电网损率，0.07	E=QC/（1–K）/1000

附表 3–5　生物质能利用测算方法

项目	方法说明	参数	计算
户用沼气	以户为单位进行统计，一般每户建一口 8~10 立方米的沼气池，平均每年替代 1.2 吨薪柴，折合 0.6 吨标准煤	N——沼气户数，万户 C——每户沼气相当于 0.6 吨标准煤	E=NC
沼气工程	在年出栏 5000 头以上猪场 *（或相当于 5000 头猪的其他畜禽养殖场）建设的沼气工程，沼气作为生活燃气或发电燃料利用	B——年产沼气量，万立方米 C——沼气折标准煤 0.714 千克标准煤/立方米	E=BC/1000
秸秆气化	按照气化站实际供气量、燃气热值和能源效率计算。燃气热值 1200 千卡/立方米，炉灶效率 70%。直接燃烧秸秆的炉灶的效率为 20%，每立方米秸秆燃气替代直接燃烧秸秆 0.6 千克标准煤	Q——供气量，万立方米 C——每立方米替代 0.6 千克标准煤	E=QC/1000
秸秆成型	按照生物质能成型燃料加工厂实际生物质能成型燃料的产量计算。	Q——年产量，万吨 C——0.5 吨标准煤/吨成型燃料	E=QC
生物质能发电	按照发电站的年发电量和发电煤耗计算能源量	Q——年发电量，万千瓦时 C——发电煤耗，0.322 千克标准煤/千瓦时	E=QC/1000

续表

项目	方法说明	参数	计算
甜高粱	平均4亩甜高粱秸秆可以生产1吨燃料乙醇。通过甜高粱种植面积计算乙醇生产潜力。燃料乙醇的热值为29.7兆焦/千克，折合1千克标准煤	A——种植面积，万亩 C——0.25吨标准煤/亩	E=AC
木薯	木薯每公顷产量约17.5吨，可产乙醇2.66吨，即每亩产乙醇0.18吨，折合0.18吨标准煤	A——种植面积，万亩 C——0.18吨标准煤/亩	E=AC
麻疯树	每亩麻疯树果实可产生物柴油0.15吨，折合0.2吨标准煤	A——种植面积，万亩 C——0.2吨标准煤/亩	E=AC
黄连木	每亩黄连木果实可产生物柴油0.05吨，折合0.07吨标准煤	A——种植面积，万亩 C——0.07吨标准煤/亩	E=AC

* 注：30只蛋鸡、60只肉鸡分别折算成1猪当量单位，1头奶牛折算成10猪当量单位，1头肉牛折算成5猪当量单位。

附表3-6　其他可再生能源测算方法

项目	方法说明	参数	计算
地热供暖	地热供暖可以节约常规能源消费，各地区单位面积采暖能耗不同，按有关供热标准取值； 地源热泵的节能量暂不计入地热供暖统计	A——地热供暖面积，万平方米 C——单位建筑面积年采暖能耗，参考取值：0.015吨标准煤/平方米	E=AC
地热发电	按照发电量和发电煤耗法测算	Q——发电量，万千瓦时 C——发电煤耗，0.322千克标准煤/千瓦时	E=QC/1000
海洋能发电	按照发电量和发电煤耗计算	Q——发电量，万千瓦时 C——供电煤耗，0.345千克标准煤/千瓦时	E=QC/1000

四、能源转换系数基础数据

1. 一次能源转换系数（见附表3-7）

附表3-7　各类能源资源的一次转换系数

种类	单位	低位发热量（千卡）	折标准煤（公斤）
煤炭	公斤	5000	0.714
石油	公斤	10000	1.429

续表

种类	单位	低位发热量（千卡）	折标准煤（公斤）
天然气	立方米	8500	1.214
油田气	立方米	10000	1.429
粪便 *			
人粪	公斤	4500	0.634
猪粪	公斤	3000	0.429
牛粪	公斤	3300	0.471
羊粪	公斤	3700	0.529
骡马粪	公斤	3700	0.529
驴粪	公斤	3700	0.529
兔粪	公斤	3700	0.529
鸡粪	公斤	4500	0.643
秸秆 *			
稻秆	公斤	3000	0.429
麦秆	公斤	3500	0.5
玉米秆	公斤	3700	0.529
高粱秆	公斤	3700	0.592
大豆秆	公斤	3800	0.543
薯类	公斤	3400	0.486
杂粮	公斤	3400	0.486
油料	公斤	3700	0.529
蔗叶	公斤	3300	0.441
棉花秆	公斤	3800	0.543
薪柴 *	公斤	4000	0.571
青草 *	公斤	3300	0.471
荒草、牧草 *	公斤	3300	0.471
树叶 *	公斤	3500	0.5
蔗渣 *	公斤	3700	0.529
麻秆 *	公斤	3700	0.529
水生作物 *	公斤	3000	0.429
绿肥 *	公斤	3000	0.429

资料来源：《中国能源统计年鉴》。

2. 主要木本能源树种的热值折算系数（见附表 3-8）

附表 3-8　中国现有主要木本能源树种

树种	热值（千焦/千克）	产量（吨/公顷·年）
小叶栎	19841	2
拧条锦鸡儿	19694	2
山杏	19698	2.67
梭梭	18410	3
胡枝子	19665	3.5
花棒	19828	4.5
甘蒙柽柳	17895	4.95
紫穗槐	16988	5.25
细枝柳	18104	5.3
马桑	16736	5.8
马尾松	20669	5.88
沙棘	18970	6.05
小叶锦鸡儿	19958	7.94
蒿柳	18828	8
刺槐	19012	8.36
短序松江柳	18573	8.5
晚松	20125	9
头状沙拐枣	17715	9.38
麻栎	19585	10
枫香	19264	10
火炬树	16276	10
刺栲	17811	10.68
旱柳	18309	11.25
石栎	17744	11.5
荆条	19142	13
木荷	17703	14
多枝柽柳	17598	15
沙枣	18410	18.35
桤木	17573	18.7
雷林 1 号桉	19987	19
银合欢	18715	20
刚果 12 号桉	19552	20.6
厚荚相思	20887	25.3

续表

树种	热值（千焦/千克）	产量（吨/公顷·年）
东江沙拐枣	16736	26.25
大叶相思	20083	38
绢毛相思	19539	39.72
窿缘桉	20175	40.85
巨桉	20702	42.38
纹荚相思	23071	50.4
翅荚木	17619	56.25
黑荆树	19313	90
马占相思	20711	95.2
柠檬桉	20443	95.88
木麻黄	20711	98.9

资料来源：张希良、吕文等（2008）。

3. 各种燃料能源折算系数（见附表 3–9）

附表 3–9 主要可再生能源资源的能源折算系数

品种	单位	液体燃料折算系数	
		热量（千卡）	折合标煤系数（kgce）
秸秆	公斤	3500	0.500
木材	公斤	4000	0.571
城市有机废弃物	公斤	1000	0.143
燃料乙醇	公斤	7177	1.025
生物柴油	公斤	9200	1.314
合成油品	公斤	10000	1.429
颗粒燃料	公斤	5000	0.714
沼气（气化气）	立方米	5500	0.786
1 吉焦		239234	34.2

4. 二次能源转换系数（见附表 3–10）

附表 3–10 二次能源转换系数

种类	单位	当量值		等价值	
		发热量（千卡）	折合标准煤（公斤）	发热量（千卡）	折合标准煤（公斤）
电	千瓦时	860	0.123	2800	0.343

续表

种类	单位	当量值		等价值	
		发热量（千卡）	折合标准煤（公斤）	发热量（千卡）	折合标准煤（公斤）
原煤	公斤	5000	0.714		
焦炭	公斤	6800	0.971	8000	1.143
汽油	公斤	10300	1.471	11330	1.619
柴油	公斤	10200	1.457	12100	1.729
煤油	公斤	10300	1.471	11330	1.619
重油	公斤	10000	1.429	11000	1.571
渣油	公斤	9000	1.286	9900	1.414
燃料油	公斤	10000	1.429		
城市煤气	立方米	4000	0.571	7700	1.100
液化石油气	立方米	12000	1.714	13200	1.886
沼气	立方米	5000	0.714	14444	2.063

资料来源：《中国能源统计年鉴》。

5. 太阳能热水器能量折算系数（见附表 3-11）

附表 3-11　太阳能热水器能量折算系数

太阳能热水器折算系数第二种计算方式		
1 平方米=	0.7	kW
平均每天利用小时数	4	hour
年利用天数	250	day
折合发电量	700	kWh
热量利用率	65%	
折标煤系数（发电煤耗）	343.0	gce/kWh
年能源产出	0.156	tce

资料来源：作者汇总。

参考文献

白雪、袁越、傅质馨：《小水电与风光并网的经济效益与环境效益研究》，《电网与清洁能源》2011 年第 6 期。

曹慧敏、廖明夫：《风能资源评估系统软件开发》，《现代电力》2006 年第 2 期。

曹荣：《供热对生物质发电项目的经济效益影响分析》，《应用能源技术》2008 年第 9 期。

柴麒敏：《全球气候变化综合评估模型（IAMC）及不确定型决策研究》，博士学位论文，清华大学，2010 年。

陈秉谱、张栓宝：《甘肃省通渭县农村能源资源潜力估算与分析》，《陕西农业科学》2008 年第 6 期。

陈正：《中国能源需求结构预测分析》，《统计与信息论坛》2010 年第 11 期。

David Roland-Holst 等：《政策建模技术—CGE 模型的理论与实现》，李善同等译，清华大学出版社 2009 年版。

戴晨翔、胡国强、马拥军等：《水火混合电力系统短期多目标发电计划优化研究》，《电气应用》2007 年第 26 卷第 12 期。

丹麦可再生能源实验室（RISO）官方网站，http：//www.risoe.dtu.dk.2012年。

丁玲：《新兴能源规划破题之惑》，《中国经济和信息化》2010 年第 11 期。

董玉平、由世俊、汪洪军等：《太阳能—地源热泵综合系统的经济分析》，《煤气与热力》2003 年第 12 期。

樊京春、王永刚、秦世平：《生物质能利用技术的经济性分析》，《能源工程》2003 年第 4 期。

冯飞：《新能源发展转变的四大问题》，中国新能源网，http：//www.newenergy.org.cn/html/01012/12201037820.html，2010 年 12 月。

Gregory J. Leng：《国际 Retscreen：一种评估潜在的可再生能源计划的决策支持和能力培养工具》，《产业与环境》2001 年第 3 期。

高原康彦:《一种新的决策支持系统开发方法——层次模型法》,《系统工程》2000 年第 4 期。

国际能源署（IEA）官方网站，http：//www.iea.org.2012 年。

国家统计局:《中国统计年鉴 2010》，中国统计出版社 2010 年版。

国家统计局能源司:《中国能源统计年鉴 2010》，中国统计出版社 2010 年版。

Henrik Lund:《可再生能源系统——100%可再生能源解决方案的选择与模型》，李月译，工业出版社 2011 年版。

霍尔斯、曼斯博格:《政策建模技术：CGE 模型的理论与实现》，李善同，段志刚，胡枫译，清华大学出版社 2009 年版。

蒋冬梅、诸培新:《江苏盐城市农村秸秆资源综合利用——基于生物质发电的经济分析》,《中国生态农业学报》2008 年第 5 期。

李柯、何凡能:《中国陆地太阳能资源开发潜力区域分析》,《地理科学进展》2010 年第 9 期。

李玉洁:《太阳能吸收式空调系统的经济性分析》，《节能技术》2009 年第 5 期。

李泽椿、朱蓉、何晓凤、张德:《风能资源评估技术方法研究》,《气象学报》2007 年第 65 卷第 5 期。

刘贞、张希良:《区域可再生能源规划基本框架研究》,《中国能源》2010 年第 2 期。

陆华、周浩:《电力市场下发电公司环境成本内部化探讨》，《企业经济》2004 年第 7 期。

毛建西:《建筑主动利用太阳能能效探讨》,《四川建筑科学研究》2011 年第 1 期。

邱立新、雷仲敏、周田君:《中国能源结构优化的多目标决策》,《青岛科技大学学报（社会科学版)》2006 年第 22 卷第 3 期。

孙德俭、梅全亭、赵磊:《基于模糊数学对区域太阳能利用潜力的综合评判》,《后期工程学院学报》2007 年第 2 期。

孙艳伟、王润、肖黎姗:《中国并网光伏发电系统的经济性与环境效益》,《中国人口资源与环境》2001 年第 2 期。

王德元、陈汉平、杨海平等:《生物质能利用技术综合评价研究》,《能源工程》2009 年第 1 期。

王汉青、陈裕、寇广孝等:《太阳能热泵热水系统研究进展及其经济分析》,

《建筑热能通风空调》2009年第6期。

王锐、顾伟、吴志：《含可再生能源的热电联供型微网经济运行优化》，《电力系统自动化》2011年第8期。

西蒙:《管理决策新科学》，中国社会科学出版社1982年版。

杨潮红、崔洁:《美国能源信息署EIA能源统计信息系统介绍》,《国际石油经济》2007年9月2日。

杨明钦:《潮汐发电的经济效益与其在中国运营模式的探讨》,《中国能源》2009年第5期。

杨文芳、李芊:《地源热泵在节能建筑市场的供求分析》,《节能建筑》2010年第6期。

于国清、李玉洁:《家用太阳能热水系统的节能与环境效益分析》,《节能技术》2007年第3期。

原鲲、田雅林、王革华等:《全玻璃真空管太阳热水器的全生命周期能量环境效益分析》,《太阳能学报》2009年第2期。

张希良、汪婧:《西部地区发展并网光伏发电系统的社会成本效益分析与政策评价》,《太阳能学报》2007年第1期。

张艳红、林闽、李卫华等:《新疆可再生能源需求预测及分析》,《可再生能源》2010年第4期。

赵永、王劲峰:《CGE模型及其经济政策分析》，中国经济出版社2008年版。

周扬、吴文祥：《西北地区太阳能资源空间分布特征及资源潜力评估》，《自然资源学报》2010年第10期。

Akella A.K., Sharma M.P. and Saini R.P., "Optimum Utilization of Renewablenergy Sources in a Remote Area", *Renewable And Sustainable Energy Reviews*, No.11, 2007, pp.894-908.

Alter S. A., "Taxonomy of Decision Support Systems", *Sloan Management Review*, Vol.19, No.1, 1977, pp. 39-56.

Avetisyan M., Bayless D. and Gnuni T., "Optimal Expansion of a Developing Power System Under the Conditions of Market Economy and Environmental Constrains", *Energy Economics*, No.28, 2006, pp.455-466.

Balintfy J.L., "Nonlinear Programming for Models with Joint Chance Constraints", in Abadie, ed., *Integer and Nonlinear Programming*, Noth-Holland, Amsterdam, 1970, p.337-353.

Begić F. and Afgan N. H., "Sustainability Assessment Tool for the Decision Making in Selection of Energy System–bosnian Case", *Energy*, Vol.10, No.32, 2000, p.1979–1985.

Bird L., Chapman C., Logan J., Jenny S., Short. W., "Evaluating Renewable Portfolio Standards and Carbon cap Scenarios in the U.S. Electric Sector", *Energy Policy*, No.39, 2011, P.2573–2585.

Blarke, Morten Boje and Lund, Henrik, "The Effectiveness of Storage and Relocation Options in Renewable Energy Systems", *Renewable Energy*. Vol. 33, No.7, 2008, pp.1499–1507.

Bonczek R. H., Holsapple C. W., and Whinston A. B., *Foundations of Decision Support Systems*, New York: Academic Press, 1981.

Borges A.R. and Antunes C.H, "A Fuzzy Multiple Objective Decision Support Model for Energy–Economy Planning", *European Journal of Operational Research*, No. 145, 2003, pp.304–316.

Carlson A., "On–effective Technical Measures to Avoid Environmental Damages of Regional Energy Systems", *International Journal of Energy Research*, Vol.26, No.12, 2002, pp.1103–1115.

Cavallaro F. and Ciraolo L., "A Multicriteria Approach to Evaluate Wind Energy Plants on an Italian Island", *Energy Policy*, Vol.2, No. 33, 2005, pp.235–244.

Chedid R.Mezher T. And Jarrouche C., "A Fuzzy Programming Approach to Energy Resource Allocation", *International Journal of Energy Resources*, Vol.23, 1999, pp.303–317.

Cheung R.K. and Chen C.Y., "A Two–stage Stochastic Network Model and Solution Methods for the Dynamic Empty Container Allocation Problem", *Transportation Science*, No.32, 1998, pp.142–162.

Climaco J., Henggeler A.C., Gomes M.A. and Traca A., "A Multiple Objective Linea Programming Model for Power Generation Expansion Planning", *International Journal of Energy Research*, No.19, 1995, pp.419–432.

Connolly D., Lund H., Mathiesen B.V., Leahy M., "A Review of Computer Tools for Analysing the Integration of Renewable Energy into Various Energy Systems", *Applied Energy*, No.87, 2010, p.1059–1082.

Cristobal J.R. S., "Multi-criteria Decision-making in the Selsection of Renewable Energy Project in Spain: The Vikor method", *Renewable energy*, No.36, 2011, p.498-502.

Dagdougui H., Ouammia A., Sacile R., "A Regional Decision Support System for Onsite Renewable Hydrogen Production from Solar and Wind Energy Sources", *International Journal of Hydrogen*, No.36, 2011, P.4324-4334.

Drozdz M., "An Optimizaton Model of Geothermal-energy Conversion", *Applied Energy*, No.74, 2003, pp.75-84.

Eheart J.W., Valocchi A.J., "Aquofer Remediation Design under Uncertainty Using a New Chance Constrained Programming Technique", *Water Resource Research*, No.29, 1993, pp.551-561.

Ellis J. H.Mcbean E.A. and Farquhar G.J., "Deterministic Linear Programming Model for Acid Rain Abatement", *Journal of Environmental Engineering*, No.111, 1985, pp.119-139.

Esogbue A.Q., "Optimal Clustering of Fuzzy Data Via Fuzzy Dynamic Programming", *Fuzzy Sets and Systems*, No.18.1986, pp.282-298.

Esogbue A.Q.and Bellman R.E. "A Fuzzy Dynamic Programming Algorithm for Clustering Non-quantitative Data Arising in Water Pollution Control Planning", *Proceeding of the Third International Conference on Math Modeling*, Los Angeles, California, U.S.A, 1981

Gorry G. A., and Morton M. S. S., "A Framework for Management Information Systems", *Sloan Management Review*, Vol.12, No.3, 1971, P.55-70.

Haralambopoulos D. A., Polatidis H., "Renewable Energy Projects: Structuring a Multi-criteria Group Decision-making Framework" *Renewable Energy*, Vol.6, No.28, 2003, P.961-973.

Henning D., Amiri S. And Holmgren K., "Modelling and Optimisation of Electricity, Steam and District Heating Production for a Local Swedish utility", *European Journal of Operational Reserch*, No.175, 2006, pp. 1224-1247.

Heo E., Kim J., Boo K.J., "Analysis of the Assessment Factors for Renewable Energy Dissemination Program Evaluation Using Fuzzy AHP", *Renewable and Sustainable Energy Reviews*, No.14, 2010, P.2214-2220.

Hoog D.T. and Hobbs B.F., "An Integrated Resource Planning Model Considering Customer Value, Emissions, and Regional Economic Impacts", *Energy*. No.18.1993, pp.1153-1160.

Hsu G.J.Y., Leung P.S. and Ching C.T.K., "A Multiobjective Programming and Interindustry Model for Energyeconomic Planning in Taiwan", Energy System Policy.No.11, 1987, pp.185-204.

Huang G.H., Sae-Lim N., Liu L. And Chen Z., "An Interval-parameter Fuzzy-stochastic Programming Approach for Municipal Solid Waste Management and Planning", Enviromental Modeling and Assessment, No. 6, 2001, pp.271-283.

Huang G.H., "A Hybrid Inexact-stochastic Water Management Model", *European Journal of Operational Research*, No.107, 1998, pp.137-158.

Jagannathan R. And Rao M., "A Class of Nonlinear Chance Constrained Programming Models with Joint Constraints", *Operations Research*, No. 21, 1973, pp.377-380.

Jairaj P.G. and Vedula S., "Multireservior Systm Optimization Using Fuzzy Mathematical Programming", *Water Resources Management*, No.14, 2000, pp.457-472.

Jose' L., *Bernal-Agusti 'n*, Rodolfo Dufo-Lo'pez, "Economical and Environmental Analysis of Grid Connected Photovoltaic Systems in Spain" *Renewable Energy*, No.31, 2006, P.1107-1128.

Kambo N.s. Handa B.R. and Bose R.K., "Linear Goal Programming Model for Urban Energy-economy-environment Interaction", Energy Build, No. 16, 1991, pp.537-551.

Kaya T., Kahraman C., "Multicriteria Decision Making in Energy Planning Using a Modified Fuzzy TOPSIS Methodology", *Expert Systems with Applications*, Vol.38, No.6, 2010, P.6577-6585.

Kaya T., Kahraman C., "Multicriteria Renewable Energy Planning Using an Integrated Fuzzy VIKOR & AHP Methodology: The Case of Istanbul", *Energy*, No.35, 2010, P.2517-2527.

Keen、P. G. W., "Decision Support Systems: An Organizational Perspective"

Reading, *Mass.*, Addison-Wesley, 1978.

Keen, P. G. W. and Scott-Morton M. S., "Decision Support Systems: An Organizational Perspective", *Addison-Wesley*, 1978, P.39-56.

Kindler J., "Rationalizing Water Requirements with Aid of Fuzzy Allocation Model", *ASCE Journal of Water Resources Planning and Management*, Vol.118, No.3, 1992, pp.308-318.

Koroneos C., Zairis N., Charaklias P. and Moussiopoulos N., "Optimization of Energy Production System in the Dodecanese Islands", *Renewable Energy*, No.30, 2005, pp.195-210.

Liu L., Huang G.H.Fuller G.A.Chakma A. And Guo H.C., "A Dynamic Optimiation Approach for Nonrenewable Energy Resources Management under Uncertainty", *Journal of Petroleum Science and Enginneering*, No. 26, 2000, pp.301-309.

Macchiato M. F., Cosmi C., Ragosta M. And Tosato G., "Atmospheric Emissionreductions and Abatement Costs in Regional Environmental Planning", *Journal of Environmental Management*, No.2, 1994, 141-156.

Mathiesen, Brian Vad, and Lund, Henrik., "Comprartive Analyses of Seven Technologies to Facilitate the Integration of Fluctuating Renewable Energy Source", *IET Renewable Power Gernation*.Vol.3, No.2, 2009, pp.190-204.

Matloka M., "Some Generalization of Inexact Linear Programming", *Optimization*. No.23, 1992, pp.1-6.

Mobasheri F. And Harboe R.C., "A two-stage Optimization Model for Design of a Multipurpose Reservoir", *Water Resources Research*, No.6, 1970, pp.22-31.

Mohamed R.H., "A Chance Chance-constrained Fuzzy Goal Program", *Fuzzy Sets and Systems*, No.47, 1992, pp.183-186.

Muelaa E., Schweickardtb G. and Garces F., "Fuzzy Possibilistic Model for Medium-term Power Generation Planning with Environmnetal criteria", Energy Policy, No.35, 2007, pp. 5643-5655.

Mujumder P.P. and Subbarao V.R., "Fuzzy Waste Load Allocation Model:

Simulation-optimization approach", Journal of Computing in Civil Engineering, No.18, 2004, pp.120-131.

Nas T.K., "Multiobiective Linear Programming Approach to Renewable Energy Policy Analysis", *Energy Management*, No.1, 1987, pp.55-121.

Opricovic S., Tzeng G.H., "Compromise Solution by MCDM Methods: A Comparative Analysis of VIKOR and TOPSIS", *European Journal of Operational Research*, No.156, 2004, P.445-455.

Palmer K., Paul A., Woerman M., Steinberg D.C., "Federal policies for renewable electricity: Impacts and iteractions", *Energy Policy*, No. 39, 2011, P.3975-3991.

Rakes T.R. and Reeves G.P., "Selecting Tolerances in Chance-constrained Programming Approach", Operations research Soc., No.22, 1985, pp. 359-369.

Rodrigues M., Montañés C., Fueyo N., "A Method for the Assessment of the Visual Impact Caused by the Large-scale Deployment of Renewable-energy Facilities", *Environmental Impact Assessment Review*, No.30, 2010, P. 240-246.

Sadeghi M., Hosseini H.M., "Energy Supply Planning in Iran by Using Linear Programming Approach: Regarding Uncertainties of Investment Costs", *Energy Policy*, No, 34, 2006, pp.993-1003.

Satangi P.S. and Sarma E.A.S., "Integrated Energy Society of India", *Energy options for the 90's New Delhi*, 1988, pp.596-620.

Scott-Morton M.S., Management Decision Support Systems: Computer-based Support for Decision Making, *Cambridge*, MA: Division of Research, Harvard University, 1971.

Shafiqur Rehmana, Maher A. Badera, Said A. Al-Moallem, "Cost of Solar Energy Generated Using PV Panels", *Renewable and Sustainable Energy Reviews*, No.11, 2007, P.1843-1857.

Sinha A.K. and Dudhani S., A Linear Programming Model of Integrated Renewable Energy System for Sustainable Development, *Energy Technologie for Sustainable Development*, India: Prime Publishing House, 2003, pp. 193-200.

Slowinski R., "A Multicriteria Fuzzy Linear Programming Method for Water Supply System Development Planning", *Fuzzy Sets and Systems*, No. 19, 1986, pp.217-237.

Sommer G. and Pollatschek M.A., "A Fuzzy Programming Approach to Air Pollution Regulation Problem", In G.J.Klir and L.Ricciardi (eds). Progress in Cybernetics and Systems Research, Heimsphere Publ.Corp., Washington DC, 1978, 303-323.

Sprague, R.H., Jr and Carlson, E.D., *Building Effective Decision Support Systems*, Englewood Cliffs, NJ: Prentice Hall, 1982.

Tiris M., Atangunduz G.and Dincer I., "Energy, Economy and Environment Modeling: Applications for Turkey", *Energy*, No.19, 1994, pp.1005-1009.

Turban E., and Aronson J., Decision Support Systems and Intelligent Systems, Prentice Hall PTR Upper Saddle River, NJ, USA, 1997.

Xydis G., Koroneos C., "A Linear Programming Approach for the Optimal Planning of a Future Energy System. Potential Contribution of Energy Recovery from Municipal Solid Wastes", *Renewable and Sustainable Energy Reviews*, 2011, P.1-10.

索　引

G

J

K

L

M

N

P

Q

R

T

W

X

Y

后记

本书是我在清华核研院能源系统分析研究室（也称 901 室）做博士后期间撰写、后期修改完善而成的。能源系统分析研究室（901 室）创建于 20 世纪 80 年代初，是我国最早从事能源系统分析与能源政策、资源管理与可持续发展的研究和教学单位之一，是清华大学能源环境经济研究院（3E 研究院）、清华大学全球气候变化研究所的实体运作单位，是清华大学有特色的研究机构，汇集了清华大学最优秀的学生和顶级的教授。

当时正值国家可再生能源中心筹建阶段，清华大学能源系统分析研究室、国家发改委能源研究所、国网能源研究院、国网电力科学研究院、丹麦能源署、丹麦科技大学、美国国家可再生能源实验室展开了紧密合作，从组织部署到信息平台建设，展开了一系列的研究、讨论、学习。我以前做过信息系统和决策支持系统方面的研究，我的合作导师张希良教授给了我机会加入团队，与来自各地的专家、学者一起学习和研究各种能源模型。在半年多并肩学习研究的过程中，我逐渐产生了要建立我国可再生能源决策支持系统的构想。本书的完成，得益于众多专家的帮助和指点：清华大学的张阿玲教授提供了能源系统建模的思路参考；国家发改委能研所的秦世平、陶冶、谢旭轩提供了方法指导；国家可再生能源中心筹建组成员刘建东、卢丽莎、孙培军、王卫、袁静婷提供了数据的支持；中丹项目办的丹麦专家 Kaare，丹麦 EA 公司的 Lars 和美国 NREL 实验室的 Andrew 提供了模型和方法的支持；同门师兄弟刘贞、唐松林、张达、齐天宇、熊威明为本书提出了很好的建议。完稿后，合作导师张希良教授以及清华大学的段茂盛教授、湖南大学的齐邵州教授都提出了很好的修改意见，在此表示感谢！

代春艳

2014 年 8 月